우리는 가족일까

*이 도서의 국립중앙도서관 출판시도서목록(CIP)은 e-CIP홈페이지(http://www.nl.go.kr/ecip)와 국가자료공동목록시스템(http://www.nl.go.kr/kolisnet)에서 이용하실 수 있습니다. (CIP제어번호: CIP2014003983)

【 일상
인문학
01 】

우리는 가족일까

각자의 가족, 10가지 이야기

은행나무

차례

일러두기

이 책은 2012년 광진구 시설관리공단과 몸문화연구소가 공동으로 진행한 일반 시민 대상 인문강좌를 토대로 엮은 것이며, 좀 더 현실적인 담론의 보충을 위하여 필드워크의 결과물(인터뷰, 상담, 사이코드라마)이 추가되었다.

책을 내며

'가족'만큼 좋은 말도 없을 것이다. 천둥과 벼락이 내리쳐도 믿고 의지할 수 있는 든든한 반석이 가족이라면, 어떤 일에도 태산처럼 끄떡없을 것이다. 이러한 이유로 가족이 없는 사람을 천애고아라고 한다. 천애(天涯)는 하늘끝이 아니던가! 가족이 없으면 세상에 혈혈단신(孑孑單身), 다른 사람에게는 모성처럼 포근할 수 있는 우주가 자신에게는 유난히 무한하고 삭막하며 또 공허하고 무섭게 보인다. 넓은 천지에서 사방을 쳐다봐도 까마득할 뿐 누구 하나 외로운 손을 잡아 줄 사람이 없는 것이다. 그래서 예수도 해저 3만리처럼 고독의 무게에 짓눌리는 순간에 "여우도 굴이 있고 새들도 보금자리가 있으나 나 인자는 머리 둘 곳이 없다"라고 탄식하지 않았던가. 이때 머리 둘 곳이 있다는 것은 행복의 절대적 조건이다. 많은 가족이 필요한 것도 아니다. 단 한 사람만 있어도 충분할 것이다. 그만큼 가족은 소중하다.

　흔히 가족은 사회화의 기능을 가진다고 한다. 우리가 가정의 품에서 걸음마를 하면서 신체적으로만 성장하는 것은 아니다. 가족을 출발점으로 해서 우리는 사회로, 세상이라는 넓은 공간으로 나아갈 수 있다. 가족이 없으면 어떻게 친구가 있을 수 있겠는가. 친구는 확대된 가족이라고 할 수 있다. 그렇다면 확대된 가족의 확대된 가족은 사회라고 말해도 과언이 아니다. 이 점에서 가족이 없으면 사회도, 인간의 세계도 사라지게 된다. 이 사실은 무척이나 중요하다. 물속에서 헤엄치는 물고기처럼 우리가 자연스럽게 사회라는 대해(大海)에서 헤엄치는 것이 아니다. 가족을 통한 사회화의 과정을 거치지 않으면 인간의 세계도 존재하지 않게 된다. 가령 그러한 사회화의 과정을 거치지 못한『정글북』의 모글리에게 인간의 세계는 없었다. 그에게는 늑대의 세계만 존재했을 따름이다.

따라서 가족은 하나이면서 모든 것(세계)이다. 하나 하나가 아니라 모든 것이라는 역설이 여기에서 발생한다. 믿고 의지할 수 있는 한 명의 가족과 더불어서 우리는 다른 모든 세상 사람들과도 믿고 의지할 수 있는 관계로 진입하게 된다. 하나가 곧 세계 전체로 확대되는 것이다. 우리가 머리 둘 곳이 없으면 없을수록 세계는 축소되기 시작한다. 남은 것이 아무것도 없는 순수한 무(無)의 지점에서 우리는 살 수가 없다. 무의 지점에서 사람들은 스스로 목숨을 끊기도 한다. 그렇다면 친구든 가족이든 연인이든 단 한 명이 세계를 구원할 수 있다고 말하는 것도 큰 무리는 아닐 것이다.

그런데 가족이란 무엇일까? 가족은 변치 않는 화석이 아니다. 시간의 흐름을 좇아서 꽃이 피고 지듯이 가족도 역사의 능선을 타면서 끊임없이 변화한다. 그리고 꽃이 피어 있든 낙엽이 떨어지든

앙상한 가지만 달고 있든 그러한 변화에도 불구하고 나무가 나무이 듯이 가족도 끊임없이 형태를 달리하면서도 가족으로서의 성격과 특징을 잃지 않는다. 가장 기본적인 의미에서 가족은 믿고 의지하는 사람들이 함께 사는 집단을 일컫는다. 혈연관계가 가장 일반적으로 가족을 구성하는 요소이지만 그것이 가족의 절대적 본질은 아니다. 친자가 아니더라도 입양을 통해서 가족의 구성원이 될 수 있다. 또 가족의 울타리는 고무줄처럼 늘어날 수도 작아질 수도 있다. 가족을 식솔이라고도 하지 않던가. 식탁에 둥그렇게 모여 앉아서 함께 밥을 먹는 사람들의 집단도 가족이라고 할 수 있다.

　가족의 형태는 변화무쌍하지만 그러한 변화를 관통하는 중심 축은 넓은 의미에서 사랑이다. 누군가 믿고 의지할 사람이 있다는 사실은 우리에게 무한한 존재론적 안정감을 준다. 왜 중세 신학자였 던 니콜라스 쿠사가 『신의 시선』이라는 제목의 글을 썼던가. 자기를 바라보는 신의 눈길을 느낄 때면 봄 눈 녹듯이 불안과 걱정도 자취 를 감추고 마음이 기쁨과 희망으로 가득 차는 것이다. 그러한 신이 시선을 거두면 쿠사는 단 하루도 살 수가 없다고 생각했다. '나는 생 각한다. 그러므로 나는 존재한다'던 데카르트와 달리 그는 '신이 나 를 본다. 그러므로 나는 존재한다'고 생각했다. 그런데 우리를 바라 보는 가족의 시선이 그러한 신의 시선이지 않은가. 가족이 나를 지 켜보고 있다는 확신이 있으면 밤길을 걸어도, 대학시험에 낙방을 해 도, 연애에 실패를 해도 겁이 나지 않는다. 마음이 느긋하고 든든하 며 여유가 있다. 가족은 존재론적인 안정감, 정서적인 안정감의 근거이자 존재이유이기 때문이다. 그러나 안타깝게도 가족이라는 이름으로 한 지붕 밑에서 같이 사는 사람들이 서로를 사랑하는 것이 아니라 증오하는 관계로 발전할 수도 있다. 최근의 통계에 의하면 가정 폭력이 2가구당 1가구의 비율로 발생하고 있다고 한다. 끔찍하지 않은가. 가정폭력 발생률이 55%라는 사실이. 특히 여성에 대한 신체적 폭력은 영국이나 일본에 비해 다섯 배나 높은 수치를 보인다고 한다. 이쯤 되면 가족이 아니라 원수인 셈이다.

가족은 사랑이 아니라 증오를 축으로 할 수도 있다. 가족의 울타리 안에 폭력과 무관심, 증오가 독버섯처럼 자라는 것이다. 이러한 상황에서도 '가족은 가족이다'라는 동어반복을 외치는 사람들도 없지 않다. 이러한 태도는 보수가 아니라 반동이다. 나는 가족이 가족답지 않으면 해체되어야 한다고 생각하는 편이다. 가족과 더불어 세상을 얻는 것이 아니라 세상을 잃는다면 더 이상 세계의 상실을 예방하기 위해서라도 그러한 가족은 양의 가죽을 벗고 자발적으로 해체되어야 한다. 이때는 가족보다 가족이 아닌 사람들이 진정한 의미에서 더욱더 가족다울 수가 있다. 혈연에 집착할 필요가 없는 것이다. 폭력에 희생되는 아이에게는 신고를 받고 달려온 경찰이 더욱더 아버지답지 않은가. 집을 떠나와 힘겹지만 함께 사는 친구가 더욱더 가족답지 않은가.

피와 족보가 중시되던 전통적 사회에서는 혈연이 가족의 핵심이었다. 그러나 이제 족보책은 벽장에 처박혀서 폴폴 곰팡이 냄새를 풍기고 있다. 이제 우리는 족보책을 집어 드는 것이 아니라 사랑과 우정에 대한 책을 펼치고 있는 것이다. 더 이상 피가 우리의 삶과 선택을 구속하지 못하는 것이다. 가족은 응어리진 피의 결속이 아니라 정서적 유대와 결속이어야 한다. '가족의 해체'나 '가족의 위기'와 같은 담론은 비단 오늘날의 것만은 아닌데, 조선시대와 고려시대의 문헌을 들춰보아도 가족은 언제나 위기에 있었던 까닭이다. 그러한 위기에도 불구하고 과거에 우리는 낙인이 찍힌 노예처럼 베를린 장벽보다 더 높고 두터운 가족의 울타리를 벗어날 수가 없었다. 선택의 여지가 없었던 것이다. 현대의 우리가 과거의 조상들보다 더욱 행복할 수 있다면, 그것은 자유로운 선택에서 비롯된다.

가족이 해체될 수 있다는 주장을 뒤집으면 가족이 재구성될 수 있다는 말이 된다. 해체의 결과는 재구성이다. 가족의 진정한 의미에 가까이 다가서기 위해서는 구성원들이 흩어지고 재결합과 재조합을 할 수 있어야 한다. 그러한 해체와 재구성의 과정을 통해 폭력과 증오가 자취를 감추고, 그 자리에 아름다움과 사랑이 들어설 수 있다면 얼마나 좋겠는가! 나는 1960년대 후반에 유럽을 휩쓸었던 공동체 실험처럼 실험 가족도 가능하다고 생각한다. 이미 동성애자 커플, 동거, 공동주거 등의 형태로 새로운 유형의 가족이 출현하고 있지 않은가.

위와 같은 문제의식이 몸문화연구소의 세미나와 강의를 통해 모습을 갖추기 시작하더니, 마침내 단행본의 꼴을 갖추게 되었다. 2012년 9월부터 두 달 동안 몸문화연구소는 광진구 시설관리공단과 공동으로 일반인을 위한 시민 강좌를 개설하였는데, 그 주제가 '관계'였다. 관계가 한눈에 들어오기에는 그 범위가 너무나 넓고 광막한지라, 강의를 맡았던 연구원들은 우선 가족이라는 주제에 초점을 맞추자는 쪽으로 가닥을 잡았다. 수강자들이 유난히 가족 강의에 뜨거운 반응을 보였던 사정도 한몫했다. 당시 수강자들이 던진 질문에 대해 고민을 하고 또 대답을 모색하는 과정에서 오고갔던 토론의 내용들이 자연스럽게 현재의 편제를 갖추게 되었다. 가족 강의를 들은 수강생의 일부는 "가족에 관해 할 얘기가 뭐가 있어요?"라고 반문하면서 주제를 잘못 정했다는 반응을 보이기도 했다. 그런데 강의를 다 듣고 난 다음에 "그래도 가족은 필요하죠?"라며 우리의 동의를 구했다. '가족'의 이야기는 바로 이 질문으로부터 시작되었다.

가족 강의를 들은 대부분의 수강생들은 강연자가 외국에서 살았던 경험에 유독 많은 관심을 보였다. 한국의 가정과 프랑스의 가정은 어떻게 다른가? 프랑스에서는 자녀의 자유를 어느 선까지 허용하는가? 등등의 질문들이 나왔다. 수강생 가운데 한 분은 딸이 프랑스 남자와 결혼을 했다며, 프랑스가 매우 개인주의적이라고 생각했으므로 프랑스와 우리나라의 문화적인 차이가 어떻게 가족 관계에 반영되는지를 물었다. 이에 대해서 강연자는 정서적 교감을 중시하는 점에서는 한국이나 프랑스 사이에 차이가 없으며, 오히려 동양적인 밀착된 가족의 정서를 부러워하는 프랑스인이 많다고 대답했다. 이러한 강의 소감을 소개하는 이유는 동양과 서양의 가족관의 차이가 이 책의 중요한 부위를 차지하고 있기 때문이다. 이제 독자들의 편의를 위해서 각 장의 내용을 요약하기로 한다.

* * *

이 책은 「가족은 꼭 필요한가?」라는 질문과 더불어 시작한다. 이 질문이 해결되지 않으면 다음 논의가 불가능할 것이라는 생각에서다. 이 글을 쓴 최은주는 '그냥' 가족이라면 굳이 가족이 필요하지 않다고 주장한다. 정서적 결속에 사회적 평등이 더해진 '좋은' 가족이 아니라면 나쁜 가족에 코가 꿸 필요는 없다는 것이다. 저자는 좋은 가족의 발생은 가족구성의 유무가 아니라, 배려와 사랑을 중심으로 접근하고자 하는 구성원의 의지에 달려 있다는 주장으로 끝을 맺는다.

두 번째 글 「'미친 엄마' 노릇, 누구의 탓?」은 제목부터 도발적이고, 엄마라는 신분에 사표를 내던지는 듯이 보인다. 서길완은 사커 맘, 미니밴 맘, 헬리콥터 맘 등으로 일컬어지는 21세기의 엄마 역할은 역사상 유례가 없을 정도로 헌신적인 모성을 강조한다고 지적한다. 그러나 이러한 모성은 불가능한 이상이다. 안타깝게도 이 불가능한 목표에 다가서기 위해 현실의 엄마들은 엄청난 스트레스를 일용할 양식으로 삼고 있다. 이 글에서 저자는 그러한 이상적 모성의 역할이 어떻게 해서 현대의 엄마들을 짓누르는 악몽이 되었는지 그 과정을 살펴본 후 그러한 짐의 무게를 줄일 수 있는 방법을 모색하고 있다.

「'인크레더블'한 가족 이야기」에서 윤소영은 슈퍼 영웅의 가족

이야기를 몸의 변화라는 관점에서 접근하면서 한편으로 부모의 역할, 또 다른 한편으로는 슈퍼 영웅을 바라보는 아이들의 역할을 설명하였다. 저자는 건강한 가족을 형성하기 위해 중요한 것은 '되기'의 과정, 아버지-되기, 어머니-되기, 아이-되기라고 주장한다.

가족을 이야기하면서 갈등을 언급하지 않을 수가 없다. 부모와 자녀의 갈등은 일시적인 것이 아니라 항시적인 것이라 할 수 있다. 「부모와 자녀의 불가능하지 않은 만남」에서 이러한 갈등에 주목한 정지은은 그것을 세대 갈등이라는 거시적 관점에서 볼 수도, 아니면 가족구성원 간 갈등의 관점에서 볼 수도 있다고 말한다. 이 글에서 저자는 부모와 자녀의 관계를 권위와 자유의 갈등이라는 관점에 위치시키면서, 진정한 권위와 진정한 자유가 무엇인가를 묻고 있다.

스위트홈이라는 이상적 가족의 이미지를 가지지 않을 사람은 없을 것이다. 그러나 현실의 가족은 그러한 이미지와 너무나 동떨어져 있다. 「싱글맘 인터뷰:괜찮아요, 우리 가족」은 여성문화이론연구소의 '미혼모인권향상을 위한 당사자 강사양성 프로그램'에 참여하여 강사 훈련을 받고 있는 미혼싱글맘 5명과 이혼 후 아이와 진정한 가족의 유대를 이루었다고 주장하는 이혼싱글맘 4명과의 인터뷰를 바탕으로 구성되었다. 가족에 대한 정상/비정상 개념을 넘어 "나의 가족은 곧 나의 선택"이었다고 말하며 다른 가족의 가능성을 이야기하는 싱글맘들을 만날 수 있다.

「사랑과 폭력의 근원, 가족을 떠나보내며」는 오랫동안 가족상담을 해왔던 이은주가 현장에서의 경험을 가지고 가족의 애증을 육성으로 들려준다는 점에서 의미가 깊다. 저자는 사이코드라마 치료사로서 현장에서 가족의 애환을 목격하고 상담할 기회가 많았다. 그와 같이 위기에 처한 가족을 많이 만났던 까닭에 가족이 관계의 성격을 폭력적으로 왜곡하고 변질시킨다는 점에 유의한다. 가족이 폭력의 온상이 될 수 있는 것이다. 행복한 삶을 유지하기 위해 우리는 지나치게 가족에 얽매일 필요가 없다. 혈연에 의한 가족의 울타리에서 벗어나더라도 새로운 관계를 만들 수가 있다는 것이 저자의 주장이다. 함께 안심하고 살 수 있을 만큼 신뢰가 가고 정서적 교감이 강한 사람이 진짜 가족이라는 것이다.

「나는 혼자 산다」의 저자 김운하는 독신사회를 남의 이야기가 아니라 자신의 이야기로서 제시하고 있다. 그는 지금까지 결혼한 적이 없는 독신 작가이며 인문학자이기 때문이다. 이 글에서 김운하는 최근에 나홀로 가족, 즉 독신자들이 급격하게 늘어나는 현실을 우리에게 다시금 상기시킨다. 그런 현상의 배후에 있는 사회·경제적인 요소에 대해서는 많은 논의가 있었지만 이러한 논의와는 달리 이글에서 저자는 삶에 대한 새로운 가치평가라는 실존적 맥락에서 독신의 문제를 다룬다. 그러면서 그는 '독신사회의 탄생'이라는 명제에 입각해서 독신사회에 내포된 실존적 의미를 추적하였다.

「공감, 동일시 그리고 사랑」에서 이은정은 공감을 화두로 삼아 가족에 대한 철학적 접근을 시도한다. 왜 우리는 그토록 자주 다른 사람을 오해하고 잘못 판단하며 상처를 주는 것일까? 저자는 공감을 통해서 그러한 관계의 상처를 치유해야 한다고 주장한다. 어원적으로 공감은 '함께-느낌'의 의미를 가지고 있다. 여기서 '함께'는 공감의 핵심이다. 저자는 막스 셸러를 언급하면서 공감만이 타자에 대한 참된 이해로 우리를 이끌어 준다고 말한다. 가족의 진정한 토대는 공감이라는 것이다. 이때 조심해야 하는 것은 동일시를 공감과 혼돈하지 않는 것이라고 저자는 주장한다. 가족의 관계가 동일시를 통해서 형성되는 경우가 많은데, 그러한 동일시에서 벗어나기 위해서는 공감이 필수불가결하다.

「가족과 법: 사랑과 연대의 제도화」는 제목이 말해 주듯이 법철학적인 관점에서 가족의 문제를 다루고 있다. 저자 서윤호는 가족과 관련된 법의 변화를 추적하고 가족법을 지배하는 기본원칙이 무엇인가를 묻는다. 헌법은 제36조 제1항에서 개인의 존엄과 양성의 평등을 기초로 한 근대 자유주의적 가족법원리를 천명하고 있다. 그리고 이러한 기본원칙에 따라 실제로 가족법의 영역에서 양성의 평등을 목표로 많은 변화가 성공적으로 이루어졌다. 그러나 이러한 자유주의적 가족법은 사실혼이나 동성혼, 다문화가족 등 다양한 가족유형을 설명할 수 없다는 한계를 가지고 있다. 저자는 이제 가족법의 기본원칙으로서 '상호 인격적 결합에 기초한 사랑과 연대의 원리'가 요구된다고 주장을 하면서 글을 마친다. 양성평등으로부터 연대와 배려를 향해 방향을 전환할 필요가 있다는 것이다.

이 책의 마지막 글 「변화하는 가족」에서 김종갑은 가족이 계속해서 역사적으로 변화해 왔다는 사실을 강조하며 가족에 대한 새로운 인식의 전환이 있어야 함을 주장한다. 현재 논의되는 가족의 위기도 사실은 그러한 변화의 맥락에서 자연스러운 단면일 따름이라는 것이다. 이 글은 무엇보다도 현대 사회에서 가족을 가족으로 만들어 주는 결정적 요인은 정서적 교류와 신뢰, 소통이라는 점을 지적하고 있다.

* * *

많은 분들의 수고와 정성, 헌신이 없었다면 몸문화연구소 연구원들의 가족 강의가 단행본으로 빛을 보지 못했을 것이다. 강의를 원고로 작성하기 위해서 노고를 아끼지 않았던 연구원들, 그리고 연구소에 소속되지 않았음에도 불구하고 흔쾌히 집필해 주신 사미숙 선생님과 이은주 선생님에게 특별히 감사의 마음을 전하고 싶다. 두 선생님은 피와 살이 있는 현장의 증언을 생생하게 들려줌으로써 우리 연구소가 할 수 없었던 공백을 채워 주셨다. 그 결과 이 책이 더욱 내실을 갖출 수 있었다. 그리고 이 책이 나오기까지 첫 기획부터 편집까지 정성스럽게 챙겨 주었던 은행나무출판사에 감사의 말씀을 드리고 싶다.

2014년 2월
김종갑

행복한 가정은 모두 비슷한 이유로 행복하고,
불행한 가정은 제각각 다른 이유로 불행하다.

—톨스토이, 『안나 카레니나』

01 가족은 꼭 필요한가?

가족은 인생에 꼭 딸려 있어야 할 붙박이장일까? 이 글은 '가족이 꼭 필요한가'의 문제제기를 통해, '그냥' 가족이 아니라 정서적 결속에 사회적 평등이 더해진 '좋은' 가족이 발생되어야 할 필요성을 보여 주고자 한다. 좋은 가족의 발생은 단지 가족구성의 유무에 달린 것이 아니라 삶의 지속성과 더불어 계속해서 가족을 개발하고 지속시키고자 하는 개인의 의지에 달려 있다.

최은주

몸문화연구소 연구원. 건국대학교 영문학과에서 박사학위를 받았고, 현재 건국대학교와 백석대학교에 출강하고 있다. 시민인문강좌에서 사랑. 질병, 죽음의 주제로 강의를 하면서 관련 논문을 썼으며, 지금은 상호인정의 문제에 관심이 생겨 연구하고 있다. 「케이트 쇼팬의 『각성』에 나타난 가족서사와 사랑의 문제」, 「정상과 비정상의 경계로서의 몸: 샬럿 브론테의 『빌레트』에 나타난 질병의 문제」 등의 논문과 『그로테스크의 몸』(공저), 『내 몸을 찾습니다』(공저), 『죽음, 지속의 사라짐』을 썼다.

4인용 식탁은 사라져도 가족 이야기는 계속된다

아내가 슬프고

슬픈 아내를 보고 있는 내가 슬프고

그때 온 장모님 전화 받으며, 그러엄 우린 잘 지내지, 하는

아내 속의 아내는 더 슬프다

마술처럼 완벽한 세상에서 살고 싶다

모자에서 나온 토끼가

모자 속으로 자청해서 돌아간다

내가 거울 속으로 들어가려 하면

딱딱한 면은 왜 나를 막는가

엄마가 아이를 버리고

직업이 아비를 버리고

병이 아픈 자를 버리고
마술사도 결국 토끼를 버리고

매정한 집이, 너 나가, 하며 문밖에 길을 쏟아버리자
미망(迷妄)이 그 길을 받아 품에 한번 꼭 안았다가 바로 버린다

온 세상을 슬픔으로 물들게 하려고
우는 아내가 식탁 모서리를 오래오래 쓰다듬고 있다
처음 보는 신기한 마술이다

심보선의 시 「아내의 마술」에서 화자는 "슬픈 아내"를 달래지 못해 어쩔 줄 몰라 마술의 거울 세상 안으로 도망을 치고만 싶다. 아마도 그곳은 "엄마가 아이를 버리고 직업이 아비를 버리는" 일 따윈 없을 것이다. 그러나 현실 속의 "딱딱한" 거울은 화자를 막아설 뿐이다. 문학사 속에서 가족은 다 먹은 밥상을 치우지 않아도 아무렇지 않은 관계이고 때론 내가 나를 포기한 후에도 나를 포기하지 않은 유일한 존재이다. 아버지는 "소싯적" 전도양양한 청년이었지만 어머니를 만나 정착하면서 자신의 꿈을 포기한 후 회한에 빠졌고, 그 너머에 학대와 구타의 기억 속에 아버지를 떠올리는 아들도 있다. 그런 아버지가 "아빠"로 호칭이 바뀌면서부터는 불러도 '실체 없는 공허한 믿음'이 되었다. 어머니는 좋고 싫고 없이 아이들 밥 먹이고 학교에 보내느라 언제나 부엌에 있었지만 젊은 날 가족의 팬티를 고

르면서 샀던 "꽃무늬팬티"를 여전히 입는 천생 여자이다.

이렇게 보면 가족은 온전하든 뒤틀리든 어디에나 담겨져 있다. 지우고 싶은 과거이거나 도망치고 싶은 현재이고, 적대적인 사회에 내동댕이쳐진 우리 삶의 궤적 속에 슬프고 아픈 질감으로 눈시울을 뜨겁게 하는 곳이기도 하다. 비록 한 편의 훈훈한 90분짜리 영화로 결말을 낼 수는 없는, 애초부터 해피엔딩은 불가능한 지루한 일상과 수많은 시행착오, 그리고 잘못된 선택과 위험이 널려 있지만 시나 소설 속에 가족은 사랑만큼이나 성장기에 대한 그리고 현재 삶에 대한 이야기의 주요 부분을 차지한다.

그러나 문학사와는 달리 일상에서 사람들은 가족 이야기를 공론화하기를 꺼린다. 가족 이야기는 뻔하고, '우리 가족은 내가 제일 잘 안다'는 생각이 대부분이어서 가족 이야기는 거부감을 불러일으키는 경우가 많다. 가족은 한솥밥을 먹는 사람들이니, 그저 조용히 별 일 없이 붙박이장처럼 한곳에 존재하고 있으면 될 것이었다. 기혼의 남자나 여자는 '사랑'이라는 단어를 아내나 남편과 관련한 단어로 떠올리지 못한다. '아, 사랑이라니……. 결혼 20년차 부부라면 하루 8분도 채 대화를 하지 않는다는데……'라고 생각하는 것이다.

그런데도 결혼과 가족이 필요할까? 사람들은 주저하지 않고 가족이 필요하다고 말한다. 이 글은 바로 이 질문으로부터 시작되어야 할 것 같다. 가족은 인생에 꼭 딸려 있어야 할 붙박이장일까? 이렇게 질문을 하고 보니 가족은 사적인 의미를 가진 것 같으면서도 개인보다는 사회에 더 필요하게 조직된 기원을 찾을 수 있다. 가족은 인구조절과 생산 활동에 주요한 역할을 맡고 있기 때문에 결혼을 하지 않으면 현존하는 사회적·경제적·정치적·가부장적 체계의 정당성에 대한 거역을 의심받았고 가족이 위기에 처해 있다는 공포를 불러일으켰다. 가정이 없으면 인류의 진화를 역행하는 하위인간으로 취급되었고 지금도 이런 의식으로부터 완전히 자유로운 것은 아니다. 가족은 여전히 지위보장과 자격획득을 위한 전제조건으로 현대적 계급을 구성하고 있으니 말이다. 경제적 위기에 처해 있지 않은 가족을 더욱 상향 권력적으로 만드는 반면, 경제적 위기에 그대로 노출되어 있는 가족을 이혼이나 자식유기, 또는 자살이나 집단죽음과 같은 사회적 갈등의 주범으로 보는 것만 봐도 알 수 있다. 한편, 나홀로 가구들은 단절된 외톨이나 홀로 죽음을 맞이할 고독사 같은 부정적 이미지를 형성한다는 이유로 배제되는 것이 현실이다.

그러나 필요성의 유무와 상관없이 가족은 지속될 것이다. 비록 저널리즘이 좋아하는 통계수치로 한국 사회의 '가족해체'에 따른 연간 사회적 비용의 크기가 10조에서 15조 원까지 추정되고 있고, 세부 명목에 위자료, 양육비, 가정폭력의 사회적 비용, 노인 부양을 포함한 1인가구 지원, 가족해체예방비용, 청소년 범죄비용이 명시되어 있다 해도 개인은 여전히 공동체적인 결합과 친밀함에 대한 동경을 갖고 있기에 가족 이야기는 계속될 것이다. 그렇다 하더라도 통계조사가 부부와 한두 명의 자녀로 이루어진 핵가족만을 두둔하는 보수적인 입장에 서서는 안 된다. 통계조사 속에는 '1~2인가구수 증가에 따른 불필요한 생활비 추가분'과 '가족으로부터 소외된 이들이 저지른 성인 범죄비용'이 제외되어 있다. 1~2인가구 수의 증가는 불가피한 가족형태의 변화를 보여 주는 것이므로 '불필요한 생활비'라는 표현은 1~2인가구를 소외시키거나 견제하는 시대착오적인 태도이다.

21세기 한국에서 행복에 대한 갈망이 극에 달한 지금, 우리가 깨닫는 것은 오히려 더 큰 불행감이다. 이런 때에 가족은 불행감을 완화시켜 주는 최후의 보루처럼 비춰질 수도 있다. 가족에 대한 태도를 과거 전통방식으로 환원시키지만 않는다면, 그래서 문제가족, 해체가족을 질타하면서 가족의 책임을 묻는 사회적 접근방식이 여성을 가족의 문제 중심으로 되돌려 보내지만 않는다면 가족이 포기되는 일은 아마 없을 것이다. 4인용 식탁을 채우는 것만이 이상적인 가족이 아니라 1인의 나홀로 가족이든 한부모 가족이든 조손가족이든 더 좋아지기 위한 과정에 있는 선택 형태이다. 그렇기 때문에 부모와 한두 명의 자녀로 이루어진 핵가족이 정상이라는 이데올로기가 아니라 정서적 결속에 사회적 평등이 더해진 더 좋은 가족이 발생해야 할 것이다.

해피엔딩이 아닌 인정투쟁

19세기 영국 소설 중에 제인 오스틴의 『오만과 편견』이라는 작품이 있다. 드라마나 영화로도 각색된 이 소설은 주로 주인공 다아시와

「오만과 편견」의 한 장면
"재산깨나 있는 독신 남자에게 아내가 꼭 필요하다는 것은 누구나 인정하는 진리다."
이런 남자가 이웃이 되면 그를 자기네 딸들 중 하나가 차지해야 할 재산으로 여겼다. 그
러나 이들의 결혼생활은 동화의 결말처럼 행복했을까? 동화는 보통 '그들은 결혼하여
행복하게 살았습니다'로 끝을 맺으면서 결혼을 행복과 동격시한다. 그러나 결혼은 사랑
의 완성이 아니라 오히려 후속적 사건을 전제하고 있다.

엘리자베스의 사랑과 결혼에 대한 이야기로 더 많이 알려져 있다.
그런데 이 소설에서 간과할 수 없는 것은 엘리자베스의 엄마 베넷
부인이 필사적으로 딸 다섯 명의 혼인을 성사시키려고 한다는 점이
다. 소설 처음부터 베넷 부인은 마을에 새로 이사 오는 독신남에 깊
은 관심을 보이며 어떻게든 자신의 딸 중 한 명과 연애를 시키려고
궁리하는데, 여기에 중요한 의미가 담겨 있다. 18세기 말 영국은 딸

에게 재산을 물려줄 수 없는 한정 상속이라는 법률이 적용되고 있었기 때문에 베넷가의 재산은 사촌인 콜린즈에게로 넘어가게 되어 있었다. 게다가 여자가 선택할 수 있는 직업이라고는 결혼 아니면, 남의 집 허드렛일을 도우면서 아이들을 가르치는 가정교사밖에 없었다. 딸이 다섯인 베넷 부부로서는 딸들을 조건 좋은 사람, 즉 경제적인 여유가 풍족한 남자와 결혼시키는 것이 최선이었다. 사랑 없이 부모가 선택해 주는 적당한 남자와는 결혼하지 않으려는 엘리자베스 같은 딸은 골칫덩어리에 불과했다. 소설은 우여곡절 끝에 다아시가 오만을 꺾고 엘리자베스가 편견을 거두면서 행복한 결혼에 이른다는 구성으로 끝을 맺는다.

저자인 제인 오스틴 자신은 정작 결혼하지 않았지만 여주인공을 미혼으로 남겨 두는 소설적 모험을 감행하지는 않았다. 엘리자베스를 결혼시키되 번민과 위기를 풍부하게 보여 줌으로써 여성이 결혼에 있어 주체적인 역할을 해야 한다는 점을 강조하였다. 그런데 현대 비평가들은 다아시와 엘리자베스의 결혼생활에 대한 의문을 표한다. 이들의 결혼생활은 동화의 결말처럼 행복했을까? 동화는 보통 '그들은 결혼하여 행복하게 살았습니다'로 끝을 맺으면서 결혼을 행복과 동격시한다. 그러나 결혼은 사랑의 완성이 아니라 오히려 후속적 사건을 전제하고 있다. 다시 말해, 끝이 아니라 계속되어야 하는 삶에 귀속된다. 부자인 다아시와 결혼했지만 경제권을 비롯하여 엘리자베스가 행사할 수 있는 권리는 아주 적었을 것이다. 따라서 19세기 말부터 20세기에 본격적으로 결혼생활에 초점을 맞춘

문학작품들이 등장한 것은 당연한 결과이다.[1] 결혼은 더 이상 구원이 아니라 해결해야 할 문제가 산재한 현실이었다.

경제권과 가장의 의무, 부모의 책임, 교육, 부양의 문제들은 현대와는 달리 당대에 문제로 표출되는 대신 개인, 특히 여성의 인내와 자제, 혹은 속병으로 내면화되었을 것이다. 가부장적 이데올로기는 남성과 여성, 어린이와 어른 사이의 불평등한 대우를 전제하기 때문에 개인의 자유로운 선택권이 발달하고 더욱 행복하고 완벽한 결혼생활을 꿈꾸게 되면서 충돌하게 되는 여러 문제의 발생을 예고하였다. 그리고 결혼 이후의 삶에서 일어나는 문제에 대해 상대방의 문제로 실패를 단정짓는 경향 때문에 이혼이 급증하는 결과가 초래되었다.

가족이 사회적이고 경제적인 강제에 의한 구조로부터 정서적 결속으로 통합을 이루는 순수한 관계로 변화되면서 가장 중요해진 것은 '의사소통'이다. 가족은 이제 개인적 감정을 표현하면서 실현시키는 생활세계가 된 것이다. 그렇기 때문에 더더욱 가족이 그 구성원들을 '있는 그대로의 모습' 혹은 그들이 의도된 대로가 아니라, '내가 원하는 대로' 그들을 이용하는 측면이 강하게 나타난다. 그러한 측면을 고려하면 가족은 이래저래 개인의 발달이나 행복과는 거

---

1 결혼과 남녀의 역할에 대해 문제를 제기한 헨리크 입센의 희곡 『인형의 집』, 결혼에 의해 어디에서도 자유를 얻지 못하고 좌절하는 여인을 다룬 도리스 레싱의 소설 『19호실로 가다』, 가부장적 아버지의 권력과 거기에 순종해야 하는 어머니와 아이들의 소외를 숨막히는 식사시간을 통해 보여 준 수잰 버거(Suzanne E. Berger)의 시 「식사시간」 등이 있다.

윌리엄 맥그리거 팩스턴, 「아침식사」(1911)
결혼 후 아내가 아닌 신문으로 시선이 옮겨진 남편과 그런 남편으로부터 소외되는 아내의 공허한 모습은 당시 중상류층 가정의 일반적인 풍경이었다.

리가 멀어 보인다. 그렇다고 다른 사람과 비폭력적이고 비파괴적으로 살아가는 법을 배울 수 있는 곳으로 여기기에는 개인적인 입장에서 이득보다 손해가 더 커보일 수 있다.

사랑의 완성이 '결혼'이라든가 '자식'이라는 말도 이제 개인을 설득하기에는 너무 빈약하다. 종족의 번식이 남편과 아내를 맺는 목적 중의 하나였기 때문에 성애 시기가 짧았던 과거와 달리, 결혼이 사랑을 기초로 한다는 사실을 받아들이면서 오히려 더 큰 문제를 양산해 내었다. 19세기 영국 빅토리아 시대의 여성은 사랑을 성공시키겠다는 결의와 더불어, 결혼에 앞서 제대로 된 상대를 선택하기 위해 고뇌했다. 그러나 사랑이 결혼의 주요쟁점이 되었으면서도 근본적으로 남편이 아내를 먹여 살릴 수 있느냐 없느냐 하는 조건이 충족되어야만 결혼이 가능했다. 그리고 결혼과 동시에 남편은 식구들을 먹여 살릴 책임을 진 유일한 사람이었고 아내는 남편에게 복종하고 남편을 만족시키는 것, 자녀들을 육체적·정신적으로 건강하게 키우는 것, 집안을 관리하는 것을 의무로서 요구받았다. 가족이라는 이유로 책임과 의무에 봉사하는 배우자와 부모의 역할 및 자식의 의무가 복잡하게 얽혀 있기 때문에 사랑을 결혼으로 완성해야 한다는 이데올로기가 오히려 부부관계를 복잡하고 어렵게 만들었다. 이것이 현대를 여는 가족불안의 주요 원인이었다. 가족은 오히려 사랑을 좌절시키기에 적합했다.

2011년 여성가족부는 한국의 보편적인 가족이 현실과 인식, 여성과 남성, 의식과 실태 간 불일치 문제로 인해 갈등이 발생할 우려가 있다고 보고하였다. 한국의 가족이야말로 종교라는 이야기가 있을 만큼 혈연관계가 중시되었지만 그동안 결혼비용에 들어가는 노력에 비해 가족이 행복을 보장하지 못하면서 오히려 상처와 불행의 온상이 되어 왔다. 자유로운 개인화에 따라 결혼을 할 것인가부터, 남녀의 양성에 의한 입장 차이는 새로운 세대의 점점 더 커지는 개인의 욕구나 권리의 측면을 반영한다. 사랑의 감정보다 가족의 요구와 개인적 자유 사이의 모순이, 그리고 가족의 요구와 사랑 사이의 모순들이 출현하기 때문이다. 현재까지도 "가부장 체제가 요구하는 스펙, 효도노동"을 거부하면서 가부장제가 여성에게 강제해 온 꾸미기노동, 성적 대상화, 감정노동에 거부하는 운동이 벌어지는 모습을 볼 수 있다. 그러나 이 과거가 아닌 문제가 완전히 여성의 전면적 문제만도 아니라는 사실을 남자들의 반응에서 알 수 있다. 취업과 결혼 문제가 심각하다 보니 남자들도 가부장적 이데올로기의 피해자가 될 수밖에 없다. 인터넷에서는 '결혼시장에서 2억이 없는 남자들은 사람 취급을 못 받는다'는 주장에 이어, '남자야말로 현대 사회에서 평생 일해 모은 돈을 여자에게 갖다 바쳐야 하는 진정한 약자'라는 남자들의 불편한 심기가 드러났다.

그러나 이런 현상들이 사랑과 결혼, 가족으로의 이행을 막아서는 것은 아니다. 개별 인격의 모든 속성들이 중요해지는 만큼 "더 집중적인 인격적 관계들을 맺을 가능성"[2]도 증가하였다. 가족을 오히려 위태로운 환경으로부터 피난처가 될 유일한 곳으로 여기는 사람들도 있다. 이것은 가족의 밝은 면과 동시에 어두운 면을 부각시킨다. 가족은 감정적 보호가 요구되는 곳이 되며 내가 마음껏 쉬어야 하는 장소, 그냥 살고 싶은 집이기도 하다. 이 속에서 가족구성원은 서로가 이해해 주기를 바라며 경제적 지원도 아낌없이 해주기를 바

---

2 니클라스 루만, 『열정으로서의 사랑』, 권기돈·조형준·정성훈 옮김, 새물결, 2009, 28쪽.

가부장제를 점령하자
OCCUPY patriarchy

no bra
no make-up
no high heels
no
i'm not your sex toy
강요된 꾸미기노동 거부
몰인격적 성적 대상화 거부
가부장 노동자 중심주의 거부
남성 생계부양자 이데올로기 거부
총파업
젠더 파업
젠더 수행 파업
감정 노동 파업
재생산 노동 파업
착한 여자는 천국 가지만 잡년은 어디든 간다
착한 여자는 천국 가지만 잡년은 거리를 점거한다
프레카리아트 중에 프레카리아트
거리를 되찾자

잡년은 어디든 간다

2012. 5. 1 화요일 12시
메이데이 총파업
한국은행 · 명동 · 시청

잡년행동

슬럿워크코리아, '잡년은 어디든 간다'?

2012년 5월 1일 서울 명동에서 여성운동단체 '잡년행동'(슬럿워크코리아) 회원들이 벌인 퍼포먼스에 대한 남자들의 인터넷 반응은 단지 전통적인 결혼의 문제가 아닌 변화의 추구가 구체화 단계에 이르지 못한 상태를 보여 준다(「'잡년행동' 퍼포먼스 남자들 반발, 왜?」, 「조선일보」 2012년 5월 5일과 6일자 참고).

란다. 가족만큼은 반드시 '이러저러 해야 한다'라는 조건을 충족시켜 줘야 하는 것이다. 대조적으로 가족 밖의 학교나 직장에 대해서는 다른 입장을 갖는다. 꿈에 그리던 대학도 입학하고 보면 다시금 취업을 위한 투쟁의 장이 되지, 저절로 채워지는 낭만은 없다. 꿈의 직장도 실제로 다녀 보면 생각보다 급여도 만족스럽지 않고 인간관계도 실망을 준다. 문제는 낭만이든 만족이든 스스로 찾아내야 하고 시간과 공을 들여야만 한다는 것이다. 개인들도 이 사실을 잘 알고 학교나 직장에서는 끊임없이 노력한다. 그런데 가족만큼은 예외이다. 굳이 노력하지 않더라도 저절로 이루어지면 좋겠다. 이렇듯 나쁜 현실에도 불구하고 또 나쁜 현실과는 반대로 가족과 사랑하는 관계만은 사회의 모든 수준에서 이상화된다. 삶의 객관적 기반이 무너져 갈수록 오히려 부여잡고 싶은 희망이 되는 것이다.

가족에 있어서 특이하게 나타나는 현상은 이혼율이 증가하는 만큼 재혼율이 늘어나고 출생률이 저조해질수록 불임을 치료하면서 아이를 가지려는 갈구는 더욱 커져 간다는 점이다. 아이를 기르는 비용은 기하급수적으로 증가하고 있지만 나를 닮은 내 자식으로 인해 다음 세대까지도 내가 구현될 수 있다는 생각에 아깝지 않다. 나는 죽지만 자식을 통해 다시금 표상되는 나 자신을 본다는 점은 전통적인 생각 그대로이다. 이런 이유가 다시금 한쪽으로, 즉 여성으로 하여금 모성애를 자처하면서 모성이야말로 한국 전업주부 정체성의 핵심이라는 생각을 재생산하도록 한다. 그러나 모성애를 자처하는 전업주부는 같은 주부나 여성에게서 경쟁을 통해 행복을 확인하는 불행한 생존법에 의존하여 살아가고 있다(『한겨레 21』, 948호 참고). 자아실현을 하는 취업 여성을 부러워하는 전업주부에 이어 1% 계층을 모델 삼아 주부를 부러워하는 취업여성까지 그 범위는 다양하다. 1% 계층의 전업주부란 모두가 부러워하는 종신고용을 보장받은 남편과 상속받을 자산이 있고 자식을 취업시킬 능력까지 갖춘 극소수를 말한다. 모성애를 자처한 전업주부들의 불행한 생존법을 고려한다면 가족이 단지 누구 하나의 희생을 강요할 것이 아니라 자유로운 개인으로서의 배후자의 요구, 욕망, 기대가 표출되고 부딪치는 인정투쟁의 장이 되는 편이 바람직해 보인다. 프랑스의 철학자 알랭 바디우(Alain Badiou)가 사랑을 진리의 구축이라고 했듯이 결혼과 가족 또한 진리 구축의 장이다. 나뿐만 아니라 개별 가족도 차이가 있고 관점이 다르며, 똑같이 자신의 자아를 모색한다는 점을 인정하면서 가족구성원과 지속적으로 각종 시련에 부딪치는 것에 대해 두려워하지 않는 것이 오히려 건강한 가족의 자세일 수 있다.

무엇보다 가족은 친밀성 속에서 진실한 모습을 보이면서 사랑을 주고받기도 하다가 서로의 의지를 타자에게 부과하려는 경쟁과 질투, 그리고 시샘 때문에 깊은 상처의 원인이 되기도 한다. 이처럼 결혼이 사랑의 완결이 아니라 후사건적(後事件的) 조건에 있고 개인의 자유화에 따른 인정의 문제 때문에 예전과 다른 모든 단계의 의미화와 협의가 개입될 수밖에 없다. 하지만 먼저 서로의 차이를 인정하는 차원이 필요하다. 악셀 호네트(Axel Honneth)에 의하면 인정은 '자신에 대한 긍정적인 의식'이 조건을 이루면서 '상호적인 사랑과 권리', 그리고 '사회적 연대'가 충족되어야 한다. 파열음을 내면서도 내가 선택해야 하는 운명 속에서 가족 서로의 입장을 윤리적으로 인식하고 균형을 맞추는 것이 필요하다. 호네트는 균형을 맞추기 위해 가족성원이 서로를 법적 인격으로 인정하는 것을 고려한다.[3] 가족을 단순히 정서적 형태로만 보지 않고 법적 보호 안에서 보는 것은 가족구성원의 자율성을 보장하기 위해서이다.

이때에 법은 개인으로 하여금 헤어질 수도 있다는 기회와 동시에 제도적 자유공간을 보장함으로써 개인이 물리적이거나 심리적인 위협의 불안 없이 사랑에 근거한 공동체를 실현시키고자 하는 시도를 가능하도록 만든다. 물론 그렇다고 법적인 성격으로만 가족을 바라볼 수는 없다. 오히려 법적 인격으로 존중받는다고 볼 수 없을 때에도 서로에 대해 배려와 돌봄을 받을 가치가 있는 주체로 인정할 수 있는 도덕적 요구가 절실하다. 다시 말해, 사랑관계가 타인과 융합하려는 욕구를 불러일으키기 때문에 사람들에게는 일생 동안 공생적 단일체로서 가족이 이상화된다. 그러나 융합욕구는 불가피한 분리에 대한 체험을 통해 좌절된다.[4] 이제 남편과 아내는 서로에 대한 환상을 걷어내고 상대를 독립적인 개인으로 인정하면서 균형을 이뤄야 한다. 여기에서 균형이라 함은 남편은 남편, 아내는 아

3 악셀 호네트, 하주영 옮김, 「정의와 정서적 결속 사이에서」, 『정의의 타자』, 나남, 2009, 259쪽.
4 악셀 호네트, 『인정투쟁』, 문성훈·이현재 옮김, 사월의책, 2011, 207쪽.

내라는 개별적 인간 사이의 불가피한 경계와 서로 화해를 경험할 때 발생하는 탈경계 사이의 생산적 균형이다. 이때 상대와 공생하면서 두 사람은 '타자 속에서 자기 자신으로 존재하는 상태'가 될 수 있는 것이다.

형태와 무관하게 살아가는 법

사회는 가족이 해체된 것을 가족의 문제로만 바라보며 '문제가족'이 문제아를 만들었다거나 미혼율이 증가해 미래가 없다고 단정하기를 좋아한다. 이러한 경향은 인과관계의 개념을 부풀려서 생각하거나, 인과관계를 단순한 통계적 개념으로 바라보기 때문이다. 공익광고는 인과관계만을 적용하여 자극적 표제로 회유하는 방식의 가족 재통합이라는 보수적 의도를 실천해 왔다. '되는 집은 가족이 뭉친다', '국가는 가족을 도울 뿐 결코 가족을 대체할 수 없다'와 같이 '다시, 가족' 내지 '그래도 가족'이라는 심리적인 호소를 구할 참이다. 이러한 표제는 행복한 가정에 필요한 요건들은 고려하지 않으면서 결혼과 가족으로부터 도망치는 것을 과도한 이기주의로만 비난하는 태도를 보여 준다. 그리고 가족을 구하기 위한 조치로 여성을 다시 가족으로 되돌려 보내는 표준적인 가정 규범만을 최상이라고 주장한다. 시대마다 보여 준 가족 공익광고는 인구조절과 생산 및 재생산의 강조를 위한 저축과 똑같이 개인으로 하여금 끊임없이 좋은 가정을 꾸려 인생에 실패하지 않아야 한다는 강박증을 심어 주었다. 따라서 가족이 위기에 처해 있다는 공익광고는 꽤 오랜 호응과 지지를 얻으면서, 애매하지만 널리 퍼져 있는 이데올로기로서 '가족'의 호소력을 강화하는 데 성공했다.

그러나 가족의 해체라는 경고성 메시지는 더 이상 효과를 거두지 못하고 있다. 가족의 해체라는 말은 가족을 지켜야 하는 당위성만을 제시하면서 정상적 가족을 요구할 뿐이지 정작 행복이나 안정된 가족의 내적 삶에는 관심이 없어 보인다. 가족 해체는 공익광고가 전달하는 위험성과는 달리 세대와 세대에 걸쳐, 그리고 사회와 사회 사이에서 새로운 삶에 대한 소망을 드러낸다. 이는 가족의 크기나 책임의 성격, 지속성이 다른 종류의 것으로 바뀌고 '정상가족'의 개념이 변화되는 것을 의미하지, 해체 자체를 지향하는 것은 아니다. 즉, 이기주의적 발상으로 가족을 버리고 떠나려는 생각이 아니라 정상가족 이데올로기라는 실현 불가능한 허구를 폭로하면서 또 다른 진정한 삶을 위한 불가피한 해체의 필요성을 드러내 보여줄 뿐이다. 다시 말해, 더 나은 삶에 대한 계기를 마련하겠다는 의지의 표출인 것이다.

20세기 들어 실패와 무능력으로 인해 사회적으로 아버지가 몰락했다. 경제 위기는 결혼 적령기의 변화는 물론 독신의 증가를 가져오기도 했으며 가족구성에 있어서도 여러 증상들을 낳았다. 이는 다시금 나홀로족, 독거노인, 자살, 무연사회를 열어 가고 있다. 그럼에도 불구하고 다시금 이상적인 아버지상, 더 권위적인 아버지상을 찾는 배경은 가족구조에서 아버지의 권위가 당연한 것으로 여겨졌기 때문이다. 그러나 아버지의 지위가 몰락하면서 아버지의 권위는 축소되고 대신 어머니와 아이의 권리가 강화되었다. 아버지의 이름은 상징적으로만 남게 되었을 뿐이다. 아버지 소외현상의 심각성이 부풀려지고 자녀를 부담이라고 생각하는 10대와 20대의 이기주의, 그리고 전체 가구 빈곤율에 비해 다섯 배가 넘는 1인 홀몸노인의 우울증 및 질병의 심각성이 가족 윤리에 대한 죄책감을 유도할지라도 1인가구를 비롯한 다양한 형태의 가족가구는 엄연한 기정사실이 되어 가고 있다. 그러나 이러한 운명을 비관적으로만 바라볼 일은 아니다. 우리는 이미 모계사회의 역사를 가지고 있으며 조선시대 중기까지만 해도 처가살이의 전통 혼인 풍속이 있었다. 가부장적 가족이 해체된다고 해서 가족이 깨지는 것은 아니라는 말이다. 어떻게든 더 나은 방향의 가족이 새로운 문화에 맞추어 기획될 것이기 때문이다. 프랑스 학자 자크 아탈리(Jacques Attali)는 이미 오래전에 가족을 21세기에 가장 큰 변화를 겪을 조직으로 보았다. 그는 "사람들은 여러 가정에 동시에 소속되며 아이들은 동시에 여러 아버지, 어머니를 갖게 될 것"이라고 예측했다. 따라서 가족은 "자신이 속한 여러 가정 가운데 하나를 일컫는 말"이 될 것이다.[5]

앞으로는 직업 및 결혼의 이동 등으로 사는 형태가 다양해지고

5 자크 아탈리, 『21세기 사전』, 편혜원·정혜원 옮김, 중앙 M&B, 1999, 28쪽.

병존하게 될 것이다. 고향에 가족을 두고 타국으로 와서 일하는 경우와 다른 나라 출신의 배우자와 결혼을 하여 구성된 다문화 가족 등의 형태 변화로 세계의 가족이 구성될 것이다.[6] 결혼 전에 동거하거나 결혼하지 않고 함께 사는 커플의 수적 증가에 따른 이해도 달라져야 할 것이다. 형태를 달리할 뿐이지 결혼식을 올리지 않았다고 해서 이들이 제멋대로 또는 비정상적인 삶을 사는 것은 아니다. 다른 사람과 함께 공간 및 시간, 애정을 공유할 수 있다 해도 서로 사랑하고 싸우고 상호작용하는 방식이 다양하기 때문에 가족을 형성하는 방식이나 종류 또한 다양해질 것이다.

그렇다면 '기러기 아빠'나 '처가살이 남성', 또는 '초식남'[7] 을 이 시대의 슬픈 아이콘으로 볼 것이 아니라 선택의 변화와 적응의 방식으로 생겨난 가족형태로 바라보아야 할 것이다. 자녀가 부모에게 의존하는 것에 대한 부담을 '캥거루족'과 '부메랑족'의 신조어로 개념화시키면서 그에 따른 출산율의 감소라는 결과만을 부각시킨다면 가족은 오로지 책임과 의무, 경제적 비용으로만 계산되어야 할 것이다. 대한민국 1인가구가 453만 명에 이른 만큼 현재에 1인가

---

6 '세계 가족'에 대한 자세한 설명은 울리히 벡·엘리자베트 벡 게른스하임, 『장거리 사랑』, 이재원·홍찬숙 옮김, 새물결, 2012 참조.
7 불필요한 감정노동을 하느니 자신의 독립된 생활을 즐기겠다는 생각으로 연애에 소극적인 초식남은 '남성다움'을 내세우는 대신 관심 분야나 취미활동에 적극적이고 결혼과 연애에는 소극적인 남자를 일컫는다. 일본에서 처음 나왔지만 한국에서도 88만원 세대가 출현한 후 주머니에 여유가 없어지면서 연애와 결혼은 다른 나라의 이야기로 여기고, 연애에 들어갈 비용을 취미생활에 들이거나 스포츠 중계나 보면서 잠만 자는 유형이 본격화되었다.

구는 대세이다. 한 방송사는 연예계 역시 삼분의 일이 1인가구라는 점에 착안하여 혼자 사는 연예인들의 일상생활을 보여 주는 예능 프로그램을 제작하였다. 이 프로그램의 미덕은 어째서 혼자 사는가에 대한 질문 대신 기러기아빠, 주말부부, 상경 후 고군분투 중인 청년, 독신남 등 각기 다른 이유로 싱글족이 된 스타들을 다루면서 사회의 눈총이 아니라 엄연한 가구로서 솔로가족의 길을 모색해 보겠다는 취지에 있다. 이 프로그램은 보기 좋은 이상적 솔로가족을 재창조하려고 하지 않는다. 솔로 연예인들의 실생활 속에서 혼자 밥을 먹거나 인형과 이야기를 나누거나 홈쇼핑을 하는 등 스타 이미지와는 전혀 다른 제멋대로의 삶을 그대로 보여 준다. 이들의 모습은 정상과 비정상 또는 바람직하고 바람직하지 않은 것의 잣대로 평가될 것이 아니라 하나의 다른 가족형태로 수용될 필요가 있다.

지금까지 가족 연구에 매진해 온 여러 학자들은 봉건적 공동체 가족에서 이상적인 가족형태를 발견하였다.

집안일은 여성의 지위에 따라 나뉘어졌고, 딸들은 빨래와 실잣기와 베짜기를 담당했고, 임신한 아내들은 아이를 낳았으며, 나이 많은 아내들은 아이들을 돌보고 훈련시키고 요리를 담당했고, …… 마찰은 있었지만 고립된 배우자들이 얼굴을 맞대고 지내야 하는 상황 때문에 가정이 항상 극심한 내적 고민을 끌어안고 있는 상태가 될 기회는 없었다. 가족 문제는 가족회의에서 공개적으로 다루어지고 연장자의 결정을 존중했다. 동거의 동기가 되는 낭만적인 사랑은 전혀 중요하지 않았다.

남성은 자기 집안에 잘 맞는 여자가 들어와 자식을 낳아주길 바라면 그만이었다. 실망과 원한과 권태가 비집고 들어갈 틈이 지금보다 훨씬 적었다. 아이들은 이 가족 체제 덕에 득을 보았고, 그리스와 스페인, 남부 이탈리아의 일부 지역에서는 지금도 여전히 이런 생활을 하고 있다. 할아버지든 결혼하지 않은 삼촌이나 고모든 항상 질문에 답해 주고 이야기를 들려주고 새로운 기술을 가르쳐 주고 낚시 갈 시간을 내주었다. 아이들은 혼자 걸을 수 있게 되자마자 닭이나 비둘기장, 새끼 양, 아기를 돌보는 약간의 책임을 맡았다. 아이들은 어른들이 부엌에서 이야기를 나누는 동안 깜깜한 방에 잠을 자러 들어가지 않고 누군가의 품에서 곯아떨어질 때까지 남아서 듣고 배우는 것이 허용되었다. 그러면 어른들은 아이를 깨우지 않고 조용히 옷을 벗겨 침대에 눕혔다. 가정은 모든 연령층을 대변했기 때문에 세대차가 없었다. …… 이런 집단생활을 유지하기 위해 서로를 존중하는 강력한 예의범절이 생겨났다.[8]

현재로서는 위와 같은 가족형태가 불가능해 보이지만 봉건적 가족공동체에서 배울 점은 가족형태가 아니라 개인의 권리를 보호하는 측면과 도덕적 자율성에 의해 모든 인간 주체가 그 자체로 존중된다는 부분이다. 가족의 책임과 의무가 소수에게 집중된 핵가족 사회에서는 자율성이 요구만 될 뿐 자율성이 보장되지 않는다. 자율

---

8 저메인 그리어, 『여성, 거세당하다』, 이미선 옮김, 텍스트, 2012, 286~287쪽.

영화「가족의 탄생」중에서
혈연과 상관없는 개인들이 동거하면서 전통적인 개념의 가족을 해체하고 새로운 가족,
새로운 질서의 가능성을 보여 주는 영화「가족의 탄생」. 이로써 정상과 비정상이라는
잣대에 의해 설정된 가족형태가 해체 가능해진다.

성을 보장받기 위해 결혼을 회피하는 것이 그러한 이유에서다.

　한국영화「가족의 탄생」(2006)은 전혀 관계 없는 인물들이 동
거를 하면서 형성하는 가족을 통해 기존의 정상적이고 비정상적인
가족의 의미를 해체시킨다. 미라와 그의 남동생 형철의 나이든 아
내인 무신, 무신의 전남편의 전부인의 딸(채현)에 관한 첫 번째 에피
소드에 이어, 선경과 그의 엄마가 낳은 다른 남자의 아들(경석)에 관
한 두 번째 에피소드를 지나면, 세월이 흘러 첫 에피소드의 딸 채현

과 두 번째 에피소드의 아들 경석이 연애를 시작한다. 채현은 미라와 무신이 엄마로 등장하면서, 경석은 선경이가 누나로 등장하면서 영화 안이 아니라 밖에서 만들어져 이어 온 가족의 모습을 보여 준다. 물론 그 속에서도 희생을 감당하는 개인은 존재한다. 집 나간 형철 대신에 무신과 채현을 가족으로 받아들였을 미라, 불치병에 걸린 엄마 대신에 경석을 가족으로 받아들였을 선경이 바로 그러하다. 어떻게 보면 혈연을 중시해 온 한국사회에서 이들의 관계는 과장되어 보일 수도 있다. 그러나 혈연이 아닌 복잡한 관계로 섞인 공생적 관계가 오히려 자율성과 독립을 보장하면서 충만한 가족을 발명시키고 있다.

이와 같이 가족형태는 협상된 가족, 대안적 가족, 복수의 가족, 이혼 후의 새로운 타협, 재혼, 또 한 번의 이혼, 당신의 아이와 내 아이와 우리 아이로 구성된, 그리고 과거의 가족과 현재의 가족들로 구성된 새로운 집합이든 어떤 식으로든 나타날 수 있다. 그러나 이 모든 개인들 간의 결연이 추구하는 것은 다름 아닌 행복이다.

좋은 가족?

여자아이들은 머리를 땋았다가 다시 또 땋아,
하나의 실수 없이 리본으로 묶었다.
남자아이는 동전 수집함을 멀리 치웠다.

그리고 엄마가 화장을 고칠 때까지,

아버지가 말을 꺼낼 때까지 기다렸다.

수잰 버거, 「식사시간」 중에서

수잰 버거의 시에서 아이들은 아빠의 관심과 칭찬 섞인 말을 듣고 싶어 하지만 식사시간은 침묵 속에서 길고 지루하게 흘러갈 뿐이다. 접시를 긁는 포크 소리 하나 없는 가운데 엄마는 입을 삐죽이고 아이들은 좌절한다. 플로렌스 나이팅게일은 남녀를 불문하고 인간의 정신을 발달시키기에 가장 협소한 장소로 가족을 꼽았다. 그러나 여전히 결혼과 가족이 사랑을 통해 유지된다는 환상에서 벗어나지 못하고 있는 사람이 더 많고, 삭막한 일상의 끝에서 비록 지금 당장 돌아갈 가족이 없다 하더라도, 그런 가족이 있기를 희망한다. 결혼과 가족에 들어가는 소비활동과 생산활동이 엄청나지만 '안식처'라는 따뜻함 속에 그 부정적인 현실은 순식간에 용해된다. 결국 가족 위기, 해체의 문제가 도마 위에 올랐음에도 불구하고 우리는 더 나은 이상적 가족을 추구하는 것이다.

소피아 코폴라 감독의 영화 「썸웨어」(Somewhere, 2010)에서 할리우드 배우인 조니는 스타답게 낮에는 사람들의 시선과 관심에 둘러싸이지만 순간순간 홀로 남겨지게 된다. 어느 날 갑자기 전처가 키우고 있는 딸 클로이가 그를 찾아온다. 여름 캠프에 갈 때까지 조니에게 맡겨진 것이다. 바쁘기도 하고 여자에게 기웃거릴 시간도 필

영화 「썸웨어」 중에서
인간은 끊임없이 자유를 갈구하다가도 또다시 타인과의 결합을 꿈꾼다. 조니는 전처와
함께 사는 딸과 오랜만에 만나면서 일상의 변화를 겪는다. 그후 다시금 혼자 남겨졌을
때 자유보다는 견딜 수 없는 고독을 느낀다.

요하지만 조니는 최대한 딸과 함께 시간을 보낸다. 그동안 딸이 성
장하는 모습을 지켜볼 수 없었기 때문에 클로이가 발레를 하는 모
습은 그에게 경이롭기만 하다. 막상 딸이 돌아가자 조니는 그리움으
로 견딜 수 없는 고독을 느낀다. 딸이 떠나고 홀로 남겨졌을 때의 고
독감은 혼자 지낼 때 느끼던 고독감과는 비교할 수도 없다. 그는 견
딜 수가 없어 차를 몰고 달린다.

　인간이란 그런 게 아닐까? 끊임없이 자유를 갈구하면서도 또다
시 타인과의 결합을 꿈꾼다는 점에서 인간은 이중적이다. 함께하는
데에서 오는 안전함과 어려운 순간에 의지할 수 있다는 점 때문에

타인과의 관계를 맺으려 하면서도, 지속적인 관계에 대해서는 부담스러워하고 자유가 제한될 것 같아 두려운 것이다. 마트에서 다양한 종류의 계란 중에 나에게 딱 맞는 것을 고르는 데도 시간이 걸리듯이 남편이나 아내를 고르는 일은 쉽지 않다. 그리고 결혼이 끝이 아니듯 그 이후의 삶을 지속시키기 위해서는 남편이나 아내를 잘 골랐다는 사실만으로는 해결될 수 없는 문제들이 너무나 많다. 삶은 순간마다 결정해야 하는 선택사항들로 쪼개어져 있다. 그 선택사항들은 '두 사람이 한 마음'이라는 이상적 부부상이 아니라 현실 속의 개인인 남편과 아내 각자 기준과 인과관계에 의해 마찰하기 때문이다. 남편과 아내가 '두 사람이 한 마음'이 되기까지는 끊임없는 노력과 평등한 대화, 그리고 양보가 뒤따라야 한다.

앞에서 나는 '좋은 가족'에 대한 요구에 관해 언급했다. 그러나 한 가지 방향으로 통합된 좋은 가족이란 불가능하다. '좋은' 가족이란 대체 무엇일까? 가족의 형태, 가족 내 법적 문제, 부모노릇, 부모와 자녀의 문제 등으로 하나하나 나누어 가족을 분석하는 것은 어려운 일일 뿐만 아니라 의미도 없다. 매체들은 가족 해체 위기에만 집중하여 가족을 재통합해야 한다는 목소리에 고정되어 있지만, 해체와 반대로 똘똘 뭉치는 가족이 있으며, 저하된 출산율과 반대로 불임시술에 인생을 거는 부부도 있다는 사실은 가족이 획일적으로만 이해될 수 없음을 보여 준다.

가족의 형태가 다양해지거나 이혼·재혼율이 증가하는 것은 막을 수 없는 현실이다. 이러한 현상을 질타할 필요는 없다. 더 행복해

지기 위해 삶을 희망적으로 생각하는 개인의 노력이 이러한 형태를 발생시키는 것이다. 가부장제가 더 나을 수도 있고 자율적인 분위기가 더 나을 수도 있다. 불임부부가 자신들의 아이에게 영원히 발목 잡힐 수도, 아내가 집과 가족 외에 아무것도 없다고 믿고 살 수도 있다. 특정한 가족질서나 사랑의 형태를 표준이라고 옹호할 필요는 없다. 삶은 심리학 도서의 지침에 맞춰 세울 수 있는 것이 아니다. 오히려 가족구성원 개인의 입장을 고려해서 배우자뿐만 아니라 아이를 부모의 목적에 부합하도록 조종받아야 하는 소유물로 바라보지 않는 것이 중요하다. 소유를 사랑으로 위장하지 않으면서 가족구성원의 입장과 자율성을 염두에 두어야 한다. 슈퍼맘과 슈퍼누나와 같은 식으로 자식과 남편, 동생에 대한 동경이나 판타지가 형성되어도 안 된다. 무엇보다 여성 스스로 슈퍼우먼을 자처하면서 고통에 빠지지 말아야 한다. 그들은 가족 이야기를 계속해서 만들어 갈 주체로 무대에 입장했을 뿐이다. 그것은 자발적 선택이며 후회를 낳을 수도 있는 경험적 양상들이다. 그러나 행복해지기 위한 노력임에 분명하다. 삶을 지속시켜야 하는 것처럼 가족을 지속시키고 개발해야 하는 것은 자신의 삶을 행복하게 만들려는 개인의 의지이다.

02 '미친 엄마' 노릇,
누구의 탓?

사커 맘, 미니밴 맘, 헬리콥터 맘 등 새천년의 엄마 역할은 역사상 가장 헌신적인 모성(?)에 가까운 듯 느껴진다. 그렇기 때문에 오늘날의 엄마노릇은 더 힘겹고 버거울 수밖에 없다. 그런데 그토록 무거운 모성 개념은 과연 어떻게 새천년의 엄마들에게 전가된 것일까? 이 글은 엄마의 역할을 둘러싼 여러 이론과 예시들을 살펴보면서 헌신적인 엄마 노릇에 질문을 던지고자 한다.

서길완

몸문화연구소 연구원. 건국대학교 영어영문학과에서 박사학위를 받았으며, 현재 건국대학교에 출강하고 있다. 연구의 주된 관심은 트라우마와 치유의 문제다. 최근에는 다양한 자기 삶의 글쓰기를 통해 심적 치유에 이르는 방편을 찾는 것을 주요 연구과제로 삼고 있다. 이와 관련해서 「트라우마의 재현과 시청: 폭력과 트라우마 이미지로 물든 시각미디어에 비추어서」와 「글쓰기 치료와 실천적 증언으로서의 자전적 질병서사: 오드리 로드의 『암 일기』를 중심으로」 등의 논문을 썼다.

엄마 역할에 대한 짧은 역사

1999년, 옥자 켈러가 출산 직후 느꼈던 감정에 대해『살롱』[1]에 연재한 수필의 한 대목은 20세기 엄마 역할의 전형을 보여 준다.

> 나의 세계는 아기 크기만큼 줄어들어 버렸다. 딸아이의 냄새와 모유수유 하는 일, 그리고 딸에게 필요한 것들에 정신이 팔려서 딸과 상관없는 일이거나 딸이 없이 무엇을 한다는 것은 상상조차 못했다. 딸이 태어나기 전에 내가 살았던 삶은 마치 꿈결 같았고, 그 시절의 나는 전혀 다른 사람인 것처럼 느껴졌다.[2]

---

1 노라 옥자 켈러(Nora Okja Keller)는 이 매거진(salong.com)의 〈생각하는 엄마〉(Mother who Think)코너에 엄마 역할에 대한 솔직한 경험을 연재한 작가들 중 한 사람이다. 이코너에서 옥자 켈러를 포함한 50여 명의 다양한 작가가 각자의 아이를 키우면서 겪는 어려움과 고통에 대한 이야기를 풀어놓는다.

2 주디스 워너, 『엄마는 미친 짓이다』, 임경현 옮김, 프리즘하우스, 2005에서 재인용.

옥자 켈러는 직장 생활을 하고 있었지만, 아이의 양육을 보모와 유치원에 맡기지 못하고 결국 일을 그만두고 육아에 올인하게 된다. 그러나 몸과 마음뿐 아니라 영혼까지도 아이와 완전히 합체하고자 한 켈러의 엄마 역할도 21세기에 들어서면 특별할 것 없는 엄마의 역할일 뿐이다. 말하자면 새천년의 엄마는 자아를 상실하고 자기를 희생하는 일을 더 이상 상실이라 여기며 슬퍼하지도 않게 된다. 어떤 면에서 새천년의 엄마는 지금까지 산출되었던 종류의 어머니상 중에서 가장 희생적인 엄마 역할을 받아들이고 있는 듯하다.

주디스 워너에 따르면, 엄마 노릇이 항상 모성을 위한 도닦기 수준은 아니었다. 가령, 1920년대 행동주의자들은 부모의 역할에 대한 심리적 교육에서 아이의 몸과 마음을 과학적으로 양육하는 원칙을 제시했으며, 엄마는 자식에게서 스스로 제 자신을 분리할 윤리적 의무가 있다는 단호한 입장을 가지고 있었다. 행동주의자가 권위 있는 이론으로 부상하자 엄마들은 아이와 사회에 위협을 가하는 존재가 되어 가고 있다는 의견에 전문가들의 다수가 동의했다. 그리고 1909년이 되어서야 비로소 미국에 상륙한 프로이트의 이론이 1930~40년대 추종자들에 의해 대중화되면서, 엄마와 아이와의 애착 고리를 더 느슨하게 만들었다. 특히 도이치(Helene Deutsch)는 아이를 병들게 하는 가장 큰 요인들 중 하나가 아이와 지나치게 애착관계를 형성하는 것이라고 주장했다.

바로 이러한 이론은 2차 세계대전과 맞물려 미국 내 남자들이 겪는 심리적 공황을 뒷받침하는 근거가 되기도 했다. 그 당시 군대의 심리학자와 몇몇 군 행정기관에서 실시한 테스트에 따르면, 군대에 소집된 남자 가운데 약 5분의 1이 신경정신과적 이유로 병역을 거부하거나 완수하지 못했다고 보고된다. 군의관 상담사인 에드워드 스트레커는 바로 이 모든 신경증의 원인이 자식을 신체뿐 아니라 감정 면에서도 독립시켜 키워 내지 못한 엄마 때문이라고 지적했다. 그런가 하면, 1942년에는 영향력 있는 작가 필립 와일리(Philip Wylie)가 과도한 애정으로 자식을 무력하게 만드는 엄마를 '사악한 세대'라고 부르며 엄마의 애착이 자식에게 미치는 악영향에 대해 경고하기도 했다.[3]

심지어 1965년, 심리분석학자 르네 스피치(René Spitz)는 모성의 애착관계로 인해 아이들에게 질병이 유발될 수 있다는 무시무시한 경고를 내놓기에 이른다. 엄마의 인격은 심리적 독과 같아서 부지불식간에 아이에게 퍼져나갈 수 있다는 것이다. 그리하여, 엄마의 지나친 불안은 아이에게 복통을 유발하기도 하고, 외관상 단순한 불안도 아이의 적개심을 불러일으켜 습진을 일으킬 수 있다고 경고했다. 이 같은 모친중심주의의 해악에 대한 경고는 70년대까지 많이

---

3 『사악한 자들의 세대』라는 논평집은 미국인 남성의 창백한 안색에서부터 정치적인 타락까지, 모든 것의 원인으로 어머니를 비난하고 있다. 섀리 엘 서러는 당시 어머니에 대한 이러한 신랄한 비평의 원인이 가사의 본질적인 변화, 모든 노동절약적인 도구들이 가정생활을 실제 노동처럼 보이지 않게 만든 상황과 연결되어 있다고 본다. 가사도구의 변화로 시간이 남아돌게 된 엄마들이 게을러지면서 스스로를 충족시키기 위해서 아들을 자신에게 묶어 놓으려고 한다는 것이다(섀리 얼 서러, 『어머니의 신화』, 박미경 옮김, 까치글방, 1995).

발견된다. 그러다 갑자기 1980년에서 1990년대로 넘어갈 무렵, 엄마에 대한 잡지기사들은 온통 '죄책감'이라는 단어로 넘쳐났다. 일하는 데 대한 죄책감, 필요할 때 아이 곁에 충분히 있어 주지 못하는데 대한 죄책감이었다. 그리하여 수많은 여성들은 옥자 켈러처럼 자신이 하던 일을 그만두고 아이들의 곁을 지키게 되고, 더 나아가서는 슈퍼 맘, 미니밴 맘과 같은 새천년의 광적인 엄마 역할을 수행하게 된다는 것이다. 문제는 바로 이 같은 새천년의 엄마 노릇이 미국을 넘어 아시아의 선진국, 특히 대한민국의 엄마들에게도 성행하고 있다는 점이다. '헬리콥터 맘'이라는 신조어는 바로 한국형 새천년 엄마 노릇의 극단적인 단면을 보여 주는 용어라는 점이 그것을 잘 증명해 준다.[4]

물론 모든 전반적인 삶의 압박을 밀쳐 두고 아이들에게 매달리는 엄마들의 헌신이 비단 오늘날의 관행만은 아니다. 아주 먼 과거에서부터 다양한 형태의 헌신적인 모성은 존재해 왔다. 그럼에도 슈퍼 맘, 사커 맘, 미니밴 맘, 헬리콥터 맘 등의 엄마 역할에 대한 신조

---

4 1996년에 등장한 사커 맘(Soccer Mom)이라는 용어는 1980년대의 슈퍼 맘과 달리 가족 이외의 모든 관심과 야심은 상당부분 포기한 여자이며, 축구장 등 아이들의 과외활동 장소를 쫓아다니면서 뒷바라지를 하는 엄마를 총칭하는 표현이다. 미니밴 맘(Minivan Mom)은 미니밴의 바퀴가 닳아 버린 것에도 알 수 있듯이, 학교·피아노·바이올린·빵만들기 모임·스카우트·일요학교·자모회·자원봉사 등등에 참석하기 위해, 그리고 약간은 도덕적이면서 금전적 보상이 돌아오는 활동인 파트타임 일 등을 하기 위해 끊임없이 운전을 하고 움직여야 한다. 헬리콥터 맘이란 아이의 주위를 헬리콥터처럼 하루 종일 뱅뱅 맴돌며 지나치게 걱정하고 간섭하고 챙겨 주는 엄마를 일컫는 말이다. 아이의 미래도 정해 주고 엄마가 시키는 대로만 하면 행복할 것이라고 주입시키며, 엄마의 생각대로 되지 않으면 아이에게 핀잔을 주는 유형의 엄마이다.

장 밥티스트 그뢰즈, 「말썽꾸러기」,(1765)
엄마의 요리가 맛이 없다고 개에게 먹이고 있는 아이. 그러나 아이를 보는 엄마의 눈빛
은 온화하기만 하다. 자식과 부모와의 관계는 어때야 할까? 20세기 들어 넘쳐난 아이
와의 애착을 강조하는 개념들은 여전히 우리 사회의 부모들, 특히 엄마들의 죄책감, 불
안, 후회를 조장할뿐더러 그들의 자유로운 활동을 저해한다.

어들에서 반영되듯, 새천년의 엄마 노릇은 거의 광적인 수준에 이
른 것같이 보인다. 그렇기 때문에 오늘날의 엄마 노릇은 더 힘겹고
버거울 수밖에 없다. 그렇다면, 이 무거운 모성의 덫을 엄마들 스스
로가 제 몸에 씌운 걸까? 나는 자식의 세계에 엄마들의 삶을 옭아맨
이 무거운 덫은 애착과 모성박탈 개념과 밀접한 관련이 있다고 생

각한다. 무엇보다도 아이와의 애착을 강조하는 이들 개념들은 여전히 우리 사회의 부모들, 특히 엄마들의 죄책감, 불안, 후회를 조장해서 그들의 자유로운 활동을 저해한다는 점에서 면밀한 검토가 필요하다. 이들 개념 저변에 깔려 있는 보이지 않는 덫을 파헤쳐 그것을 제거한다면, 오늘날 엄마들의 지나친 엄마 노릇에 대한 탈출구를 마련할 수 있지 않을까.

미친 엄마 노릇의 덫

광적인 엄마 노릇을 멈추게 하려면 그것을 추동하는 기제를 찾는 일이 급선무일 것이다. 나는 그것을 볼비(John Bowlby)의 '애착이론'(Attachment Theory)에서 찾고자 한다. 볼비는 새를 연구하던 영국의 심리분석가였는데, 제2차 세계대전 이후에는 전쟁고아를 연구하다가 엄마와 자식 간의 유대관계의 본질을 제창하기에 이른다. 그의 연구의 핵심은 유아 시절 엄마와 어떤 애착관계를 형성하느냐에 따라 성인의 정체성과 삶이 결정된다는 것으로, 현재 주류 이론에서도 널리 통용된다. 유아가 엄마에게 갖는 심리적 욕구는 매우 깊고 강렬하기 때문에 엄마와의 애착관계를 망칠 경우, 아이는 남은 평생 깊은 상처를 안고 살게 된다는 것이다.

　　볼비의 애착이론의 핵심을 파악하기 위해서는 그와 관련된 다음의 몇 가지의 중요한 실험연구들을 함께 살펴볼 필요가 있다. 볼비가 애착이론의 창시자이긴 하지만, 그의 이론이 대중적인 관념과 주류이론으로 자리매김되는 데는 여러 동료 연구자들의 실험연구의 도움이 컸기 때문이다.

먼저 붉은털 원숭이를 대상으로 한 해리 할로우(Harry Harlow) 실험은 어미와 영아 사이의 애착형성에 본질적으로 중요한 것이 무엇인지를 설명하는 데 큰 도움을 준다. 할로우는 갓난아기 붉은털 원숭이 —— 인간 유전자와 94%일치한다 —— 들을 어미에게서 떼어내 가짜 어미가 있는 두 개의 우리 안에 넣었다. 가짜 어미는 철사로 얽어 만든 원숭이 모형들이었다. 실험을 위해 한쪽의 가짜 어미 모형의 가슴 쪽에는 우윳병을 달아 놓고, 다른 가짜 어미 모형에는 우윳병 없이 헝겊으로 덮어 푹신푹신하고 부드러운 감촉만 느낄 수 있게 했다. 새끼 원숭이들은 배가 고플 때만 우윳병이 달린 철사 원숭이 모형에 잠깐 다가갈 뿐 대부분은 헝겊으로 싸인 원숭이 모형 옆에서 보냈다. 할로우는 헝겊 원숭이 모형 쪽으로 오는 새끼 원숭이에게 얼음처럼 차가운 물을 끼얹기도 하고 송곳으로 찌르는 고통스러운 상황을 연출해 보기도 했다. 그럼에도 새끼 원숭이들은 고통을 감수하고도 헝겊 원숭이 모형에 다가가려고 안간힘을 썼다. 이 실험으로 할로우는 아기가 애착을 형성하는 데에는 모유나 먹을 것을 주는 것보다 따뜻한 느낌, 즉 스킨십이 중요하다는 것을 밝혀내게 된다.

할로우는 이 실험에서 한 발 더 나아가, 애착형성이 새끼 원숭이들의 행동과 감정에 어떤 영향을 미치는가를 밝혀내고자 했다. 이 실험을 위해 할로우는 젖병이 있는 철사 원숭이 모형과 헝겊 원숭이가 있는 우리에 각각 새끼 원숭이들은 넣고 갑작스러운 공포상황을 만들고 그들이 어떻게 반응하는지를 살펴봤다. 그러자 헝겊 원숭이 모형이 있는 우리의 새끼 원숭이들은 일제히 원숭이 모형에 붙어 상황이 진정될 때까지 기다렸다. 그러다 재미있는 장난감을 넣어주자 새끼 원숭이들은 한참 뜸을 들이다가 조심스럽게 장난감에 다가가는 모습을 보였다. 반면 철사 원숭이 모형만 있는 우리의 새끼 원숭이들은 대리 엄마 모형에 다가가지 않고 소리를 지르거나 난폭하게 굴고 안절부절못하다가 끝내 이상행동까지 보였다. 이 실험을 통해 할로우는 아이가 보호자에게서 안도감과 확신을 느낄 때 덜 불안해하고 스트레스를 덜 받는다는 결론을 도출하게 된다.

그렇다면 아이는 엄마와 어느 정도의 애착을 형성해야 적절한가? 이러한 애착의 안정성을 측정하고 분류할 수 있도록 도움을 준 실험이 있다. 붉은털 원숭이 새끼를 일시적으로 어미와 격리시킨 후 다시 두 개체들을 재회시키는 과정을 반복하는 실험을 한 하인드(Robert Hinde)의 실험이 그것이다. 이 실험에서 하인드는 5~6개월 된 붉은털 원숭이를 시간 간격을 달리해서 어미로부터 떼어 놓는 실험을 수차례 반복했다. 일부 실험에서는 다른 집단 동료가 있는 상태에서 어미만 따로 옮겨졌는데 아기 원숭이 곧바로 어미를 찾으며 사방을 헤맸고, 슬픈 소리를 내며 하던 놀이를 그만두었다. 새끼는 점차로 무기력해지고 비활동적이 되어 갔다. 어미가 자리를 비우는 시간이 길수록 어미가 돌아왔을 때 회복되는 시간도 그만큼 오

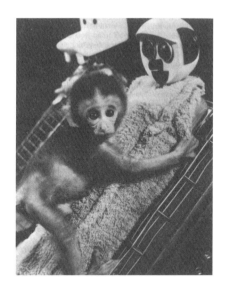

해리 할로우의 실험
사진 속의 두 모형들은 어미와 영아 사이의 애착형성에서 중요한 것이 무엇인가를 알아
보기 위해서 아기 원숭이에게 주어진 가짜 어미 모형이다. 붉은털 아기 원숭이는 우윳
병이 달린 철사 원숭이 모형이 아닌 우윳병이 없는 푹신한 헝겊으로 싸인 원숭이 모형
에 매달려 있다.

래 걸렸다. 분리경험을 여러 번 겪은 원숭이가 단 한 번만 분리된 경
험이 있는 영아 원숭이보다 더 뚜렷하고 장기적인 효과를 드러냈다.
어미가 돌아왔을 때 훨씬 더 꼭 매달린다거나 퇴행적인 행동을 보
이고, 심지어 어미가 다른 곳을 살피러 가는 것이 싫은 새끼는 어미
가 움직이면 폭력적인 방식으로 울화를 터뜨렸다. 이것은 엄마로부
터 아기가 분리되는 시간이 길고 반복적일수록 애착관계가 불안정

하게 된다는 것을 뜻한다.

이 두 실험에서 우리가 주목해야 할 더 중요한 가정은 독점적 애착인물과 분리시기에 관한 것이다. 위의 두 실험들은 새끼가 태어난 뒤 5~6개월 안에, 그리고 주양육자인 어미를 통해 배타적으로 형성되어야 애착관계가 안정적일 수 있다는 것을 가정한다. 이와 관련해서 볼비는 인간의 경우, 대부분의 아이가 태어난 지 2~3년 안에 보살핌이 있어야 한다고 보았다. 그렇지 않으면 모성박탈로 인한 장기간의 고통을 겪는다는 것이다. 심지어 이러한 위험은 5세까지 계속될 수 있다고 보았다. 모성박탈가설의 밑바탕에 깔린 생각 —— 유아와 주양육자 사이의 애착이 반복적이고 지속적으로 끊어질 경우, 유아에게 장기간의 인지적·사회적·감정적인 어려움이 생긴다 —— 은 부모-유아 사이의 관계에서 생길 수 있는 행동과 정서적인 문제들을 성인의 시기로까지 확장해서 설명하는 데 자주 사용된다.

아인스워스(Mary Ainsworth)는 '낯선 상황 실험'을 통해 모성박탈로 인해 야기되는 아이의 행동과 정서적인 문제, 그리고 그런 문제행동의 유형을 분류하는 데 도움을 준다. 이 실험은 엄마와 아이에게 낯선 상황을 제시한 다음(미리 짜놓은 계획에 따라 어머니와 아이가 함께 실험실에 들어온 조금 뒤, 엄마는 빠져나가고 아이는 낯선 상황에서 친절한 성향의 사람과 단둘이 있게 된다), 아이가 하는 행동, 그리고 다시 엄마가 돌아와 아이를 위로해 줬을 때 아이가 엄마에게 보이는 애착유형을 분류해 낸다. 아인스워스가 '낯선 상황 실험'을 통해 분류한 유형은 다음과 같다.

안전-애착형
이 유형의 아이는 낯선 상황에서 부모가 와서 도와줄 것이라는 확신을 갖는다. 아이는 낯선 상황에 놓여 있어도 주변을 활발히 탐색하고 엄마와 재회했을 때 반갑게 맞으며 신체접촉을 주도한다.

불안정-회피형
이 유형에 속한 아이는 엄마가 떠나는 것에 별 신경을 쓰지 않고, 낯선 상황에 남겨져도 울지 않고 하던 놀이를 계속한다. 그러나 엄마가 다시 돌아왔을 때 신체접촉이나 상호작용을 회피하거나 무시하는 경향을 보인다.

불안정-저항 유형
이 유형의 아이는 최소한의 불안상황에서도 과잉경계를 한다. 다른 유형의 아이들보다 화를 더 잘 내고 지나치게 수동적이다. 엄마가 나가면 심한 불안으로 분리 동안 격렬한 행동을 보이다가, 엄마가 돌아오면 접촉은 원하지만 분노와 저항적인 행동을 함께 보이는 양가적 태도를 취한다. 이런 분노의 행동은 엄마로부터 관심을 이끌어 내기 위해서 과장된 애착 행동전략으로 이해된다.

무질서-혼란형
회피애착과 저항애착을 모두 보여 주는 경향을 보인다.

아인스워스의 실험에서 도출된 엄마(어미)와 아이(새끼) 간의 애착유형을 토대로 종합적인 결론을 내리자면, 어린 시절 안정적인 애착이 아닌 다른 세 가지 유형의 애착(탈애착)형을 갖고 있는 아이는 사회적으로 안정된 사람으로 자라나, 안정애착을 형성하고 안정된 아이를 기르는 어른으로 자랄 수 없다는 것이다. 특히 아이의 애착관계에서 일차적인 보살핌의 위치에 놓여 있는 엄마가 모호하고 불안정한 헌신을 할 경우 아이에게 치명적이 될 수 있으며, 또 그 치명적인 영향을 받은 여아는 자라서 불안정 애착형 엄마로 대물림되는 악순환을 겪게 된다는 논리가 도출된다.

이처럼 볼비가 여러 동료 연구자들의 공동연구의 측면 지원을 받아『애착과 상실』을 (1969년, 1973년, 1980년에 각각 한 권씩) 출간하자 애착이론은 유행하기 시작했고, 그러한 현상은 상당한 기간 동안 지속되면서 많은 후속적인 연구를 낳았다. 볼비의 애착이론의 폭넓은 영향은 아동 심리에 대한 연구가 어른들의 관점에서보다는 아이들의 입장에서 수행될 수 있게 하는 순기능도 낳았지만, 양육자 부모(대행) 특히 주양육자인 엄마에게 심각한 숙제를 안겨 주었다. 첫째, 모성을 정의할 때 상처 줄 가능성, 아이에게 참기 힘든 평생의 고통을 줄 가능성이 필수적으로 포함된다는 것이다. 둘째, 그럼으로써 아이를 양육하는 부모, 특히 주양육자로 지목된 엄마는 단순한 불편과 일상에서 평범하게 경험할 수 있는 결핍과 부족에도 상처의 기미를 읽어 내서 죄책감을 내면화하게 된다. 애착이론이 등장한 이후 일상에서 흔히 경험될 수 있는 분리의 경험에서조차 '버려진다'는 감정이 포착되면서, 그런 감정은 아이들에게 공포와 형언할 수 없을 정도로 끔찍한 불안, 혹은 감정적 박탈감 등을 불러일으킬 수 있다는 생각이 전문적인 학문의 영역뿐 아니라 사회·문화 전반에 공포의 씨앗을 심어 주게 된다.

반사회적 인물의 탄생과 성장

애착이론이 흩뿌린 공포의 씨앗은 반사회적 행동의 원인을 찾는 과정에서 가장 큰 결실을 거두었다. 반사회적 인물(혹은 사이코패스)의 행동을 어린 시절 불안정한 애착을 형성한 탓으로 돌리는 생각은 프로이트 이후, 특히 볼비 이후에 미국 문화에 편입되었다는 점은 그런 사실을 잘 말해 준다. 가령, 영유아 시기 엄마와의 애착관계가 향후에 드러나는 사이코패스(혹은 소시오패스)의 반사회적 경향을 초래했거나 부추겼다는 주장은 미 주요 언론들에서 심심찮게 등장하는 단골 소재였다. 이러한 관념을 가장 단적이고 상징적으로 보여주는 사례 중 하나가 '유나바머' 사건이다.

시어도르 존 카진스키가 본명인 유나바머는 주로 대학과 항공사에 폭탄을 보내 '유나바머'(Unabomber: University and Airline Bomber)라는 별명으로 불렸다. 그는 1978년부터 1995년까지 열여섯 차례에 걸쳐 여러 대학과 항공사 등에 우편물 폭탄을 보내 세 명의 사상자와 스물세 명의 부상자가 나왔다. 1995년에는 『워싱턴포스트』 등에 자신의 논문을 싣지 않을 경우 폭탄테러를 계속할 것이라고 협박해 결국 사법당국이 논문 게재를 결정하기도 했다. 17세

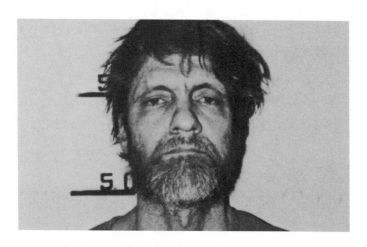

대학과 항공사에 폭탄을 보낸 유나바머
영유아 시기 엄마와의 애착관계가 향후에 드러나는 사이코패스(혹은 소시오패스)의 반사
회적 경향을 초래했거나 부추겼다는 주장은 미 주요 언론들에서 심심찮게 등장하는 단
골 소재였다.

에 하버드대에 입학해 3년 만에 졸업하고 UC버클리 교수로 재직했
던 그는 과학기술문명에 대한 반감으로 은둔생활을 하다가 1998년
동생의 신고로 체포돼 종신형을 선고받고 현재 복역 중이다.

그런데 이 사건과 관련해서 우리가 주목해야 할 것은 '유나바
머'가 체포되기 전에 『뉴스위크』가 내보낸 이상한 기사의 내용이
다. 유나바머라는 혐의를 받았던 시어도어 카진스키와 그를 밀고
했던 그의 형제 데이비드에 대한 이야기를 실을 때, 예의 그들의 어
머니 완다 카진스키의 사진이 함께 실렸다. 그 사진과 더불어, 카진

스키 부인이 아들의 학업을 독려했다는 의미심장한 짧은 말이 덧붙였다. 물론 『뉴스위크』는 "어머니를 탓하는 것은 역사상 가장 낡고 진부한 변명이다. …… 이웃들이 다정한 아줌마라고 묘사하는 완다 카진스키가 아들을 잠재적인 연쇄살인범으로 만들었다고 이야기하는 것은 공평하지 않을지 모른다"라고 적음으로써 엄마에게 쏟아질 수 있는 비난을 막아 주는 듯했지만, 이모가 내뱉은 즉흥적인 말 — "어쩌면 테드가 동생이 태어난 후 관심의 중심에서 멀어지게 되었을 때 점점 더 외톨이가 되는 길을 택했던 게 아닌가" — 을 편집해 넣음으로써 결국 비난의 화살을 엄마에게 돌려 놓고 만다. 결국, 심리 치료사 서러가 풍자적으로 말한 것처럼, "한 번의 실수가 우리의 소중한 기쁨을 도끼 살인마로 바꿔"버린 것이다.

『뉴스위크』의 이 같은 억측은 볼비 이론 — 즉 타인에 대해 무감각하고 다루기가 힘든 것으로 보이는 비행 청소년은 그의 생애 초기에 어머니와의 관계에서 장애가 있었을 가능성이 크다 — 을 그대로 재탕한 것이며, '반사회적 인물'이 되는 드문 인간형이 어머니에게 회피 애착을 형성해 온 인구 집단에서 높은 비율로 나타난다는 볼비의 관점을 그대로 반영한 것이다. 물론 『뉴스위크』의 이 같은 관점은 많은 사람들로부터 비난을 받음으로써 볼비의 주장이나 이론이 우리 시대에는 맞지 않는 구시대적 유물로 치부되는 듯 보였다. 하지만 『뉴스위크』의 억측에 가까운 이 논평이 나온 지 6주가 지나서 이번엔 『워싱턴 포스트』가 카진스키의 영아시절의 어두운 경험을 소개함으로써, 『뉴스위크』의 억측은 개연성 있는 주장으로 변형된다.

그녀는 병원침대에서 꼼짝하지 못하는 아들의 사진을 아직도 들여다본다. 그녀는 이제 자신의 장남이 어떻게 문제적인 인물로 자라나게 되었는지에 대한 실마리를 그 이 기억으로부터 찾아낼 수 있다. …… 의사들은 자신들의 소견으로 중증 알레르기 반응으로 의심되는 것을 검사하기 위해서 아기에 침대에 묶어 두고 겁에 질려 있는 아이의 사지를 뻗게 했다. 벌거벗은 아기의 몸은 발진투성이였다. 아기의 눈은 보통은 정상이었지만, 두려움으로 사시가 되었다.

비탄에 빠진 엄마의 고백이 담긴 이 기사의 내용을 요약하면, 단 일주 만의 끔찍한 병원 경험이 어린 카진스키에게 돌이킬 수 없는 재앙을 안김으로써 후일 그가 정상적인 어른으로 자리매김하는 것을 방해했다는 것이다. 그 대재앙적인 경험의 핵심은 버림받은 느낌이라는 것. 애착이론과 관련된 볼비의 설명과 후속 연구(실험)들이 증명해 보이려 했던 것처럼, 버림받았다는 자각이 특별히 연약한 영혼의 소유자인 카진스키의 반사회적인 경향을 부추기거나 반사회적인 인물로 변형시켰다는 것이다.

그리고 우리는 이 이상한 변형의 과정을 영화 「케빈에 대하여」를 통해서 보다 더 충격적이고 혼란스럽게 목격한다. 「케빈에 대하여」는 린 램지가 라이오넬 슈라이버의 소설 『우리는 케빈에 대해서 말할 필요가 있다』(*We Need to Talk About Kevin*)를 영화로 각색한 것이다. 슈라이버의 소설은 열다섯 살 난 아들이 컬럼바인[5] 같은 사건을 벌인 후, 아내가 남편에게 마음을 고백하는 편지형식으로 쓰여 있다. 출간 당시 이 소설은 학교 내의 대학살적 총기사건에 대한 묘사보다는 모성의 양가성에 대한 묘사 때문에 더 많은 관심과 논쟁을 불러일으켰다. 한 TV 프로그램 진행자의 말을 인용하자면, 이 소설은 너무도 "터부시되는 주제 —— 제 아이를 사랑하지 않는 여자들"[6]에 관한 것과 부모가 된다는 것에 대한 불안감(이러한 불안감은 미래에 아이가 성장하는 방식에 영향을 미칠 수도 있다)을 다루고 있기 때문에 충격적이라는 것이다. 실제 이 소설에서 엄마인 에바는 처음부터 자신이 아이를 원하는지 확신을 갖지 못한다. 여행 작가로서 보헤미안 같이 자유로운 삶을 영위하던 그녀가 아이를 낳아서 그/그녀에게 헌신을 다할 수 있을지 확신을 갖지 못했던 것이다. 그럼에도 에바는 아이를 갖고 싶어하는 남편에 동의하고 임신을 하게 된다. 임신은 어렵지 않게 이루어졌지만, 그녀는 사람들이 임신한 자신의 모습을 보고 혐오감을 느낀다고 생각한다. 그럼에도 케빈을 분만할 때 난산의 고통을 겪으면서도 마취제를 거부하고 자연분만을 한다. 그것이 진정한 모성애라고 생각했기 때문이다.

5　1999년 미국 콜로라도 고등학교에서 벌어진 사건이다. 당시 재학 중이던 두 남학생이 폭탄과 총기로 무장한 채 학교에 진입해서 선생님들과 학생들을 향해 무차별적으로 총알을 난사했다. 이 사건으로 12명의 학생들이 죽고 20명의 부상자가 발생했다.

6　Barbara Almond, *The Monster Within: The Hidden Side of Motherhood*, Berkeley: University of California Press, 2010, p.122.

그런데 아들 케빈이 태어난 순간, 에바는 그가 자신을 거부하고 있다는 느낌을 받는다. 불현듯 에바는 갓 태어난 아이가 영원히 젖을 빨지 않을 것이고, 엄마인 그녀의 체취도 맡지 않을 것이라는 불길한 예감을 갖는다. 그런데 그 예감은 아이의 성장과정에서 현실화되고 만다. 케빈은 그녀와 혼자 남겨질 때면 통제불가능할 정도로 울어대고 분노와 독기가 서린 고함을 질러댄다. 그리고 후일 청소년으로 자라난 케빈은 사이코패스적 기질을 보이며 결국엔 잔혹한 살인까지 저지른다. 소설에서 에바는 바로 그 엄청난 사건이 터지고 난 뒤에 자신의 과거의 행위와 내면을 깊이 들여다보며 남편에게 아들, 케빈에 대해서 말하지 못했던 그녀의 진심을 고백하고 있는 것이다.

영화 「케빈에 대하여」는 엄마의 불안해하는 마음을 보다 극적으로 각색하기 위해서 소설의 서간체 형식을 없애고 처음부터 에바와 아들 케빈과의 관계에 초점을 맞춘다. 영화는 열다섯 살이 된 케빈이 그의 급우들을 무참히 살해하는 장면으로 시작된다. 그리고 과거와 현재를 오가는 에바의 회상을 통해 우리는 케빈의 짧고도 불행한 삶의 중요한 단편들을 알게 된다. 소설에서처럼 영화에서도 케빈은 태어나면서부터 문제가 있는 아이다. 아무리 달래도 멈추지 않는 케빈의 울음은 엄마의 인내의 한계를 실험하는 계측기가 될 정도다. 그리하여 영화의 한 장면에서 에바는 아기 케빈의 울부짖음을 멈추게 하기 위해서 공사장 인부가 공압드릴로 작업을 하는 길거리에 멈춰 선다. 걸음마를 배울 때쯤, 케빈은 끊임없이 엄마를 노려보

영화 「케빈에 대하여」 중에서
영화 속 케빈의 시선은 언제나 엄마를 향하고 있다. 마치 엄마의 진정한 사랑만이 자신
의 엄청난 문제를 해결할 수 있다는 듯 엄마의 관심을 얻는 데만 온 힘을 쏟는다. 그리
고 그런 노력은 케빈이 어릴 때부터 시작되었다.

며 그녀를 불행하게 만들 수 있는 일이면 무엇이든 한다. 조금 더 컸
을 때, 케빈은 물총을 들고 에바가 그녀의 방에 심혈을 기울여 꾸며
놓은 지도 위에 잉크를 분사한다. 십대가 된 케빈이 주력한 일은 활
쏘기였다. 나중에 알려지는 사실이지만, 전문가 수준의 명사수가 된

케빈의 활쏘기는 학교 체육관의 난사사건과 또 다른 비극적 살인의 불길한 전조가 된다. 이 불길한 전조가 실제 현실적 사건으로 일어나기 전까지 케빈은 집에서 기르던 애완용 동물을 죽이고, 어린 여동생, 세실의 눈을 일부러 가성 세정액으로 닦아서 눈을 멀게 하는 사이코패스적 행동을 멈추지 않는다. 그런데도 케빈의 아버지는 이런 케빈의 악행을 그저 장난기가 심한 행동으로 치부하며 아들의 현실적 문제를 직시하지 않고 오히려 에바를 비난한다.

케빈의 악마와 같은 행동을 길게 나열하고 있는 슈라이버의 책과 램지의 영화는, 언뜻 보기에, 그런 아들의 손을 놓지 않는 에바의 끈질긴 모성을 강조하는 듯하다. 특히 앞에서 나열된 케빈의 악행들과 교차 편집되는 에바의 가련한 현재 삶의 장면들은 그녀의 모성애를 더욱 두드러지게 한다. 한때 전설적인 여행 작가였던 에바가 지금은 여행대행사에서 잡다한 일을 하며 근근이 생계를 꾸려 가고, 그녀의 집과 자동차는 붉은 페인트로 낙서가 되어 있는가 하면, 사람들은 뒤에서 그녀에 대한 험담을 속삭인다. 케빈에 의해 희생된 한 학생의 엄마는 길거리에서 그녀의 뺨을 사정없이 때리기도 한다. 그럼에도 에바는 스스로를 비난하며 케빈에 대한 책임을 저버리지 않는다.

이처럼 책과 영화 모두 케빈의 반사회적 행동을 길게 극화시켜 보여 주고, 또 그럼으로써 그의 사이코패스적 기질이 엄마의 잘못이 아니라는 점을 공들여 설명해 줌에도 불구하고, 이상하게 우리는 여전히 '케빈의 광기어린 행동에 정말 엄마의 책임이 없는가?'라는 불편한 질문을 하게 된다. 이러한 혼란과 의구심은 소설과 영화 모두가 대놓고 이야기하고 있지 않지만, 그럼에도 암시적으로 보여 주는 에바의 심적 갈등과 행동, 그리고 에바와 케빈 모두가 분노와 증오에 진정으로 반응하는 태도 때문에 생긴다. 케빈이 그녀에게 계속해서 실망만 안겨 줄 때, 에바는 자신이 얼마나 좋은 엄마가 되려고 부단히 노력하고 있는지를 증명해 보이려고 한다. 그러나 좋은 엄마가 되려고 노력하는 것은 분명 좋은 엄마가 되는 것과 다르다. 사실 영화에서 케빈은 에바가 겉으로 좋은 엄마가 되려고 노력한다는 것을 너무 잘 알고 있는 듯하다. 에바가 분노와 증오를 내보일 때만 그녀를 존중해 주는 케빈의 반응은 그러한 사실을 잘 말해 준다. 이와 나란히 에바 역시 아들의 온화한 행동보다는 악행이 진짜 그의 본모습이라 생각하고 있는 듯, 그런 그의 행동에 정직한 분노를 표출하기 때문이다. 말하자면 에바와 케빈 사이의 애착은, 사랑에 기반한 것이 아니라 부정적 감정에 의지하고 있는 것이다. 에바와 케빈이 진정으로 신뢰하는 것은 그/그녀의 증오다. 바로 여기서 우리는 사랑을 받고자 하는 케빈이 에바의 분노와 증오를 극한으로까지 몰고 가는 이유를 짐작할 수 있다. 케빈의 극악한 폭력은 에바의 분노와 증오를 끌어내기 위한 방편이고, 그렇게 분출된 감정은 케빈에겐 사랑의 다른 표현이기 때문이다.

이 이야기에서 끔찍한 것은, 처음서부터 에바는 좋은 엄마가 될 기회를 너무 쉽게 포기해 버렸다는 점이다. 앞에서 묘사했듯, 케빈을 출산할 당시에 에바가 느낀 불길한 예감은 전통적인 모성애 관넘에 터부시되는 양가성이다. 태어날 아이가 자기를 사랑하지 않을 것이라는 공포감과 자신이 좋은 부모가 될 수 없을지 모른다는 의구심은 아이가 태어난 이후에도 아이와의 관계에 영향을 미친다는 것은 도널드 위니코트(Donald Winnicott)[7]에 의해 이미 널리 알려진 관념이다. 물론 그런 양가적인 감정은 아이를 출산하고 양육하는 과정에서 대부분의 엄마들에게서 사라진다. 그러나 에바의 경우, 케빈의 끊임없는 괴롭힘 때문에 양가적인 감정은 누그러지지 않고 날선 상태로 남아 있다. 에바는 나중에야 케빈이 그녀로 하여금 좋은 엄마가 될 기회를 주지 않았던 것처럼, 그녀 자신 역시 케빈에게 관용과 용서를 베풀지 않았다는 것을 깨닫는다. 에바의 이런 깨달음과 관련해서 이 영화에서 의심스러운 것은 비극적인 사건이 터지고 난 뒤, 과거를 되짚어 보는 에바가 바로 그런 불관용의 시발점을 임신에서 발견한다는 점이다. 마치 에바 자신의 별로 원치 않았던 임신과 그로 인한 불안과 의구심, 그리고 혼란스러운 출산과정이 엄마와 아이 사이의 진정한 애착관계를 애시당초 불가능하게 만들었다는 점을 강조하는 것처럼 말이다. 그래서 급우들을 화살로 난사하

---

7 위니코트는 1958년, 「혼자 있는 능력」("The Capacity to be Alone")이라는 논문을 통해 혼자 있는 것이 인간발달에 왜 중요한지를 이야기하기 시작한 정신분석학자로, 아이가 엄마와의 신뢰를 통해서 엄마가 없는 가운데에서도 혼자 있는 능력을 키울 때 자기 내면의 진짜 욕구와 느낌과 접촉하고 이를 토대로 '진짜 자아'를 발달시킬 수 있다고 보았다. 반대로 혼자 있는 능력을 키우지 못한 아이들은 결국 자기 중심이 없기 때문에 주변 사람들에 의해 끌려다니느라 거짓 자아를 형성한다고 주장했다.

고, 종국에는 아버지와 여동생까지 살해한 아들의 죄를 엄마인 에바가 죄책감으로 갚는 것이 마땅한 듯 보이게 한다는 것이다.

영화는 우리에게 딱히 이렇다 할 결론을 내려 주지 않는다. 케빈의 사이코패스적 행위가 그의 타고난 악성 탓인지 아니면 엄마의 진정한 헌신이 부족한 탓인지를 명확히 밝히지 않는다. 그럼에도, 영화의 마지막 부분에서 에바가 소환하는 과거의 사건들과 그녀의 회한이 서린 듯한 반성의 장면들은 분명 그 책임이 케빈에게 있다기보다는 엄마인 에바에게 있다는 것을 말해 준다. 이 마지막 회상 장면들은 아이를 갖는 일부터 꺼렸던 엄마의 거부행위가 결국 사이코패스의 원흉을 만들어 낸 씨앗이었다는 것을 시사한다. 그리고 에바는 그 씨앗이 얼마나 무시무시한 열매로 자랐는지를 뒤늦게 깨닫고 있음을 말해 주고 있다.

독이 된 양육의 지식

이제 사람들은 아이들이 상처받는 경로를 너무 잘 알게 되었다. 부모가 된다는 사실 앞에 도사리고 있는 여러 함정에 대해 넘치는 지식을 갖게 된 부모들에게 그런 앎은 내면의 경보기가 된다. 그래서 부모들은 어떤 형태로든 자신의 아이들에게 감정적 상처를 입히지 않을까 두려워한다. 1990년 조지 윌이 『뉴스위크』의 칼럼에서 가난한 미혼모 엄마들과 중산층의 일하는 엄마들을 비판하기 위해 사용한 '모성박탈'이라는 용어에 대한 사람들의 반응은 바로 그러한 경보기가 얼마나 잘 작동되고 있는지를 보여 준다.

월은 미혼모와 6개월 된 아기와의 상호작용을 비디오로 촬영한 것을 바탕으로 모성박탈이 생기는 경우를 목록으로 작성했는데, 문제는 그 목록들이 일상의 사소한 과실에서도 발생할 수 있는 것들이라는 점이다. 가령, 아이들의 머리 뒤쪽이 벗겨지고, 등에도 튼 자국이 길게 나 있는 등등. 리스트의 마지막에 월은 이런 목록들은 아이들에게 자극을 주지 못하고 함께 있어 주지 못하는 우울한 엄마 때문에 생기는 것들이고, 그러한 엄마는 아이에게 '모성박탈증후군'(maternal deprivation syndrome, 혹은 nonorganic failure to thrive)을 일으켜서 아이의 성장발달 과정에 지장을 준다고 경고한다. 사실 "모성박탈증후군은 건강한 상태로 태어난 저소득층 아이들에게 내려지는 진단으로, 준임상적 상태"를 뜻한다. 이런 증상을 가진 아이는 태어날 때는 문제가 없었지만 시간이 지날수록 체중이 줄어들고 각종 의학적·정신적 문제와 위험이 증가하는 상태를 보인다. 이 같은 설명에 따르자면, 모성박탈증후군은 경제적 어려움이 없는 가정에서는 통상적으로 잘 나타나지 않는 현상인 것이다. 그러나 월은 지나게 부유한 가정에서도 게토와 같은 육아 환경이 분명이 존재한다고 경고한다. 아이들과 함께 친밀한 시간을 보내는 것에 인색하면서 물질적으로 해달라는 것은 무엇이든 다해주려고 하는 능력 있는 부모들이 바로 잘못된 육아가 판치는 게토의 주민이라는 것이다.

애착이론이 유행하면서 '버려진다'는 감정에 대해 지나치게 많은 지식을 갖게 된 부모들에게 모성박탈증후군이라는 용어는 듣기만 해도 불안해지는 말이 아닐 수 없다. 그리하여 1990년대 후반까지 미국사회에서는 부모가 낯선 보모나 새로운 직원이 있는 놀이방에 아이를 혼자 남겨 두고 일하러 나가는 일이 고아원에 버려지거나 수용소에 방치된 것과 같은 심각한 격리의 여파와 비슷하게 인식되었고, 과외활동에 교통편을 제공하지 못한 것은 아이의 내면에 깊은 생채기를 내는 일과 맞먹게 되면서 부모들의 죄책감의 수위를 높였다. 누구보다도 주양육자로 지목되는 엄마들은 아이를 떼어놓고 집을 나설 때마다 아이가 엄마와 떨어져 지내는 것 때문에 장기적으로 좋지 않은 영향을 받게 되지 않을까 두려워하거나 자책하며 마음을 졸였다.

볼비이론의 광범위한 영향으로 우리 시대의 좋은 엄마에 대한 새로운 정의는 '아이들을 위해서 거의 언제나 할 일이 있는 상태여야 한다'로 바뀌고 있다. 엄마의 역할을 나열하자면 이제는 거의 대하소설 수준으로 길어진다는 뜻이다. 좋은 엄마 역할을 제대로 하려면 학교에 가서 아이를 데려오는 것만으로 충분하지 않다. 아이들과 숙제도 함께 해줘야 하고, 학교 바자회에 팔 물건들을 수거해서 판매도 해야 하며, 학교에 자원봉사도 가야 한다. 이와 동시에, 만약 아이가 좀 더 생산적인 미래를 향한 길을 밟게 하고 싶다면 그러한 길을 위한 물꼬를 터줘야 한다. 미취학 아들에게 지적 자극을 더 많이 주기 위해서 경력단절이라는 아픔을 감수하고서라도 다니던 직장을 그만둘 수 있어야 하는 것이다. 이쯤 되면, 정상적인 아이의 성장발달에 도움이 된다고 알려진 애착관계가 부모의 강박적인 엄마 노릇을 추동하는 역설적인 힘이 된다고 봐야 할 것이다.

볼비가 주장하는 것처럼 안정적 애착형성이 아이의 성장발달에 이토록 결정적으로 중요한 요소라면, 주양육자인 엄마 이외의 다른 대안적인 애착인물과 애착관계는 없는가? 많은 아동연구가들과 비평가들은 이 물음에 대해서 볼비와 다른 대답을 제시한다. 샤퍼와 에머슨의 경우[8] 영아의 특별한 애착은 대략 8개월에 시작되지만, 이후 곧바로 다른 사람들에게 애착을 갖는다는 점을 관찰했다. 그리하여 18개월 때쯤이면 13%정도의 유아만이 오직 한 사람에게 애착을 갖는다는 것이다. 마이클 러터[9]와 같은 연구자는 애착인물이 주양육자인 엄마뿐 아니라 아버지, 형제자매, 또래 친구, 심지어 무생물의 대상까지 포함된다는 점을 지적한다. 러터에 따르면, 안정적인 애착형성의 문제가 엄마와의 배타적인 관계에 초점이 맞춰진 이유는 볼비가 모성박탈의 개념을 과도하게 단순화한 데 그 원인이 있다. 볼비는 모성박탈이라는 개념을 애착인물과의 분리, 애착인물의 상실, 그리고 특정 인물과의 애착을 발달시키지 못하는 것을 가리키기 위해서 사용하지만, 이들은 애착의 질에 있어 각기 다른 결과를

8 H. Rudolph Schaffer & Peggy E. Emerson, "The Develoment of Social Attachments in Infancy", *Monographs of the Society for Research in Child Development*, Vol. 29, No. 3, 1964.

9 Michael Rutter, "Maternal deprivation, 1972-1978: New findings, new concepts, new approaches", *Child Development*, June 1979, pp.283~305.

갖는다는 것이 러터의 주장이다. 아이가 감정적 유대를 잘 발전시키지 못하면, 그것은 결핍이지 박탈은 아니라는 것이다. 러터가 결핍에 대한 연구조사를 통해 얻은 결과에 따르면, 애착의 결핍으로 인해 아이들은 처음엔 매달리고, 의존적 행동을 보이고, 관심을 끌려고 노력하기도 하며 무차별적인 호감을 보이기도 한다. 그러다 아이가 좀 크면 규칙을 지키지 못하고, 지속적인 관계를 잘 맺지 못하거나 죄책감을 느낀다는 것이다. 심지어는 애착이 결핍된 아이들에게서 반사회적 행동이나 사이코패스, 그리고 언어장애와 지체장애까지 발견된다고 한다. 그런데 러터는 이 모든 문제들이 오직 엄마와의 애착결핍에서 기인한 것이 아니라 애착이 정상적으로 제공되어야 하는 사회적 환경과 지적 자극의 결핍과 같은 다른 외부적인 요인들도 문제의 원인이라고 강조한다. 더구나 그는 아이의 성장발달 과정에서 적절한 종류의 보살핌이 주어지면, 그러한 문제는 나중에 얼마든지 해결될 수 있다고 주장한다. 말하자면, 볼비가 아동발달의 가장 결정적인 저해요인으로 보는 모성박탈은 기실 애착이 정상적으로 제공되어야 하는 다양한 요소들의 질적 결핍일 수 있고, 또 그런 결핍적 요소는 반드시 특정 시기와 배타적인 인물을 통해서만 충족될 필요가 없다는 것이다.

샤프와 에머슨, 그리고 러터와 같은 비평가들의 의견을 종합해 볼 때, 인간사회의 극히 작은 부분에서 엄마가 배타적인 양육자로 있을 뿐, 대부분 아이를 보살피는 데 많은 사람들이 관여하며, 다른 중요한 요인들도 아이들의 성장발달에 영향을 미친다고 보여진다.

그런 맥락에서, 이젠도른과 타베치코와 같은 비평가들은 성인의 안정적인 관계망이 아이들에게 충분한 보살핌을 제공할 수 있고, 심지어 그렇게 안정적으로 구축된 관계망은 오히려 엄마가 아이의 모든 욕구를 만족시켜야 하는 시스템보다 더 이로운 점을 가질 수 있다고 주장한다.[10] 집에 있으면서 좌절하는 엄마보다, 일하면서 행복한 엄마와 생활하는 아이가 더 잘 성장하는 많은 경험적 증거들은 바로 그러한 사실을 잘 말해 준다.

부모의 입장에 있는 사람이라면 어느 누구라도 자신의 아이를 최상으로 키우고 싶어한다. 그러기 위해서 부모는 다른 누구보다도 좋은 부모와 양육자가 되려고 노력한다. 하지만 앞에서 우리가 살펴보았듯이, 아이를 위해 최선이라고 생각한 일들은 오히려 독이 되어 아이와 부모 사이의 관계를 파괴하는 무기가 되기도 한다. 상처 없이 행복한 아이로 키우기 위해 연신 아이의 주변을 맴도는 사커 맘, 미니밴 맘, 헬리콥터 맘은 독립적으로 자기 일을 할 수 없거나 어떤 것에도 만족을 못하는 불행한 아이를 만들 수 있다. 바로 이런 악순환의 고리에서 우리가 간파해야 하는 것은 열혈 엄마노릇을 추동하는 보이지 않는 힘이다. 앞의 설명들에서 등장한 여러 부모들이 그러했듯이, 부모는 자식의 행복을 위해서라면 언제 어디서 부르든 달

10 Louis W. C. Tavecchio & Marinus H. Van Ijzendoorn, *Attachment in Social Networks: Contributions to the Bowlby-Ainsworth Attachment Theory*, Amsterdam, New York, Oxford, Tokyo: Elsevier Science Publishers, 1987.

려가는 '짱가'의 태세를 취하고 있다. 그런 부모에게 죄책감, 공포, 그리고 불안을 부추기는 사악한 힘은 자식의 행복을 바라는 부모를 그 사악한 힘의 광신자나 노예로 만들기에 충분하다. 21세기인 현재, 과거보다 더 열혈적인 부모노릇에 대한 신조어는 여전히 만들어지고 있다. 새천년을 살아가는 우리시대 부모와 양육자들은 끝이 어딘지 모를 신조어들의 행군에 합류해서 그 뒤를 계속 따를 수 없는 일이다. 그렇게 되면, 자식에게 쏟은 사랑이 독이 되어 가족의 행복을 파괴하는 부메랑으로 돌아오는 일이 반복되지 않겠는가? 따라서 가족의 행복을 위해서 지금 우리가 해야 할 것은 이 무한반복의 파괴력을 끊어내는 일이다. 그 일은 부모노릇에 대한 비평적인 관점을 갖는 데서부터 출발해야 한다. 특히 엄마의 죄책감, 불안, 그리고 공포를 조장하는 사악한 힘을 가려내는 판단력을 기르는 데서부터 시작되어야 할 것이다.

03 '인크레더블'한 가족 이야기

이 글은 슈퍼 영웅의 가족 이야기 「인크레더블」을 몸의 변화라는 관점에서 접근하면서, 부모의 역할 및 아이들의 입장을 몸의 시각으로 설명한 글이다. 특히 가족관계를 논함에 있어 역할과 몸을 결부해 설명하는 것은 아버지-되기, 어머니-되기의 이야기를 몸으로 말하고자 함이다. 글의 이해도를 높이기 위해 「인크레더블」의 줄거리를 추가했다.

윤소영

건국대 글로컬캠퍼스 교양교육원 교수. 건국대학교 영어영문학과를 졸업, 같은 학교 대학원에서 영미드라마로 박사학위. 그후 영국 버밍엄대학교(University of Birmingham) 응용언어학과 대학원에서 번역학석사. 2007년부터 아동/청소년문학 관련 작업을 하고 있고, 2009년부터 몸문화연구소에서 활동하며 몸연구를 통해 학문적 지평을 더 확장하게 되었다. 영미드라마와 몸, 아동문학과 몸을 접목한 연구를 진행 중이며, 또한 가족을 주제로 한 글을 주로 쓰고 있다.

미스터 인크레더블(Mr.Incredible)은 일래스티걸(Elastigirl)과 마
찬가지로 특별한 능력을 가진 슈퍼 영웅이다. 세상 어딘가에서 위
험에 처한 사람들이 생기면 언제든 달려가 그들을 도와주고 구해
내는 영웅 그 자체다. 하지만 슈퍼 영웅의 활약이 더 이상 필요 없
는 상황에 처하게 되면서 사람들은 더 이상 영웅을 원하지 않게
된다. 이제 슈퍼 영웅이었던 미스터 인크레더블은 다른 사람들과
마찬가지로 결혼하여 가정을 꾸리고 직업을 가진 아버지가 된다.
보험사 직원으로 일하는 그의 이름은 밥 파이고, 그의 아내가 된
일래스티걸은 헬렌 파로 등장한다. 그들 사이에는 세 아이가 있는
데, 아이들 역시 특별한 능력을 가지고 있다.

일상적인 가족의 삶 속에서도 밥은 위험에 처한 사람들을 남몰래
돕는 등 과거 슈퍼 영웅의 역할을 포기하지 못하고 있다. 자신만
의 정의를 펼치며 힘없는 사람들을 돕는 보험사 직원 밥에게 결국
실직의 위기가 닥쳐오고, 이때 그는 슈퍼 영웅의 일을 제안받게
되는데, 이는 그를 추종했지만 거절당한 신드롬이 미스터 인크레
더블에게 복수하려 미끼를 던진 것일 따름이다. 그로 인해 신드롬
의 기지에 붙들린 밥을 구하기 위해 가족 모두 출동하게 되고, 일
련의 사건을 겪어 내면서 가족들은 더 공고해진 단결된 힘을 느끼
게 된다. 특히 여기서 눈에 띄는 부분은 아버지, 어머니의 역할이
몸을 통해 구현되고 있다는 점이다. 슈퍼 영웅 시절과 마찬가지로
아버지는 엄청난 힘의 발현을 통해 남자다움을 상징하고, 어머니
는 이름처럼 유연성의 다양한 면모를 온몸으로 표출한다. 몸의 스
토리텔링을 통해 자신들의 정체성을 드러내고 결국에는 슈퍼 영
웅 가족도 '가족의 힘'이 무엇인가를 흥미롭게 그려내는 것이다.

이야기의 묘미와 몸의 스토리텔링

이야기는 이야기를 하는 주체와 그 이야기를 듣는 사람들의 것이기에, 이야기를 들려주고 듣는 사람들의 것이다. 사람들이 만들어 내고 들려주는 이야기에는 세상과 그 세상에서 살고 있는 사람들 자체가 이야기의 중심 소재이고 주제인 것이다. "이야기가 우리에게 매우 중요한 이유는 우리의 삶 그 자체가 바로 이야기와 같은 모양을 취하고 있기 때문이다."[1] 그렇다고 모든 이야기가 다 의미있는 것은 아니다. 이야기에는 사람들을 배제하지 않는다는 당위성이 확보되면서, 이야기를 진행해 가는 이야기흐름의 구조, 즉 플롯이 있어야 한다. 이야기를 하는 사람과 듣는 사람 모두 일반적으로 이야기의 흐름에서 기대하는 특성이 있기 마련인데 내용, 주제적 특성

---

1   양유성, 『이야기 치료』, 학지사, 2008, 17쪽.

외에도 이야기의 나열구조 즉 플롯을 따라가는 것은 흥미롭다. "이야기란 우리의 내적 자아가 외부 세계와의 관련 속에서 빚어내는 자기 해석의 틀"[2]이기 때문에 어떤 이야기를 듣게 되는지를 기대하면서 머릿속에서 이야기의 흐름을 따라가며 지어내기까지 많은 과정들이 관여한다.

"이야기 형식은 우리의 삶과 같다는 인식을 주면서 우리가 믿고 받아들이게 한다"(『이야기 치료』, 17쪽)는 말처럼 우리 삶 속의 이야기에는 다양한 주제가 담겨 있다. 그 예로 사랑과 가족이라는 주제는 많은 텍스트에서 쉽게 찾아볼 수 있다. 이 글에서 다루게 될 영화텍스트는 브래드 버드 감독의 「인크레더블」로, 흥미진진하고 박진감 넘치는 만화영화이면서 가족이라는 주제와 관련해 많은 기호와 이야기를 담고 있는 작품이다. 이제까지 3D를 통해 인간의 미묘한 움직임을 표현하기에는 미흡함이 있었던 타사의 영화와 달리 픽사(Pixar) 영화사의 만화영화는 현란하리만큼 품격높은 3D화면을 통해 최고의 영화를 선사해 왔다. 특히 「인크레더블」은 주제적 완성도가 높은 잘 만든 텍스트로 많은 사랑을 받았다. 이 영화에서는 흥미롭게도 가족의 이야기를 몸을 통해 풀어내고 있다. 특히 일반적인 가족과는 다른, 슈퍼 영웅으로 활약하던 미스터 인크레더블과 일래스티걸이 부부가 되면서 세 아이를 두게 되고, 특히 은퇴 후의 삶은

---

2 Rollo May, *The Cry for Myth*, NY: Norton, 1991, p.20.

가족의 이야기를 통해 펼쳐진다.

각 구성원의 특성이 몸으로 대변되고 있다는 점이 이 영화의 가장 중요한 모티프이고, 그들의 몸은 그들이 사회에서 어떤 역할을 하고 있는가를 보여 준다. 즉 아버지의 몸은 아버지로 구현되어 있고, 어머니의 몸은 어머니의 특성을, 아이들은 각기 아이들다운 몸의 특성을 보여 주고 있다. 각 인물이 맡은 역할은 몸의 특성 및 변화하는 상에 따라 잘 구현되어 있고 이러한 영웅가족의 이야기는 바로 몸을 스토리텔링하는 것으로 진행된다. 아버지의 특성인 강함은 다부진 몸과 힘으로, 어머니의 특성은 일래스티걸의 특성인 유연한 몸과 포용력으로 드러나 있다.

여기서는 그러한 특성을 통해 영화텍스트상에 재현된 세상을 구해 내는 남성영웅주의, 가족 내에서의 아버지의 의미, 재현의 효과를 통해 얻게 된 사회 문화적 코드를 읽어 내는 데 주된 목적이 있다. 이 영화에서 재현의 문제는 가족의 의미를 재조명하는 것과 성역할의 뒤바뀜, 모권의 강화라는 점에 주안점을 두고 있다. 또한 집이라는 공간을 사이에 두고 안과 밖의 다른 삶을 보여 줌으로써 남성성과 여성성의 문제에도 접근할 여지를 준다. 특히 영화처럼 대중에게 빠르게 흡수되는 이미지 언어는 사회의 변화상을 쉽게 읽을 수 있게 한다. 제작자의 의도가 농후한 등장인물의 언어를 통해 나타내고자 하는 것은 사회 문화적 가치와 그 가치의 변화양상이다. 이런 점에서 재현은 미디어에 나타난 편견, 교묘한 조작, 이데올로기에 대한 논의를 불러일으킨다. 이 영화텍스트에서 몸이 어떻게 재현되는가는 성역할에 대한 사회적 편견일 수 있고, 그러한 재현을 낳은 이데올로기에 대한 분석이 요구된다. 우선 가족구성원의 역할이 몸의 재현을 통해 어떤 식으로 드러나고 있는가를 살펴보고, 몸으로 구현되는 역할의 전도 및 변화상이 뜻하는 바는 무엇인가에 대해 차례로 짚어가고자 한다.

몸의 미학

영화 「인크레더블」의 등장인물은 가족구성원의 전형적인 역할이 사회적 가치의 변화에 따라 어떠한 양상으로 변모했는가와 그들의 몸이 재현되는 방식을 통해 달라진 사회상도 함께 보여 준다. 가히 '몸의 미학'이라 할 만큼 등장인물의 특징은 모두 몸으로 대변되는데, 영화 기법적 특성을 적절히 활용해 시각적 이미지를 극대화함으로써 영화의 장점을 최대한 살렸다고 할 수 있다. 몸을 통해 등장인물이 보여 주는 것은 가족 내 역할의 변화와 사회적 역할이 어떻게 재현되고 있는가이다. 노만 페어클로프가 말하듯, "재현에 있어 중요한 점은 어떤 것이 포함되고 어떤 것이 배제되어 있는가, 어떤 것이 전경화되어 있고, 어떤 것이 후경화되어 있는가이다".[3] 이 영화에서

---

3 Norman Fairclovgh, *Critical Discourse Analysis: The Critical Study of Language*, London: Longman, 1995, p.4.

가장 두드러진 특징은 몸을 전경화해서 성역할(Gender Role)을 보여 주고 있다는 점이다. 성역할은 사회적 가치를 담아내는 코드라는 점에서 질 돌란이 지적하듯, "남성다움과 여성다움은 문화적 범주에서 남성성, 여성성이라는 양식을 띤다".[4] 이 영화에서는 남성성/여성성의 구분이 몸을 통해 극명하게 드러나 오히려 남녀의 성역할을 고착하는 인상을 주기도 한다. 하지만 제인 플랙스의 주장처럼 "남녀 모두 성(gender)이란 감옥에 갇힌 죄수"[5]라 할 때, 특히 여기서는 사회학적 성의 의미를 재현해 냄에 있어 남녀 모두 몸을 통해 새롭게 해석하고 있다.

사회 속의 남성과 여성의 모습을 시각적으로 그려내는 것은 특정한 효과를 낳는다. 그리고 사회를 벗어날 수 없는 인간이란 존재라는 점에서 이 영화는 한 가족을 통해 가족의 문제와 전통적 성역할의 그림을 보여 주고 있다. 이제 각각의 인물 분석을 통해 영화의 주제적 의미와 재현의 기능을 몸의 이야기라는 시각에서 살펴보도록 하자.

① 미스터 인크레더블: 강한 자여, 그대 이름은 남자?
남자다움의 대표격이라 할 수 있는 미스터 인크레더블은 '힘세고

---

4 Jill Dollan, *The Feminist Spectator as Critic*, Ann Arbor: University of Michigan, 1991, P.6.

5 Jane Flax, "Postmodernism and Gender Relations in Feminist Theory", *Feminism/Postmodernism*, ed. Linda J. Nicholson, NY: Routledge, 1990, pp.39~62.

강한' 남성상으로 영화에 재현되어 있다. 이름 그대로 '인크레더블' 한 그는 이름처럼 '믿기지 않을 정도'로 힘이 세다. 이름에서부터 몸에 이르기까지 그에게서 찾아볼 수 있는 것은 물리적인 '힘'이다. '힘'은 여전히 남성에게 기대하게 되는 사회 문화적 가치다. 남자이기에 신체적으로 강해야 하고, 더불어 결혼을 한 남성의 경우 가족을 지키는 울타리여야 하기에 사회적으로도 강해야 한다. 또한 아버지[6]라는 이름을 생각해 볼 때, 힘 센 남자와 강함은 분리해 생각할 수 없을 정도로 밀접한 관계라 할 수 있다. 그러므로 아버지라는 이름 뒤에 숨겨진 "남자로 살아가기"에 따른 갈등 구조는 이 영화의 근간이 되고 있다.

이 영화에서 힘은 '근육질의 몸'과 '물리적인 힘'으로 재현되어 있다. 근육으로 다져진 커다란 체구와, 대형 로봇을 밀쳐내는 어마어마한 힘, 자동차를 머리 위로 가볍게 들어올리고, 문손잡이를 우그러뜨리는 등 그의 물리적인 힘은 곧 모든 면에서의 힘을 연상시킨다. 이는 남자이기에 강하고 힘이 세야 한다는 남성성의 면모를 드러낸다. 남성성/남자다움이라는 가치는 힘/권력과 밀접한 관계를 갖기에, 여성성과 권력/힘의 관계보다 남성성과 권력/힘의 관계가 더 농밀하다.

영화에서 아내인 일래스티걸을 힘센 여전사로 재현하지 않고,

---

6 여기서 논하는 아버지는 자크 라캉(Jacques Lacan)의 아버지 개념이다. 가족을 구성하는 원천으로서의 아버지, 자녀의 원본으로서의 아버지라는 의미로 차용하고자 하는 것이다.

미스터 인크레더블을 부드럽고 유연한 몸으로 재현하지 않은 이유는 몸 그 자체로 남성성과 여성성을 구현하기 위한 장치라 볼 수 있다. 이런 점에서 언어뿐 아닌 시각적 요소를 통해 대상을 어떻게 재현하는가는 텍스트 제작자의 의도, 이데올로기를 반영하는 것이고, 그러한 이데올로기는 이미 사회 문화적 가치로 자리 잡고 있는 공유가치라는 점에서 몸 분석은 의미가 있다. "이데올로기는 '정체성'과 '당위성'을 가리키는 것"[7]이라는 명제를 생각하면 몸의 재현을 통해 드러나는 인물의 정체성에는 현존하는 이데올로기가 반영되어 있음을 알 수 있다. 또한 그러한 재현은 일종의 당위성처럼 관객에게 거부감 없이 전달된다. 이는 이데올로기의 재생산이라는 측면에서 다루어져야 한다. 즉 텍스트는 하나의 제품처럼 관객에 의해 소비되고, 소비된 텍스트는 관객 각자에게 하나의 기저 구조를 형성하면서 계속 변형된다.

미스터 인크레더블은 세 단계 변화양상 ── 슈퍼 영웅, 아버지, 그리고 돌아온 영웅 ── 을 보여 준다. 나무 위에 올라간 고양이를 걱정하는 노파를 위해 범인 추격을 멈추고 나무를 뿌리째 뽑아 고양이를 안전하게 내려오게 하던 미스터 인크레더블은 과거의 모습일 따름이다. 15년이 흐른 뒤 평범한 소시민으로 살아가고 있는 그는 밥 파(Bob Parr)라는 이름과 보험사 직원이라는 신분으로 세 아

---

7 Michel Pêcheux, *Language, Semantics and Ideology*, London:Macmillan, 1982, p.110.

이를 부양해야 하는 평범한 아버지일 뿐이다. '과거의' 미스터 인크레더블일 따름이다. 밖에 나가 일하고 식구를 부양해야 하는 전통적 남성상은 '보험사 직원 밥 파'를 통해 재현되어 있다.

또한 남자와 자동차의 관계는 눈여겨볼 만한데, 그의 과거와 현재를 잘 대비시켜 주는 것이 바로 자동차다. 자동차는 15년 전의 그와 지금의 그가 어떻게 다른가를 극명하게 보여 주는 지표다. 최신식의 기능변환이 되던 인크레더블의 자동차는 이제 더 이상 그의 것이 아닌, 즉 아버지인 밥과는 무관한 것으로 보일 만큼 그의 삶과는 동떨어져 있다. 현재 그가 갖고 있는 자동차는 자그마한 하늘색 차로 그의 몸을 다 끼워 넣기에도 부족할 만큼 작기만 하다. 몸으로 꽉 찬, 여유 공간이 없는 차처럼 그의 삶에도 여유 공간은 사라진 지 오래다. 작은 자동차에 채워진 부자연스러운 그의 몸만큼이나 그의 표정도 생기를 잃은 상태면서 동시에 아버지로서의 역할에 부과된 무게마저 실려 있다.

또한 소시민으로서의 모습은 교통체증에 시달리는 모습으로 여실히 드러나 있다. 주차장인지 도로인지 알 수 없는 차량의 행렬과 자동차 밖으로 터져 나올 듯한 밥의 모습은 일상에 갇힌 현실의 소시민 그 자체다. 옴짝달싹할 수 없는 각박한 현실을 그대로 보여 주는 도로의 현장과 그의 얼굴 표정은 관객에게 익숙한 현실의 재현이다. 빠져나갈 구멍이 없는 일상에서 그가 기다리는 것은 세발자전거를 탄 꼬마와 하는 대화에 나타나 있듯, 뭔가 멋진 것이다.

밥 파   뭘 기다리고 있니?

소 년   몰라요…… 그냥 멋진 일이요.

밥 파   나도 그렇단다.

 뭔가 놀라운 현실의 반전을 기대하지만 그를 기다리는 건 현실과의 불협화음뿐이다. 회사에서는 더 많은 이득을 내기는커녕 고객의 입장에 서서 고객에게만 도움을 주는 밥에 대해 불만스러워 하며 이를 채근하는 사장이 있다. 어려움에 처한 사람들을 도우려는 밥과 반대 입장인 사장은 좋은 대조를 보인다. 한 예로 보험사 직원으로서의 밥은 '우리'의 개념이 회사를 벗어나 있는 직원이다. 사장이 말하는 "우리 직원"(Our People)은 밥이 말하는 "우리 고객"(Our Customers)의 "우리"라는 맥락과는 현저한 차이가 있다. 같은 공간에서 말하고 있지만 "our"는 상황에 따라 누가 쓰느냐에 따라 다른 심층의미를 동반한다.

 거리(직장 밖)에서 벌어지는 불의의 현장을 보고 피해를 당하고 있는 '누군가'를 구하기 위해 지금 자신이 있어야 하는 공간(직장 안)을 벗어나고자 하는 밥의 심리상태는 자신의 정체성에 대해 갈등하고 있음을 보여 준다. 그때 그는 누군가를 구하러 나가야 한다는 자신을 질타하는 사장을 벽에 내던져 벽이 뚫리게 하는데, 그렇게 뚫린 구멍은 15년 전의 모습으로 돌아가고 싶은, 채워질 수 없는 현실의 틈이고 욕망이다. 자신이 있어야 할 회사는 가족 부양을 위해 그의 노동력을 생산하고 판매해야 하는 중요한 공간이거늘 그는 그에

'과거'의 미스터 인크레더블
자동차 밖으로 터져 나올 듯한 밥의 모습은 일상에 갇힌 현실의 소시민 그 자체. 빠져나
갈 구멍이 없는 일상에서 그가 기다리는 것은 세발자전거를 탄 꼬마와 하는 대화에 나
타나 있듯, 뭔가 멋진 것이다.

게 아무런 실질소득을 가져다주지 않는 거리로 나가야 하는 당위성
에만 사로잡혀 있다. 결국 밥에게 돌아오는 것은 실직 처분이다. 그
는 직장을 그만두게 되었음에도 가족에게 숨길 수밖에 없다. 그 이
유는 밥의 가족이 새로운 곳에 이사와 막 정착했기 때문이다.

여기서 중요한 것은 가족과 어떤 곳에 정착해야 한다는 부담감은 아버지라는 역할에 주어진 의무감의 또 다른 표현이라는 것이다. 남편을 격려하며 정착을 요구하는 아내의 모습은 말 그대로 남자에게 있어 가정이 곧 '덫'일 수밖에 없는 실상을 여실히 보여 준다. 그래서 일상에 찌든 아버지의 얼굴은 한때 세상을 구하던 영웅이었던 한 남자, 밥에게도 그대로 재현된다. 자신이 원하는 삶을 산다는 것은 가족을 등지는, 책임지지 않는 삶일 따름이기에 아버지인 밥은 일상이 그 누구보다 갑갑하다. 그가 움직일 수 있는 공간이 다 쪼그라든 듯 현실의 공간에는 그의 공간이 사라진 상태라 할 수 있다. 이제 그에게 남은 것은 날렵했던 몸과 그 몸이 누비고 다녔던 거리가 아닌 그를 가둔 현실의 직업, 생활인으로서의 아버지라는 역할일 따름이다.

미스터 인크레더블 시절의 자신감 넘치는 얼굴과는 판이하게 다른 얼굴을 갖게 된 밥은 업무에 염증을 느끼고, 더군다나 그날그날을 벗어날 수 없는 생활인임을 보여 준다. 현실 속에 작아진 그의 모습은 역설적으로 군더더기 살이 붙은 둔해진 몸으로 드러나 있다.

체중의 증가는 세월의 흐름과 변화를 보여 준다. 게으른 남자의 모습을 대변한다고 볼 수 있는 불룩 나온 뱃살, 허리띠를 아래로 매야 하는 현실, 상반신의 거대해짐은 현실을 지탱하는 다리를 압박하는 무게일 뿐이다. 이제 그는 세상을 구하는 영웅으로서의 미스터 인크레더블이 아닌 처진 어깨, 힘 없이 걷는 아버지로 나타나 있다. 비대해진 상반신의 무게는 그가 견뎌내야 하는 현실, 곧 아버지에게 기대되는 가족 부양의 의무와 다를 바 없고, 상대적으로 가늘게 보이는 그의 다리는 세상을 구하고 싶은 영웅의 지탱수단이지만, 이미 달릴 수 없는, 멈춰 버린 15년이다. 즉 미스터 인크레더블이 아닌 밥 파의 모습은 가족부양의 현실 때문에 억압받은 남성성을 재현한 것이고, 억압받은 남성성은 불필요한 군살로 재현되고 있는 것이다. 또한 듬성듬성 줄어든 머리숱은 아버지로서 일상을 살아갈 때에 요구되지 않는 미스터 인크레더블로서의 기개, 정의감 등을 반대로 드러내고 있다고 할 수 있다. 이렇게 그는 몸으로 모든 변화를 보여 준다. 마찬가지로 신드롬에게 잡혀 매달려 있는 모습에서 두 팔과 다리는 꼼짝없이 붙들려 있고, 흐트러진 머리칼을 통해 무력감이 그대로 드러나고 있다. 그를 구하러 오는 가족에게 미사일을 발사하는 신드롬을 앞에 두고도 아무것도 할 수 없는 미스터 인크레더블의 처참함은 영웅 대 아버지라는 구조의 가장 극대화된 갈등상태를 보인다. 가족부양과 영웅으로 살아가기라는 꿈을 이룰 수 있을 것 같던 미스터 인크레더블은 이제 모든 것을 눈앞에서 잃게 될 위기에 처한 것이다. 실직했다는 것을 가족에게 밝히기 어렵고, 영웅으로 살아가고 싶은 욕망을 억눌러야 하는 이유는 다름 아닌 그가 아버지이기 때문이었다. 이렇듯 가족에게 솔직할 수 없었음은 그에게 기대되는 남성성이 영웅이 아닌 아버지로 충실히 살아가야 한다는 것임을 극명하게 보여 준다.

발신자 불명의 우편물을 뜯어 보는 밥의 공간은 억눌린 욕망의 공간이다. 방의 벽면을 온통 장식하고 있는 기사 스크랩은 지난 세월의 그의 행적을 담고 있고, 유리장 속에 넣어 둔 그의 영웅 복장은 눈으로 빤히 보면서도 손으로 잡을 수 없는 지나간 과거일 뿐이다. 유리장 속에 넣어 둔 영웅의 복장은 유리 속에 가둬 둔 과거처럼 눈에는 보이나 그 유리장이 열리든 깨어져야 과거와 조우가 가능할 따름이다. 그는 유리장을 깨부수고 영웅 복장을 다시 착용함으로써 과거의 자신을 현재의 몸에 접목시킨다. 잃어버린 과거의 기억을 되찾듯 그의 몸이 기억하는 과거의 그는 그의 몸이 펼치는 활약상으로 과거를 재현해 낸다. 그러므로 임무를 고지하는 그에게 전달된 화상편지는 붙잡고 싶은 그의 과거를 새롭게 열어 주는 희망이고 정체성에 대한 재확인이다.

② 엄마/일래스티걸: 유연성과 융통성을 몸으로 보여 주다

긴 생머리를 뒤로 넘기며 유연한 몸으로 건물을 부드럽게 넘나들던 일래스티걸은 밥 파와 결혼 후 헬렌 파, 즉 엄마로 살아가게 된다. 세상을 구하던 영웅 일래스티걸이었지만 사회의 요구에 따라 슈퍼 영웅의 삶을 버리고 평범하게 살게 된 것이다. 주 활동 무대가 위험이 도사리는 바깥세상이 아닌 집이라는 공간으로 축소된 채 세 아이의 엄마로서의 삶을 살고 있다.

　가사와 육아라는 두 단어는 엄마라는 정체성을 규정해 버린다. 가족(부양)을 위해 아버지가 있어야 하는 공간이 집 밖이라면, 엄마로 존재해야 공간은 바로 집이다. 막내 잭잭을 씻기고 먹이는 부엌과 식탁, 아이들의 사소한 싸움을 말리는 공간이 바로 엄마인 헬렌

엄마로 살아가는 헬렌/일래스티 걸
엄마로 살아가기라는 명제는 헬렌을 재현하는 기본 전제조건이다. 이 영화에서 재현해
내는 엄마로서의 역할행동은 하나의 당위성으로 나타난다.

으로 존재하는 공간이다. 또한 그녀의 손을 떠나지 않는 청소기 등
은 엄마로서의 역할행동을 하나의 당위성으로 보여 준다. 여기서 숨
은 이데올로기가 드러난다. 가정이라는 공간에 존재하는 어머니의
역할에 요구되는 활동을 지속적으로 보여 주는 것은 이데올로기를
강화하고 재생산하는 것으로 볼 수 있다. 즉 전통적인 어머니상을
재현함으로써 집단 공유가치로서의 여성성이라는 면을 전경화하고
있음을 알 수 있다.

엄마로 살아가기라는 명제는 헬렌을 재현하는 기본 전제조건
이다. 이 영화에서 재현해 내는 엄마의 최고 덕목은 바로 유연성이
다. 그러한 유연성은 일래스티걸이라는 이름에서처럼 헬렌의 몸이
자유자재로 늘었다 줄었다 하는 모습으로 잘 보여진다. 거울을 들여
다보는 장면에서 밥과 마찬가지로 현실의 군살이 붙어 있는 헬렌의

몸도 목격할 수 있다. 특히 몸의 변화가 자유자재로 이루어지는 것은 사고의 유연성과도 연결되어 있는데, 이 유연함은 비행기폭파 장면에서 가장 두드러지게 나타난다. 신드롬이 발사한 미사일로 비행기가 폭파될 위기에 처했을 때 헬렌은 몸으로 아이들을 감싸 안음으로써 모두의 생명을 구해 낸다. 이어 추락하는 아이들을 양손으로 잡고 자신의 몸을 낙하산으로 만들어 버리는 엄마는 몸과 사고 모두 유연성 그 자체. 이렇듯 엄마의 보호본능, 모성본능을 몸으로 재현해 내어 시각적 효과를 극대화시키고 있음을 알 수 있다.

영화의 전반부와 중반까지 주로 미스터 인크레더블의 활약이 재현되었다면 후반에 오면서는 일래스티걸로서의 활약상이 돋보인다. 바다에서 아이들을 태우고 배의 기능을 하는 몸, 신드롬의 기지에서 들키지 않도록 몸을 상황에 맞게 조절하고, 옴니드로이드의 전진을 막기 위해 온 몸으로 막는 모습은 대단히 인상적이다. 또한 적진에서 문 사이에 몸이 끼이는 장면은 유연성의 범위를 보여 주는 것이기도 하다. 신드롬의 기지에서 일래스티걸은 거울에 비친 자신의 몸을 하나의 대상처럼 바라보고 있다. 이 장면에서 관객 역시 몸에 붙은 군살 등이 일래스티걸의 몸이 어머니로 변화한 것과 그 역할을 대변하는 것임을 거울보기로 파악하게 된다. 거울을 통해 자신의 몸을 직접 확인하는 헬렌과 그 모습을 또 다른 거울을 통해 들여다보듯 관객의 시선은 몸의 재현이 의미하는 바를 포착하게 된다. 즉 거울을 통해 한번 더 부각되는 몸은 사회적 존재로서 어머니인 헬렌에게 요구되는 것이 무엇인가를 이미지로 고착화하는 것이라

일래스티 걸, 유연성의 스토리텔링

비행기가 폭파될 위기에 처했을 때 헬렌은 몸으로 아이들을 감싸 안음으로써 모두의 생
명을 구해 낸다. 이어 추락하는 아이들을 양손으로 잡고 자신의 몸을 낙하산으로 만들
어 버리는 엄마는 몸과 사고 모두 유연성 그 자체임을 보여 준다.

할 수 있다. 팔을 길게 뻗어 가며 집안 곳곳을 청소하고 아이들의 다
툼을 말려야 하는 엄마의 긴 팔은 유연성이라는 명제 뒤에 감추어
진 이데올로기인 것이다.

한편 헬렌은 밥과 말다툼을 하면서 언성이 올라가는데, 그때 동

시에 몸도 점점 커진다. 여기서 유연성은 힘을 제압할 수 있을 정도의 능력이라는 것을 보여 준다. 또한 목소리를 상실한 여성이 아닌, 가정에서 그 누구보다도 목소리가 큰 여성을 통해 현실적으로 아내의 자리가 어떤 것인지를 보여 준다. 헬렌은 평범한 주부, 엄마, 아내의 역할을 제대로 해내고 있고 밥과 달리 과거의 영광에 대한 미련을 품고 있지 않다. 헬렌도 가정이라는 굴레에서 슈퍼 영웅으로서의 억압된 자아가 있었을 테지만 그러한 모습은 배제되어 있다. 오히려 밥처럼 현실의 무게를 느끼며 힘들어 하는 부모의 모습, 내지는 과거에 대한 향수에 젖어 야간영웅 일을 하는 것이 아닌, 충실한 엄마의 모습 그대로가 바로 헬렌이다. 그래서 관객은 엄마인 그녀가 일래스티걸이라는 점을 잠시 잊을 수 있을 정도다. 에드나 모드와의 통화에서 '헬렌 파'라는 이름을 에드나가 알아듣지 못하자 대신 일래스티걸임을 밝힘으로써 다시금 자신을 인식시킨다. 에드나와 마찬가지로 관객도 집안일과 아이에 둘러싸인 그녀에게는 과거의 모습을 찾아보기 쉽지 않다.

이미 헬렌이라는 이름하에 어머니로서 살아가고 있는 일래스티걸이 다시 슈퍼 영웅으로 변신하게 되는 것은 자신의 가족이 위기에 처했을 때이다. 온몸으로 가족을 감싸 안고 로켓에 매달려 악을 물리치러 날아가는 어머니의 모습은 몸 전체로 어머니를 상징하는 것이고, 어머니의 가장 큰 덕목이라 할 수 있는 유연성을 몸의 스토리텔링으로 보여 준다. 이렇게 가족을 온몸으로 감싸 안고 위기를 극복해 내는 어머니의 모습은 감동적이기까지 하다.

③ 세 아이: 바이올렛과 대쉬 그리고 잭잭

영화 내에서 슈퍼 영웅의 아이들인 바이올렛과 대쉬를 통해 딸과 아들에게 기대되는 전형적 모습을 재현하고 있는 점은 그다지 새롭지 않다. 하지만 그들의 능력이 어떻게 발휘되는가를 보는 것은 독특한 재미가 있다. 아이가 셋이라는 설정은 이상적인 식구 수가 다섯이어야 한다는 것과 동시에 부모의 역할에 대한 중요성을 시사한다. 아이가 셋이기 때문에 헬렌은 바깥 일을 하기 힘든 상황이고, 밥의 경우 가장으로서의 책임이 더욱 면면이 표출된다.

우선 바이올렛은 얼굴을 반 이상 가린 긴 생머리로 자신을 감추려 드는 소극적인 모습으로 그려져 있다. 바이올렛의 수줍음은 몸이 사라지는 능력으로 대변된다. 같은 학교 남자아이에 대한 짝사랑으로 먹는 것도 시원찮고, 말도 못하고 바라만 보는 사춘기 소녀의 모습 그대로이다. 하지만 바이올렛이 변하게 되는 것은 슈퍼 영웅의 마스크를 쓰게 되면서이다. 마스크를 쓰게 되면서 머리를 뒤로 넘기고 얼굴을 드러내는 바이올렛은 목소리부터 달라진다. 또한 위험한 순간에 자기장 방어막을 만들어 내는 바이올렛의 능력은 가족을 구하는 힘이기도 하다.

수줍음이 사춘기 소녀를 재현하는 코드였다면, 수줍은 소녀에서 당당한 존재로 바뀌는 모습은 남자친구와의 관계에서 그려진다. 남자친구가 수줍음에 말을 더듬으며 바이올렛에게 말을 건네지만 계속 말을 잇지 못하자 오히려 바이올렛이 영화를 좋아한다는 말을 하며 데이트를 제안하는 자신감을 보일 정도로 변화한다. 부모세대가 기성세대의 남녀의 구분이었다고 한다면, 바이올렛과 남자친구의 관계는 앞으로의 남녀의 상을 제시하는 것으로 볼 수도 있다.

밖에 나가 마음껏 달리고 싶지만 지나치게 빠른 발은 대쉬의 신분을 노출시킬 수 있으므로 대쉬에게는 달리기가 금기사항이다. 대쉬의 활약이 두드러지게 나타나는 공간은 신드롬의 기지이다. 비행기가 폭파된 뒤 바다에서 육지를 향해 달려가는 대쉬의 발은 프로펠러 이상의 속도를 냈고, 악당들을 교란시키기 위해 달리는 대쉬는 포착불능의 지경이다. 물위를 달릴 수 있는 자신의 능력에 놀라는 대쉬의 표정처럼 이를 보는 관객도 함께 즐겁다.

아기인 잭잭은 가족 중에서 유일하게 특별한 능력이 보이지 않는 듯했지만, 역시 슈퍼 영웅의 면모를 지녔다. 신드롬에게 잡혀갈 때 잭잭은 원하는 대로 몸을 변화시켰다. 아기의 심리상태를 그대로 반영하듯 불같이 변했다가 납덩이가 되어 아래로 끌어당기고 결국에는 화난 아기 괴물로 변해 신드롬의 머리를 마구 잡아당기기도 한다. 신드롬의 손에서 벗어나 아래로 떨어지는 아기 잭잭을 구하는 것은 아버지 미스터 인크레더블이 어머니 일래스티걸의 몸을 하늘로 날려 아이를 포착할 수 있을 때이다. 아이를 안전하게 구하고 보호하는 것은 어머니와 아버지의 협력으로 가능하다는 것을 보여 주는 좋은 예다.

④ 새로운 어머니상, 에드나 모드

이 영화의 독특한 점은 새로운 어머니상의 재현이다. 어른이 아이에

위기상황에서 발현되는 아이들의 능력
수줍음 많은 사춘기 소녀 바이올렛이 자기장 방어막을 만들어 내는 능력은 가족을 구하
는 힘이기도 하다. 또한 프로펠러보다 빠른 발을 가진 대쉬는 평소 본인의 능력을 억누
르며 살아야 했던 것과 달리, 위급한 순간에 그의 능력으로 위기를 모면한다.

게 일상적으로 부르는 표현인 "darling"은 에드나가 밥과 헬렌과의
대화에서 쓰는 말로 마치 어머니가 자식에게 하듯 말하고 있다. 밥
의 방문에 새 옷을 제작할 생각을 품는 에드나는 자식이 말하기 전
에 자식을 위해 필요한 것을 준비해 주는 부모의 역할을 하고 있다.

에드나는 부모가 자식에게 옷을 입혀 주듯이 슈퍼 영웅 가족 모두에게 맞는 옷을 만들어 주는 어머니의 역할을 하고 있다.

또한 에드나는 헬렌에게 존재가치를 일깨우는 대모 역할을 한다. 특히 에드나는 헬렌이 일래스티걸임을 상기시키는데, "너 자신을 잊었느냐"고 질책하며 예전처럼 나가서 싸워야 함을, 그래서 남편을 구해야 함을 피력한다. 특히 "남편이 미스터 인크레더블임을, 그리고 자신이 누구인가를 남편에게 보여 주어야 한다"고 주장하는 에드나는 딸에게 존재의 중요성을 일깨워 주는 어머니 역할을 하는데, 이는 아들에게 존재의 중요성을 말해 주는 아버지나 다름없다.

미스터 인크레더블에게 이상적 아버지상이 부재한다는 것은 현재 그가 겪는 힘든 상황에서 드러나고, 또한 에드나는 미스터 인크레더블이 예전과는 다르게 변화했음에 대해 중년 남자의 불안한 심리로 인해 과거의 영광을 재현하려는 것이라 지적한다. 그러므로 에드나 모드는 아들에게 힘을 실어 주는 아버지처럼, 딸에게 스스로의 존재가치를 일깨워 주는 새로운 어머니상으로 등장하여 가족의 중심에 아버지뿐 아닌 어머니도 함께하는 상황을 보여 준다.

⑤ 버림받은 아이, 신드롬(Syndrome)

이름처럼 하나의 증후군으로 세상에 존재하고 싶은 인물이지만 기회가 항상 그에게 있지는 않다. 신드롬은 미스터 인크레더블의 열렬한 팬이었고, 버디, 인크레더보이 등 여러 가지 이름을 가지고 있었다. 어린 시절의 신드롬은 미스터 인크레더블을 자신의 대리 부(父)

로 생각했으나, 아버지에게 인정받지 못한 아들처럼 엇나간 이상을 품는다. 영웅을 흠모하고 영웅을 돕고자 하는 마음에서 여러 가지 발명품을 만들어 내어 미스터 인크레더블에게 접근했지만 번번이 거부당했다. 그 이유는 "혼자 일을 한다"는 미스터 인크레더블의 신념 때문이었고, 그로 인해 신드롬은 자신의 우상을 지우고 자신을 하나의 신드롬으로 재건해 내어 새로운 자아를 탄생시키게 된다.

그래서 그는 15년 후에 '신드롬'이란 이름으로 등장한다. 슈퍼맨의 첫 글자인 'S'도 아니고, 이제까지 슈퍼 영웅들의 활약과는 다른 자신만의 증후군을 만들기 위해 지어낸 S는 '이기심, 유아론적 성향'(Selfishness, Solipsism)과도 관련성을 띤다. 실질적으로 슈퍼 영웅의 시대에 영웅을 우상화하고 돕고자 하는 마음을 품는 것이 잘못된 것은 아니지만, 정신적 아버지로 숭배해 온 미스터 인크레더블에게 배척당함으로써 그의 인생은 바뀌게 된다. 이제 세상을 구하는 영웅이 미스터 인크레더블이 아닌 신드롬 자신이기를 선망했던 것이다. 하지만 냉혹한 마음을 가진 그는 사람들을 진정으로 구하는 것이 아닌 스스로를 위한 '쇼'를 펼침으로써, 그토록 원하던 세상의 인정을 받을 수 없게 된다.

역설적으로 세상의 모든 영웅을 제거한 후 자신만이 슈퍼 영웅으로 남겠다는 신드롬의 의지와는 달리 그의 등장은 슈퍼 영웅 가족을 다시금 사회로 복귀시키는 원인이 된다. 이렇듯 악당의 등장은 필연적으로 악을 물리치는 선이 있음을 전제로 한다.

억압받은 남성성 / 여성성

어느 사회에서나 그러하듯 아버지는 늘 가족의 공간인 집을 벗어나 있을 수밖에 없다. 남성성이 억압되는 현실이 가족부양의 책임으로 인해 가중될 수밖에 없음을 여타의 문학작품보다 더 극명하게 보여 주고 있는 이 영화는 전형적인 코드인 과거의 영광에 사로잡힌 남자다움과 맥을 같이하고 있다. 이 영화에서 사회의 요구에 따라 영웅으로서 세상을 구하는 일을 그만두고 다른 사람들처럼 아버지로 살아가야 하는 밥이 영웅으로 사는 일에 목말라 하는 이유는 무엇인가. 미라지의 뜻밖의 제안에 눈에 광채를 띠며 좋아하는 미스터 인크레더블의 모습은 과거의 자신에 대한 그리움과 잃어버린 자아를 회복할 기회를 포착하는 것으로 볼 수 있다. 그가 잃어버린 자아는 슈퍼 영웅으로 사는 것만일까?

자살기도하는 사람을 살렸다고 고소를 당하고, 끊어진 철교 위의 전동차 대형 참사를 막느라 달려오는 열차를 세움으로써 많은 사람들을 부상입힌 일로 고소를 당하는 위대한 영웅의 시대를 마감하고 평범한 아버지로 살아가던 그의 현실을 벗어나게 해주는 것은 미라지의 제안이다. 현재 급여의 세 배를 주는 일이 다름 아닌 영웅으로 다시 활약할 수 있는 것이라는 점에서 미스터 인크레더블은 망설임 없이 그 일을 하기로 한다.

멋진 새 자동차를 구입하고, 아이들과 놀아 주는 다정한 아빠, 아내에게도 더 사랑을 쏟는 미스터 인크레더블의 변화는 행복한 얼굴 표정에서 드러나 있다. 과거를 재현하고 되찾은 듯한 아버지는 가족과 함께일 때 더 행복해 보인다. 가족을 위해 자신의 꿈, 정체성을 포기하는 것이 아닌 가족을 위해 자신의 정체성을 다시금 되찾게 되는 것이고 더불어 존재가치를 새롭게 느끼게 되었기 때문이다. 하지만 변화하는 아버지의 모습은 과거와 연결되어 있다.

늘 공식처럼 따라다니는 남자로서의 삶과 아버지로서의 삶은 갈등을 수반하고, 그 갈등을 어떻게 극복할 것인가가 관건이다. 밤에 남몰래 영웅으로 활약하는 경험만으로도 자신을 되찾는 듯한 기쁨을 누리지만 집으로 돌아오면 금기된 활동에 대한 일깨움을 해주는 아내가 기다리고 있다. 하지만 신데렐라가 12시를 넘기면 자신의 본래모습으로 변하듯, 일정한 시간이 되면 집으로 돌아와야 하는 것이 벗어날 수 없는 아버지의 운명이다. 즉 아버지의 발목을 잡는 실체는 영웅에게도 가족으로 존재한다.

흥미로운 점은 아버지뿐 아니라 어머니의 삶도 억압되어 있기는 마찬가지라는 것이다. 여성이 가족으로 인해 억압되는 것은 극히 일상적인 것으로 여겨지기도 한다. 하지만 첫 장면에서 일래스티걸의 대사를 보면 세상을 구하는 것이 남자들만의 전유물일 수만은 없다는 인식을 하고 있다는 점에서 그녀 역시 현실에서 자유롭지 못함이 후경화되어 있다고 볼 수 있다. 이처럼 일래스티걸도 슈퍼영웅으로서 자기 몫을 할 수 있음에도 남성들에게 적용되던 개념인 '가정이라는 덫'에 걸려 있는 것은 마찬가지인 셈이다.

이처럼 가정은 남성성, 여성성을 모두 억압하는 공간으로 드러

억압받는 남성성/아버지
벽을 빼곡하게 채운 15년 전의 사진과 스크랩은 현실에서 멀어져 간 시간으로, 손에 잡힐 듯한 눈앞의 환상이다. 그의 욕망과 달리 몸을 웅크리고 사무실에 끼워맞추게 하는 힘은 다름 아닌 '가정/가장'이라는 이름의 덫이다.

나 있고, 벗어나려 해도 벗어날 수 없는 갇힌 공간인 셈이다. 어찌 보면 가장 진부한 논리로 보일 수도 있는 전형적인 남성성, 여성성에 대한 재현을 몸으로 보여 주는 방식을 통해 이 영화에서는 성 역할의 고착화를 넘어서 가족으로 살아가기의 중요성을 역설한다.

이 영화는 부양이라는 책임으로 가족을 벗어나 있는 아버지의 역할을 대신해 가족을 이끄는 중심으로 존재하는 어머니의 자리를 다시금 조망한다. 아버지, 즉 남성에게 사회적으로 요구되는 것이 '힘'이라면, 어머니에게는 '유연성'이 가장 필요불가결하다. 남성적 힘과 여성적 유연성의 대비는 시각적 이미지를 통해 잘 나타나 있다. 특히 과거의 영광을 재현하는 것은 아버지가 아닌 한 남자로서 몸 만들기라는 면에서 시작한다. 즉 아버지가 되기 전의 몸에 가까워지기 위해 애쓰는 것은 과거를 재현하는 것과 관계된다는 점에서 중요하다. 미스터 인크레더블의 과거는 바로 아버지(라는 역할)가 되기 전의 상태, 즉 미스터 인크레더블로 살아갈 때이다. 아버지가 됨으로써 달라진 상황을 말하는 것보다는 미스터 인크레더블로 활동할 수 있었던 그 시절을 꿈꾸는 한 남자의 현실은 남자로서 살아가기와 가장으로 살아가기의 갈등구조에 놓여 있다.

그러한 갈등구조를 잘 보여 주는 것은 그가 존재하는 공간을 통해서이다. 회사 사무실은 작은 자동차와 마찬가지로 그에게 갑갑한 공간이다. 똑같이 나누어져 있는 비좁은 사무실 공간, 비대한 그의 몸이 움직이면 떨어져 버리는 필기구통, 가족을 부양하는 책임이 없다면 당장이라도 그만두고 그 현실의 벽을 뚫고 나올 수 있다. 따라서 미라지의 제안은 억눌러 왔던 자아가 새롭게 태어나듯 자신이 원하던 과거의 모습을 다시 찾게 되는 기회였던 셈이다. 미스터 인크레더블로 다시 활약하게 되면서 그의 얼굴은 확신과 기쁨으로 넘친다. 미스터 인크레더블로 장식되어 있는 그만의 방을 살펴보자.

벽을 빼곡하게 장식하고 있는 15년 전의 과거는 사진, 신문 스크랩, 팬레터, 잡지사진 등 현실에서 멀어져 간 시간일 뿐이다. 그렇기에 미스터 인크레더블 고유의 복장은 박물관의 전시물처럼 유리장 속에 보관되어 있다. 유리장 속에 넣어 둔 영웅 복장은 손에 잡힐 듯한 눈앞의 환상이고 과거다. 손에 닿을 듯하지만 손에 닿지 않는 미스터 인크레더블의 복장은 언제라도 발현될 수 있는 그의 무의식과도 같다. 바로 눈앞에 보임에도 투명하게 가로막고 있는 유리는 그에게 있어 현재와 과거를 나누는 구분선이다. 과거의 아이콘인 슈퍼 영웅 복장은 정지된 시간 그 자체다. 마치 사진의 한 장면처럼 지나가 버린 그 시절은 꿰매 둔 부분처럼 봉합되어 있을 따름이다.

남자로서 세상을 구하는 단 하나의 영웅처럼 늘 혼자서 모든 걸 해결해야 한다는 사고도 일종의 억압된 남성성으로 볼 수 있다. 남자이기 때문에 다른 사람의 도움을 받기보다는 자신의 힘으로 뭐든 혼자 해내야 한다는 것은 강박증에 가깝다. 강한 남성이라는 뒷면에 감추어진 약함을 보여서는 안 된다는 것은 '남성적'이라는 코드가 여전히 힘으로 재현되기를 바라는 텍스트 생산자의 의도가 스며들어 있음을 알 수 있다. 특히 나약한 남자, 토이남 등에서 트랜스젠더에 이르기까지 성적 구분이 모호해져 가는 요즘의 현실 속에서 그래도 남자가 남자이길 바란다는 것과 기대가치의 상승으로 인해 모든 사람이 슈퍼맨, 슈퍼우먼이 되기를 촉구하는 현실에서 세상의 정의를 지키기 위해 싸우는 슈퍼 영웅은 자신의 가족을 (신드롬으로부터) 지키기 위해 싸우는 미스터 인크레더블과 다를 바 없다.

하지만 세상을 남자들이 구하게만 두고 보지는 않겠다는 일래 스티걸의 말처럼 과연 남자들에게만 의지하는 것으로 세상이 구제될 수 있을까? 후기 산업사회로 들어서면서 남자들의 역할은 더 높은 기대치로 인해 엄마들에게 요구되고 기대되는 역할행동의 면모까지 넘나들게 되었다. 즉 다정한 아빠, 아이를 돌보고 같이 놀아 주는 아빠, 가사를 함께 나누는 아빠, 남편으로서도 아내에게 충실한 아빠, 밖에서는 능력을 인정받고, 벌이가 괜찮은 아빠, 그래서 가족에게 안정과 행복을 보장해 줄 수 있어야 하는 사람이 바로 '아버지'라는 이름을 가진 존재가 짊어진 짐이다. 예전처럼 아버지라는 이름만으로도 권위를 인정받기보다는 거의 만능 로봇이면서 정서적인 면까지 고취시킬 수 있어야 하는 것이다.

그러한 모든 면모를 다 보여 주고 있는 이 영화가 후경화하고 있는 부분이 있다. 영화에서 조심스럽게 접근하고 있는 모권 중심주의로의 회귀라는 이데올로기는 회사의 이득보다 고객에게 도움을 주는 자본주의 생리에는 적합하지 않은 밥의 태도와, 가족의 중심에 헬렌이 있다는 점에서 접근하는 것이다. 또 한 명의 슈퍼 영웅인 프로존(Frozon)을 예로 들자면, 그의 아내는 얼굴도 없이 목소리로만 등장한다. 영웅이 사라진 시대에 나타난 악의 무리로 인해 사람들이 위기에 처하게 될 때, 남편이 영웅 일을 다시 해야 한다는 것보다 자신과의 저녁약속이 무산될 위기에 놓인 것이 더 심각하다는 것을 몇 마디 대사로 나타내는 것은 가족 중심주의가 여전히 중대가치로 작용하고 있음을 보여 준다.

성역할의 전도

이 가족의 이야기는 세상을 구하는 슈퍼 영웅도 일단 가정을 꾸리게 되면, 아버지가 되어 가족을 책임지는 부양의 의무에서 벗어날 수 없는 실상을 보여 준다. 하지만 이 영화에서는 가족의 중심이 아버지에게서 어머니에게로 이양되고 있음을 보여 주는데, 세 아이를 양육해야 하는 상황이기에 헬렌은 가사와 육아를 전담하는 집안에 머물 수밖에 없지만 발언권은 강해진 어머니상을 그려낸다. 바깥세상에서의 전쟁이나 집안에서의 아이들 간의 전쟁은 특별히 다르지 않다. 이런 식으로 성 역할을 극명하게 구분짓는 상황을 재현하는 것은 성 역할의 특성을 고착화하는 오류를 범할 수 있으나 그로 인해 영화에서는 그 반대의 경우를 효과적으로 드러낸다. 역할의 전도가 나타내는 양상을 살펴보면, 밥 파라는 아버지의 모습은 회사 사무실의 협소한 공간에 옴짝달싹할 수도 없는 비대한 몸으로 재현되고 있다. 아버지라는 이름만으로도 무거운 그의 현실은 그의 몸 구석구석에 붙은 군살로 재현되어 있다. 슈퍼 영웅에서 평범한 한 집안의 가장, 아버지로 바뀐 밥은 현실의 아버지상이다. 영웅이 필요하지 않은 시대적 분위기는 사회적 영웅의 활동범위를 가족 내로 축소시킴으로써 그들도 한 가정을 이끄는 평범한 아버지일 뿐임을 보여 주려 한다.

비판담론분석은 대중이 접하는 다양한 매체에 사회 문화적 가치가 어떤 식으로 재현되고 있는가를 살펴봄으로써 사회상의 변화를 분석해 낸다. 텍스트를 분석함으로써 사회 문화적 가치가 변하고 있음을 찾아내는 것은 언어와 인간사회의 뗄 수 없는 관계에서 비롯된다. 더불어 단지 언어만이 아닌 비언어적 기호를 통해 변화의 양상을 찾아내는 것도 마찬가지의 의미를 갖는다.

영화텍스트에서 담론의 양상을 살펴보는 것은 성 역할의 전도를 짚어갈 수 있는 단서를 제공한다. 가정을 벗어나 위기에 처한 아버지를 구출해야 하는 것도 어머니의 몫이고, 아이들을 통솔해야 하는 것도 어머니의 몫이다. 가정의 중심에 있던 아버지는 이제 언어의 부재상태에까지 놓이게 된 셈이다. 아버지에게는 그런 말을 할 기회가 별로 없다. "That's my boy", "That's my girl"이라는 말도 밥의 표현이기보다는 주로 헬렌의 표현이다. 아버지를 구하러 가던 길에 사고를 당해 육지로 헤엄쳐 나왔을 때 헬렌은 대쉬에게 "자랑스럽다"고 말한다. 아이들에게 규칙을 정해 주고 행동방침을 지시하는 헬렌은 아버지의 역할을 대신하고 있다고 할 수 있다.[8]

또한 아버지의 빈자리를 눈물과 원망으로 채우는 여성상이 아닌, 현실을 극복하고 바로잡기 위해 분연히 일어서는 어머니상이 바로 이 영화에서 전하는 메시지인 것이다. 영화 내 의도된 설정은 사회상의 변화, 즉 의존이 아닌 가족의 화합을 통해 총체적 위기를 극복하는 것이 바람직함을 드러낸다. 여기서는 가족이 어떻게 화합하

---

8 영화 「프리티 우먼」에서도 볼 수 있었던 아버지가 아들에게 하는, 아들이 아버지에게서 듣고 싶어하는 표현인 "자랑스럽다"(I'm proud of you)라는 말은 이제 어머니의 몫이 되었다.

는가에 대해 이야기를 풀어 가고 있다. 아버지가 아버지다움을 되찾기 위해 슈퍼 영웅으로 거듭나는 것은 생각만큼 쉽지 않다. 아버지의 아버지다움은 가족을 통해, 보다 정확히는 가족의 결집력을 통해 가능하게 된다. 이는 곧 가족이라는 제도가 만든 가족이라는 실체가 제도를 넘어서는 가치를 가지고 있음을 보여 준다. 그래서 이 영화의 재미와 가치는 가족의 해체, 붕괴라는 문제점을 통해 가족의 의미를 조망하는 것이 아닌, 가족의 화합이 갖는 의미를 그려내면서 진정한 가족상을 보여 주는 데 있다.

특히 옴니드로이드를 막아 내야 하는 상황에서 미스터 인크레더블은 혼자 싸우겠다고 한다. 혼자 싸우려 하는 그는 악에 대항하는 것을 연습게임 정도로 생각하는 것이냐고 추궁하는 아내의 말에 "나는 그다지 강하지 않아", "다시는 당신을 잃고 싶지 않다(가족을 잃고 싶지 않다)"는 말로 가족을 지키기 위해 혼자 나가 싸우고자 하는 아버지의 의무감을 보여 준다.

두 아이 앞에서조차 자신이 강하지 못하다는 것을 드러내고 만 아버지의 고백은 이미 신드롬의 기지에서 붙잡혔을 때도 있었다. 신드롬이 말했듯 이제 미스터 인크레더블은 스스로에게 진실해야 하는 순간을 맞게 된 것이다. 아버지가 스스로 "강하지 않다"라고 가족 모두 앞에서 말함으로써 스스로 평범한 인간임을 인정하는 것은, 이제 아버지는 가족을 구성해 낸 원천이지만 또한 가족의 한 구성원이 될 뿐임을 뜻한다.

힘을 상실한 아버지, 남편인 밥은 자신을 보여 주기 위한 것이 아닌 가족을 다시 잃지 않기 위해 혼자 나가 싸우려고 한다. 하지만 헬렌은 허용하지 않는다. 힘 없음을 인정하는 고개 숙인 남성에게 혼자가 아닌 '우리'를 일깨워 주는 것은 어머니가 아들을 격려하는 것과 다를 바 없다. 가족을 뜻하는 'The Incredibles'라는 원제에서 처럼 혼자가 아닌 가족이 하나가 되어 악을 막아서는 힘으로 존재할 수 있다는 것이 중요한 가치이다. 아버지는 가족을 대표해 혼자서 모든 걸 지탱해야 하고, 싸워야 하는 존재로 살아왔던 현실적 가치가 그대로 재현된다. 하지만 "우리가 함께라면 뭐가 두렵겠느냐"라는 헬렌의 말은 가족의 해체가 아닌 단결을 통해 아버지의 짐을 덜어 줄 수 있음을 뜻한다.

그렇다면 이제 아버지는 꼭 강하지 않아도 되는가? 이 영화는 강해야 함을 강요받던 시대적 가치가 이제는 변해야 한다는 것을 보여 준다. 남성성을 꼭 강함으로 말하는 것은 이제 시대착오적인 것으로 여겨도 될 정도로 세상이 변했음을 생각해야 할 때가 된 것이다. 오히려 유연성으로 나타나 있는 어머니가 보다 더 강한 존재로 재현되고 있다는 것이 눈에 띈다. 이제 이상적인 아버지상은 권위의 상징물처럼 하나의 아이콘으로 남아 있는 것이 아닌, 육아와 가사에 동참하는 아버지여야 가정에서 존재를 인정받을 수 있다. 잭잭에게 아이와 같은 표정까지 지어 가며 정성껏 이유식을 떠먹이고, 헬렌의 청소를 도와주는 남편, 대쉬와 같이 놀아 주는 아빠여야 한다는 면모가 부각되어 있다.

몸을 통한 가족의 재현

「인크레더블」에 등장하는 인물의 분석은 몸의 재현을 통해 가능하다. 실상 그의 가족 모두가 몸으로 스스로를 보여 준다는 점에서 재현은 분석의 대상이 된다. 특히 미스터 인크레더블의 경우는 언어보다 시각적 이미지로 재현되는 것에 초점을 두어 이데올로기가 어떻게 재생산되는가를 살펴보는 것이 유의미하다.

아버지이기 이전에 세상을 구하는 영웅으로서의 자아는 아버지가 되면서 오히려 힘을 감추고 살아가야 하는 갈등을 낳는다. 영웅이 사라진 시대에 선을 위해 싸우는 영웅으로 나타나는 모습과 가족을 위해 분투하는 아버지로서, 다시금 영웅으로 화하는 남자에게서 뺄 수 없는 부분은 다름 아닌 가족이다. 잃어버린 과거를 회복하고 진정한 자아 정체성에 다가서는 아버지가 가족을 등지는 것이 아닌 가족의 화합을 통해 새롭게 힘을 얻는 것이다.

그러한 가족에게 있어 에드나 모드는 중요한 역할을 한다. 어머니가 태어난 아이에게 처음 옷을 입혀 주듯, 에드나는 그들에게 또다른 정체성을 부가해 주는 장본인이고, 그녀가 만든 옷이 있었기에 그들은 진정한 슈퍼 영웅으로 역할수행을 할 수 있었던 것이다. 특히 어머니에게 필요한 덕목을 나타내는 유연성, 융통성은 헬렌의 몸 자체로 드러나 있었고, 모든 것을 감싸 안을 수 있는 어머니의 마음이 최대로 확장된 몸 전체로 재현되었다. 아버지와 어머니의 전통적인 역할의 전도는 가족의 중심이었던 아버지의 역할이 어머니에게로 이양되었음을 보여 주면서 가족의 의미를 현실적으로 그려 낸다.

이 영화에서는 가족을 지키기 위해 헌신하는 아버지에게 닥친 위기의 상황에서 온 가족이 힘을 합쳐 아버지를 구해 냄으로써 자신의 가족 및 사회가 처한 어려움을 극복해 내는 가족의 힘을 보여 주는데, 특히 흥미로운 것은 부권보다 모권이 강화된 양상을 슈퍼 영웅 가족을 통해 보여 주면서 가족의 통합, 단결된 모습을 표출하고 있다는 점이다. 더불어 이 영화에서는 아버지와 어머니의 역할을 몸의 스토리텔링을 통해 재현해 내면서 이를 통해 한 명의 슈퍼 영웅이 아닌 다시 단결하게 되는 가족이 사회를 지탱하는 구심점 역할을 한다는 것을 알 수 있다.

04 부모와 자녀의
불가능하지 않은 만남

부모와 자녀 간의 갈등은 아주 오래전부터 있어 왔다. 이러한 갈등을 세대 갈등이라는 거시적 관점에서 볼 수도 있고 가족구성원 간의 갈등의 관점에서 볼 수도 있을 것이다. 이 글에서는 부모와 자녀의 관계의 문제를 권위와 자유의 갈등이라는 관점에서 바라보면서, 본래의 권위와 자유란 무엇인가를 다시 돌아보려고 한다.

정지은

홍익대학교 초빙교수. 홍익대학교 미학과 대학원에서 공부했고 프랑스 디종의 부르고뉴대학교에서 레비-스트로스의 신화와 미학 연구로 철학석사학위를, 메를로-퐁티의 표현 연구로 철학박사학위를 받았다. 현재 현상학과 정신분석학, 그리고 예술을 연결하는 연구를 진행하고 있고, 도서출판b의 기획위원으로 있으면서 중요한 번역서 출간을 위해 노력하고 있다. 『유한성 이후』, 『동물들의 세계와 인간의 세계』를 번역했고, 「가시적인 것의 깊이로서의 응시」, 「세계와의 경계면으로서의 촉각」 등 현상학과 정신분석에 관한 여러 논문을 발표했다.

자유와 권위의 조우

누군가 당신에게 자유를 제한한다면 당신은 크게 반발할 것이다. 누군가 상대방의 권위에 맞서 싸운다면 우리는 그를 응원할 것이다. 여기에는 이상한 위치매김이 있는데, 자유를 나의 편에 두고 권위는 언제나 타자 편에 둔다는 사실이다. 이렇듯 자유와 권위는 개념상으로 대립해 있는 것처럼 보일 뿐만 아니라 위치상으로도 대척점에 있는 것처럼 보인다. 자유와 권위가 만날 때, 그 만남은 억압, 갈등, 위반과 투쟁 등의 특징을 가진다. 또한 그러한 만남이 이루어지는 공간은 수직축이 지배하는 공간이다. 벤담이 고안한 파놉티콘을 보자. 중앙의 높은 감시탑과 감시탑 아래, 감시탑을 둘러싼 독방들은 직접적으로 만날 수 없거나 만남이 있더라고 내려다보는 자와 시선에 노출된 자로 이루어지는 수직적 구조를 가진다.

　푸코가 벤담의 파놉티콘을 근대의 규율 체제를 대표하는 상징물로 해석한 이후, 근대의 체제는 권위가 지배하는 감시체제로서 우리에게 각인되었다. 다시 말해 푸코에 따르면 권위는 권력을 가진 자가 자신의 정당성을 확보하기 위한 수단이며, 권력자는 권위의 도움을 받아 권력을 갖지 못한 사람들을 통제하고 감시한다. 근대부터 감시체제는 특별히 신체에 권력의 힘을 가했고, 자유와 부자유, 자율과 통제된 행위 사이의 구분을 만들었다. 자유는 인간이 존재한 이래 늘 있어 왔으며, 고대 그리스 시대에 자유는 비록 주인들인 귀족 계급만이 누릴 수 있는 것이긴 했지만 위대함과 강렬함의 표지를 가지고 있었다. 그런데 근대부터 자유는 개념이 변한다. 근대의 규율체제 이후 자유는 인간이 부자유스러운 자신의 조건에서 획득해야만 하는 어떤 것으로 바뀌었다.[1]

따라서 더 이상 노예가 없는 근대 이후의 사회에서 자유는 차이에 기초한 사회적 관계에서 발견될 수 있다. 그리고 이제 차이는 누가 더 많은 자유를 확보하는지에 대한 차이, '더'와 '덜'의 차이가 되며, 그러한 자유는 특히 행위의 자유를 가리키게 된다. 그렇지만 행위에서의 부자유가 단번에 구속을 의미하지는 않는다. 가령 파놉티콘의 경우에, 감시와 규율의 체제를 설계하는 권위자는 전적인 자유를 보장받는데, 그래야지만 아무런 제약 없이 가장 완벽한 설계를 할 수 있기 때문이다. 반면에 감시를 받는 자는 행동의 제약을 받는

---

1 고대 그리스의 노예들 역시 자유를 박탈당했고 평등의 논리에 따라 자유를 획득해야 하는 것이 아니냐고 물을 수 있다. 하지만 이러한 생각은 근대의 기준에서 바라본 그리스이다. 고대 그리스에서 자유는 주인들만이 갖춰야 하는 덕목이었다.

다. 덜한 자유를 가지게 되는 것이다. 그러나 행위의 제약은 자신의 안전과 발전을 위한 것이기도 하다. 이게 무슨 말인가? 행위의 자유를 제약받는 것이 안전과 발전을 약속받는 것이라니?

지그문트 바우만은 파놉티콘에 대해 푸코와는 다소 다른 해석을 내놓는데, 그에 따르면 벤담의 파놉티콘은 "사회질서의 공장"이다. 즉 파놉티콘은 "날카롭게 대립된, 그러나 서로 조건이 되며 서로를 확인해 주는 두 가지 사회적 양상들 — 하나는 이상적 지평으로서 완전한 자유를 지니며, 다른 하나는 전적인 의존을 향해 달려가는 — 이 불가피하게 침전되어야 함을 충분히 의식하고" 만들어진 고안물이다.[2] 바우만에 따르면 벤담은 인간의 자연적 성향은 계획과 목적이 없다면 효용적이지 못하며, 그렇기 때문에 인공적인 계획이 필요하다고 생각했다. 그렇게 해서 만들어진 고안물이 파놉티콘이고 이것은 완전한 자유를 가진 권력과 전적으로 의존적인 성향이 결합함으로써 기능하는 것이다. 파놉티콘은 사실상 법이나 규율보다도 강력한데, 왜냐하면 일단 그러한 계획이 사람들에 의해 수용되기만 하면 규율은 불필요해지기 때문이다. 하지만 인간의 자연적성향을 고려할 때 그러한 계획이 없다면 아무리 규율이 많다고 할지라도 사회는 언제나 규율이 부족하다고 느끼게 될 것이다. 파놉티콘은 흔히 절대적인 규율의 체계처럼 오해를 받는데, 사실상 벤담의

---

2 지그문트 바우만, 『자유』, 문성원 옮김, 이후, 2002, 41쪽.

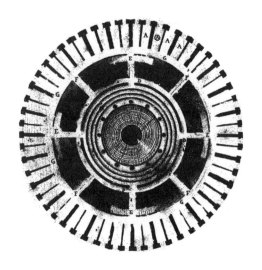

벤담의 파놉티콘
파놉티콘에는 권위자가 없지만 권위가 있다. 파놉티콘을 표현하려면 차라리 권위보다
는 구조, 개인이 빠져나오기 힘든 구조가 더 적합할지도 모른다.

계획은 규율조차도 불필요해지는 무시무시한 계획이다. 가령 우리
는 그것을 영화「매트릭스」의 세계와 비교할 수 있다.

벤담의 시대에 이미 형성되기 시작한 근대성은 개인성으로 특
징지어진다. 이러한 개인성은 또한 몇몇 특정인에게만 속해 있었던
권위의 보편적인 분배를 의미하기도 한다. 바우만은 개인성의 도래
에 의한 권위 개념의 변화를 이렇게 설명한다. "보편주의적이고 세
계 내적인 개인성 개념"은 미스터리하게도 "오직 세계의 한 지역에
서, 또 상대적으로 짧은 역사의 한 시기에" 일어났는데, 그것의 특징

은 "부분적이고 서로 관계없으며 때로는 모순적인 권위들로 대체된 것"이다. 이 "새로운 권위들은 저마다 모두 다른 권위들이 존재하지 않는 것처럼 행동했고, 저마다 모두 불가능한 것, 즉 자기네들에 대한 충성만을 요구했다. 이제 사회적 필요는 많은 목소리로 말하기 시작했고, 이 소리들은 합창보다는 불협화음에 가까운 소리"(바우만, 『자유』, 75쪽)를 냈다.

그랬을 때 파놉티콘의 구상에서 권위가 있다면, 그 권위를 이렇게 해석해 볼 수도 있을 것이다. 근대의 시기가 도래하면서 이전의 권위, 즉 전제 군주와 사제들의 권위는 더 이상 통합적이지도 않았고 확고한 자리를 유지하기 힘들어졌을 것이며, 각자 자신의 권위를 주장하는 개인들의 끊임없는 도전의 대상이 되었을 것이다. 벤담은 이러한 무질서, 개인성이 낳은 파괴적 결과들을 바로잡기 위해 인공적이지만 절대적인 권위에 의존하는 모델을 창안했을 것이다. 이를테면 파놉티콘에는 권위자가 없지만 권위가 있다. 파놉티콘을 표현하려면 차라리 권위보다는 구조, 개인이 빠져나오기 힘든 구조가 더 적합할지도 모른다.

실질적인 권위자의 권위가 무너졌을 때 근대적 개인성의 주체가 항의하고 부정하는 권위는 무엇일까? 개인 각자가 획득한 권위와는 구별해야 하는, 그러한 권위는 무엇일까? 대답은 이미 질문에 함축되어 있다. 도전의 대상이 된 권위는 개인이 소유한 권위, 권위자의 권위가 아니라 외적 권위, 외부에서 부과된 권위이다. 지금까지도 우리는 권위라는 표현을 곧바로 권위주의라는 의미로 받아들이는 경향이 있다. 하지만 권위와 권위주의는 구별되어야 한다. 권위는 권위를 지닌 주체 —— 그것은 타자일 수도 있지만 '나'일 수도 있다 —— 를 강조하며 권위주의는 권위의 주체를 강조하기보다는 권위가 갖는 억압적·강제적 힘을 강조한다.

이성민은 가라타니를 경유해서 "권위와 자유의 이율배반"에 주목한다. 사람들은 중심이 되는 권위를 부정한다. 하지만 중심의 부재는 곧 혼돈과 혼란을 초래할 것이고 결국 더 강력한 권위가 부활하게 될 것이다. 그런데 이성민은 이러한 이율배반의 악순환에 놓인 권위 말고, 국가의 —— 중심이 되는 —— 권위를 부정하는 아나키스트 바쿠닌에게서 의외의 권위를 발견한다. 바쿠닌은 모든 권위를 부정하지는 않았다. 그는 가령 장화 만드는 사람의 권위, 건축가나 엔지니어의 권위를 이야기한다. "바쿠닌이 말하는 권위는 자유와 상반되는 권위가 아니다. 오히려 이와 같은 권위가 발휘되는 상태가 바로 자유라고 그는 말하고 있다. …… 바쿠닌의 사유에서 가장 두드러진 특징은 권위의 문제를 던져 버렸다는 데 있는 것이 아니라 권위의 문제를 주체 편으로 가져왔다는 데 있다."[3] 물론 이성민은 바

---

3 이성민, 『사랑과 연합』, 도서출판b, 2010, 220쪽. 아나키스트로 알려진 바쿠닌은 『신과 국가』에서 전문적인 지식에서 나오는 권위, 다른 사람에게 강요하지 않는 권위를 인정한다. 그리고 그때 권위와 결합될 수 있는 자유는 자연법칙을 따르는 자유인데, 이 자연법칙이란 외부의 의지에 의해 외적으로 부과되는 것이 아니라, 인간 스스로가 그 자체로 인지하는 자연법칙이다. 인간이 이러한 내재적인 자연법칙을 따를 때 사회는 더 이상 강제적이지 않으며, 개인의 자유와 공동체의 자유가 통일을 이룰 수 있다고 보았다.

쿠닌이 긍정한 권위가 결국 자연법칙에 의한 것으로 귀결되는 데 대해서는 판단을 유보한다. 하지만 어쨌든 그는 바쿠닌이 주목한 권위가 자유와의 이율배반의 상태에서 발견되지 않는다는 점, 권위와 자유가 이분법적이지만은 않다는 점을 인정하고, 바쿠닌이 주목한 권위의 상태에서 자유를 발견한다.

자유를 나의 편에 놓고 권위를 타자 편에 놓는 것은 우리에게 너무나 익숙하고 잘 알려진 태도이다. 그랬을 때 우선 권위는 해체해야 하는 것으로 고려된다. 왜냐하면 권위는 타자 편에서 나의 자유를 억압하는 것이기 때문이다. 하지만 곧바로 그렇게 해체된 권위가 다시금 요청된다. 왜냐하면 권위가 부재하는 개개인의 자유는 혼란을 초래할 것이기 때문이다. 그리고 이때 요청되는 권위는 여전히 타자 편에 있는 권위이다. 이러한 악순환 속에서 우리는 근대가 확립해 놓은 개인의 권위, 말하자면 주권을 상기할 필요가 있다. 개인의 주권을 외적인 권위에 반대하는 자유의 행사권처럼 정의하기는 쉽지만, 권위에 대한 이러한 정의는 정작 '나'의 권위를 설명할 수 없다. 그런 점에서 이성민이 바쿠닌에서 발견한 "권위가 발휘되는 상태가 바로 자유"인 그런 자유는 부정적인 방식으로 정의한 자유, 권위 —— 더 정확하게는 권위주의 —— 에 반대하는 자유와 전혀 다른 것이다. 게다가 우리들은 이미 각자 자신의 권위를 갖는 민주주의 사회에서 살고 있지 않은가? 권위와 자유에 관한 다른 발상이 가능한데, 예컨대 이런 것이다. 즉 자유를 사회적 관계 속에 위치시키고, 권위를 나의 편에 놓는 것이다. 내가 획득하고 소유해야 하는 것은 자유가 아니라 권위이다. 반대로 자유는 사회적 관계 속에서 행동하는 가운데 표현된다. 요컨대 나와 동등한 타인들과의 관계 속에서 나는 나의 고유한 권위를 가지고 자유롭게 행동한다.

서울시에서는 2012년 1월 26일, 학생인권조례가 공표되었다. 학생인권조례는 학생들의 소지품 검사를 금지하고 두발의 자유와 복장의 제한적 자유를 허용하며, 자기 적성에 맞는 학습권을 인정하고, 집회권과 성적 소수자를 보호할 권리 등과 같은 내용을 담고 있는데, 몇몇 항목들 때문에 이것은 공표되자마자 많은 반발과 논쟁을 일으켰다. 학생인권조례가 시행된 지 채 1년도 되기 전에 새로 선출된 문용린 서울시 교육감은 가뜩이나 실추된 교권을 위해서 학생인권조례를 수정하거나 폐기할 것을 검토하겠다고 했다. 학생인권에 대한 공식적인 조례의 필요성과 실추된 교권 모두를 생각해 볼 때 이런 반응들은 참으로 안타까운 일이다. 그리고 그러한 반응들에는 학생의 입장과 교사의 입장을 대립시키는 관점이 함축되어 있다. 더 안타까운 일은 학생인권조례의 내용이 사실상 요즘 더 큰 문제가 되고 있는 학내 따돌림 현상이나 폭력 문제에 대한 해결책을, 더 나아가 올바른 교육의 방법론을 제시할 수 없다는 것이다.

자유를 주장하고 권위를 거부하는 태도는 특히 성장하는 집단들 속에서 두드러진다. 문제는 성장하는 집단들 내부에서의 자유는 이미 획득된 것처럼 오로지 수직적 관계에 의존하는 권위로부터의 자유, 해방의 의미에 더 가까운 자유를 주장한다는 것이다. 그런데 동등한 자들 사이의 자유, 수평적 관계 속에서의 자유는 충분히 행사되고 있는가? 이러한 질문을 염두에 두면서 잊혀진 자유의 개념을 다시 한번 생각해 보자.

사회적 관계 속에서의 자유

바우만은 자신의 짧은 책, 『자유』에서 관념적이고 유토피아적 이념에 의한 자유를 비판한다.

> 자유라는 제목이나 부제를 달고 있는 책들은 대부분 이상과 비슷한 자유의 의미에 초점을 맞추고 있다. 그 책들은 대개 이 주제에 대해 쓴 영향력 있는 지적 저작들을 재구성하고 재해석하며, 비판적으로 접근하려고 시도한다. 그 책들은 자유가 관념이나 가치, 우리 문명의 유토피아적 지평으로서 여러 세대를 통해 계속 다시 다루어지는 동안 생명력을 유지하게 해준 지속적인 존재론적 담론의 부분이다. 말하자면 이 책들은 그 자신의 역사로만 존재하는 철학에 속한다. …… 결국 그 사람들은 자유의 역사를 자기 동료 지식인들의 역사로 쓰는 것이다. (『자유』, 58, 59쪽)

자유의 절대적인 가치를 아무리 강조해도 자유가 현실적인 사회적 관계 속에서 어떻게 실현되는지를 보여 주지 못한다면 그러한 자유는 자기만족적인 관념 속에만 존재하는 자유일 것이다. 자유에 관한 한 고전이라고 할 수 있는 『자유론』에서 존 스튜어트 밀은 자유를 사회적 관계의 관점에서 서술한다. 비록 시대는 다를지라도 바우만 역시 자유는 사회적 기원을 가지며, 사회적 관계에서 다뤄져야 한다고 말한다. 자유는 실존적 혹은 존재론적 문제가 아니라 사회적 문제인 것이다. 또한 자유는 행위의 관점에서 고려되어야 한다. 자유는 노예의 신분에서 자유인의 신분으로 옮겨 가기 위해 획득해야 하는 것이 아니라 자신의 인격을 충분히 실현하기 위한 행위에 놓여야 하는 것이다.

밀은 인간의 고유한 자유의 영역을 행위에서 찾으며, 그러한 행위를 대략 셋으로 구분한다. 첫째는 언론이나 출판, 요컨대 사상의 자유이며, 둘째는 각자 자신의 삶의 계획을 설계할 자유, 셋째는 동일한 한계를 가진 개인들 사이의 결사의 자유이다.[4] 다만 밀은 세 번째 자유에 대해 그러한 행위의 주체는 성년이어야 한다는 단서를 붙인다. 왜냐하면 유년기나 미성년기 전체는 아직 자신의 합리적 행동을 시험하는 단계이기 때문이다.

밀이 자유로운 행위의 장애물이 될 수 있는 것으로 정부와 종교계를 들지만, 더 강하게 비판했던 것은 여론과 관습이었다. 각자의 주권이 보장받게 됨에 따라 생겨난 경향이 있는데, 허약한 심리를 가진 많은 사람들이 자신의 의견을 말하고 자신의 실존적 계획

4 존 스튜어트 밀, 『자유론』, 정지돈 옮김, 펭귄클래식코리아, 2009, 85~86쪽.

을 주장하기보다는 모방에 자신을 내맡기고 사회를 동화시킨다는 것이다. 그리하여 세상 사람들은 여론을 형성하고 거기에 이끌리는 수동적인 삶을 살아간다. 그들은 "원숭이 같은 모방 능력 이외의 다른 어떤 능력도 필요하지 않다". 반면에 자신의 삶의 계획을 선택하는 사람은 자신의 모든 능력을 사용한다. "그는 관찰력을 이용해 보아야 하고, 추론과 판단력을 이용해 예견해야 하고, 활동력을 이용해 결정을 위한 자료를 모아야 하고, 판별력을 이용해 결정해야 하고, 결정했을 때에는 확고함과 자기 제어를 이용해 심사숙고 끝에 내려진 자신의 결정을 고수해야 한다."(『자유론』, 154쪽)

우리가 자유를 이야기하면서 경계해야 하는 것은 개인에게 보장된 자유가 사회를 전혀 고려하지 않는 이기주의로 빠진다는 섣부른 판단이다. 밀은 자유와 인격을 결합시키며, 인격(personality)이 완성되고 실현되기 위해서는 자유가 보장되어야 하며, 인격의 완성은 모든 지성적 능력과 감정적 능력을 사용하는 데서 나타난다고 말한다. 만약 이기주의 혹은 강권주의적인 행동을 하는 누군가가 있다면, 그는 자유를 인격과 결합시키지 못한 상태인 것이다. 밀은 각자가 세속적인 권위를 가지게 되었을 때, 그리고 신으로 대표되는 절대적 권위가 더 이상 존재하지 않을 때 생겨날 수 있는 집단화의 경향성을 충분히 고려하면서 자신의 자유론을 펼친다. 절대적 권위가 더 이상 존재하지 않는다는 것은 절대적 자유 또한 있을 수 없다는 것을 의미하며, 이제 개인은 자신과 동등한 권위를 가진 다른 개인이 바로 옆에 존재한다는 사실만으로 한정된 자유를 가진다.

그런 관점에서 우리는 여론과 관습에 대해 생각해 볼 수 있다. 여론은 그 근원지를 알 수 없다는 점에서 어쩌면 정부나 종교계보다도 강력한 방식으로 개인의 자유를 억압한다. 하지만 우리는 여론을 형성하는 대중의 물결 속에서 한 발만 옆으로 이동하면 자유를 주장하는 구체적인 개인을 발견할 수 있으며, 그가 바로 내 옆에 있는, 나와 동등한 사람이라는 것을 알게 된다. 그랬을 때, 즉 나와 동등한 누군가를 내 옆에 두고 자유를 주장할 때, 곧바로 내 옆의 그 사람도 자유를 주장할 수 있다는 것이 성립된다. 나나 내 옆의 사람은 절대적 자유를 가질 수 없기 때문이다. 평등한 사람들 사이에서 자유를 어떻게 행사하는가, 이 문제는 자유를 어떻게 획득하는가와는 전혀 다른 문제이다. 그것은 나의 자유의 행위가 어떻게 하면 효과를 가질 수 있는가와, 동시에 내가 어떻게 하면 내 옆의 누군가의 자유를, 그 행위의 효과를 말살하거나 무시하지 않으면서 인정할 수 있느냐로 통할 수 있다.

그렇다면 이러한 자유를 자녀들에게 혹은 아직 성년이 되지 못한 청소년들에게 어떻게 교육시켜야 할 것인가? 아직 자신의 삶의 계획을 세울 정도의 능력을 갖지 못한, 성장 중인 그들에게 우선 자신들의 합리적 행동과 감정적 능력을 시험할 수 있는 환경이 마련되어야 한다. 그리고 기성세대는 비록 그 자신들이 선함이나 현명함에 있어서 부족하다고 할지라도 성장하는 세대를 자신들만큼 훌륭하게, 혹은 자신들보다 훌륭하게 훈련시킬 능력을 가지고 있다.

언젠가 TV에서 중학생 자녀를 둔 여러 어머니를 인터뷰한 적이 있었다. 우선 어머니들에게 장면을 하나 보여 주는데, 한 학생이 위험을 감수하고 누군가를 도와주는 장면이었다. 장면을 보여 준 뒤 어머니들의 판단은 한결같았는데, 그런 상황에서 할 수 있는 당연한 행동이라는 것이었다. 다음에 질문자는 당사자의 자녀가 그런 행동을 하려고 할 때 어떻게 하겠느냐고 물었다. 반 이상의 어머니들이 자신의 자녀가 그렇게 행동하려고 한다면 막을 것이라고 대답했다. 여기서 이율배반적인 어머니들의 태도를 비판하려는 것이 아니다. 다만 성인들은 비록 그 자신이 선함과 현명함은 부족하다고 할지라도 객관적으로 판단할 능력을 가지고 있음을 말하려는 것이다. 어머니들의 첫 번째 대답은 합리적 판단에 의한 것이었다. 그런데 인터뷰한 대다수의 어머니들이 두 번째 질문에 다르게 대답했던 것처럼, 어머니가 자신의 합리적 능력에 의한 판단이 아닌 것으로 자녀들의 행동을 금지시킬 경우 그 어머니는 자녀들을 납득하고 설득하는 데 실패할 것이며 오로지 강제에 의해서만 그렇게 할 수 있을 것이다.

어머니들은 어째서 그러한 이율배반적인 태도를 보였을까? 앞의 방송에서 자녀들의 행동을 막겠다던 어머니들은 공통적으로 "자식을 둔 어머니라면 누구라도 그렇게 하지 않았겠느냐"고 반문했다. 다시 말해 어머니들은 단지 자신의 자녀를 생각하는 이기심에서만 그렇게 대답한 것이 아니라 "누구라도"라는 통념에 따라 대답한 것이다. 밀은 "사회가 상당수의 구성원들을 단순한 아이로 성장하게 한다면, 먼 동기(動機)에 대해 합리적으로 고려하여 그에 따라 행동할 수 없는 아이로 성장하게 한다면, 사회는 그 결과에 대해 스스로를 비난해야 한다"(『자유론』, 190쪽)고 말한다. 사회가 개인의 합리적 판단이 아닌 통념이나 여론의 지배를 받을수록 교육은 실패할 것이며 아이들은 성장의 기회를 박탈당할 것이다. 비난받아야 할 것은 그러한 통념을 믿어 버리는 수동적 주체가 아니라 통념이나 여론을 손쉽게 만들어 버리는 사회이다.

그런데 자유의 교육과 훈련은 또 다른 측면에서도, 즉 아이들 사이에서, 또래들 사이에서도 이루어질 수 있으며, 어쩌면 이것은 부모나 교사에 의한 수직적 방식의 교육보다 중요하다. 프랑스의 언어학자인 에밀 벵베니스트는 '자유'(liberty)라는 단어의 기원을 여러 어군(語群)에서 검토한다. 그가 발견한 것은 자유의 라틴어 어근 (=liberi)이 "성장하다, 발달하다"의 의미로 사용된다는 것, 자유의 복수형이 라틴어에서는 복수형의 "어린아이들"을 의미한다는 것이다. 그리하여 그는 "자유의 개념이 성장이 사회화된 개념, 즉 사회적 범주의 성장, 공동체의 발달이라는 개념에서 출발해서 형성된 것"[5] 임을 밝혀낸다. 다시 말해 자유는 같은 뿌리에 기반을 둔 아이들이 완성된 인간으로 성장하는 과정과 중첩되어 생겨난 개념이다. 또한 자유의 그리스 어원은 "사랑하는, 친애하는"을 의미하는 단어로 발전하기도 했는데, 이 단어는 자신에게 고유한 감정을 뜻하기도 하지만 바로 그러한 감정을 통해 맺어지는 관계를 뜻하기도 한다. 벵베

---

5 에밀 벵베니스트, 『인도·유럽사회의 제도·문화 어휘연구』, 김현권 옮김, 아르케, 1999.

니스트가 어원학적으로 발견한 것에 따르면 옛 사람들은 자유를 함께 성장하는 또래들의 집단 속에서 발전할 수 있는 감각으로 여겼던 것 같다. 그러고 보면 요즘처럼 외동으로 성장한 아이들이 많은 경우 놓치게 되는 게 바로 벵베니스트가 어원학적으로 밝힌 또래들 간의 사회화 과정을 통한 자유의 교육과 훈련이다.

기성세대들은 유년기의 감각을 여전히 간직하고 있을 것이며, 그러한 감각의 기억은 동시에 자유의 기억으로 회상될 것이다. 해질 녘까지 집 앞 공터에서 친구들과 뛰어 놀던 기억 말이다. 단지 공부의 근심 없이 뛰어놀았다는 데만 자유를 느꼈을까? 아니다. 또래들 사이에서 좋아하고 미워하고 질투하고 선망하는 여러 감정들의 교류에서도 역시 자유를 느꼈을 것이다. 생각해 보면 또래들의 경험은 자연스러운 감정을 내보이고, 그러한 감정에 대해 별다른 수치심을 느끼지 않게 해주었다.

요약해 보자. 자유는 결코 추상적인 관념이 아니다. 자유는 사회적 관계에서 실현되는 것이며, 행위를 통해서 드러난다. 자유는 한 개인이 인격을 완성하기 위한 수단이며, 인격의 완성은 모든 지성적 능력과 감정적 능력을 사용하는 데 있다. 자유는 지배자로부터 피지배자가 쟁취하는 해방도 아니고, 의무적이고 주입된 교육을 통해서 형성되는 것도 아니다. 외적인 강제나 권위주의의 침투 없이 평등한 관계 속에서 키워지는 능력, 그것이 자유일 것이다. 즉 자유는 "유년기와 미성년기 전체에 걸쳐 그들이 삶에서 합리적 행동을 하도록 만들어질 수 있는지 시험하는 것이다".(『자유론』, 190쪽)

인격과 권위

성장하는 자녀들 혹은 청소년들이 그들 사이에서 누려야 하는 자유에 관해 이야기했으니 이제 성인들이 가져야 할 권위를 이야기해 보자. 우리는 앞에서 외부적인 권위가 아니라 주체가 소유하는 권위에 대해 이야기했다. 바쿠닌이 인정한 장화를 만드는 사람의 권위, 건축가나 엔지니어의 권위를 예로 들면서 말이다. 권위적인 아버지, 혹은 권위적인 어머니를 말할 때, '권위'가 아니라 '권위적'이라는 단어를 사용한다는 데 주목해야 한다. '권위'와 '권위적'의 차이는 앞에서 말한 권위와 권위주의의 차이와 마찬가지이다. "그 사람은 물리학에서 권위자다"라고 말할 때 우리는 부정적인 의미에서 권위라는 단어를 사용하는 것이 전혀 아니다. 권위자는 어떤 특정 분야에서 탁월한 사람, 바로 그 탁월성 때문에 모두가 그의 능력을 인정하는 사람이다. 그렇다면 권위는 무엇인가? 앞에서 언급했던 뱅베니스트는 '권위'(authority)의 어원을 "어떤 것을 드러나게 만드는 창조적 행위"로 설명한다. 물론 아주 옛 시대에 사람들이 저 단어를 사용할 때, 그것은 존재하게 하는 힘으로서 신의 특권이나 위대한 자연의 힘을 가리켰다. 하지만 지금에 와서 창조하는 힘은 신만이 아니라 인간도 가지고 있다. 장화를 만드는 권위자는 가장 훌륭한 장화를 만들어 낼 것이며, 권위를 가진 건축가는 훌륭한 건물을 만들어 낼 것이다. 게다가 권위와 유사한 형태를 가진 작가(author)

에드가 드가, 「스파르타 소년들에 도전하는 스파르타 소녀들」(1862)
잘 알려지지 않은 드가의 이 그림은 아직 성적 구별이 완전히 이루어지지 않은 고대 그
리스의 소년, 소녀들의 무리를 묘사하고 있다.

라는 단어가 의미하는 것은 작품을 창조하는 자가 아닌가?[6]

타자 편에서만 발견하는, 이를테면 교사·부모·정치가에게서
발견하는 권위는 권위라기보다는 권위주의의 권위다. 이때의 타자
는 대부분 권력상 위에 있으면서 군림하고 강요하는 타자일 경우

---

6 벵베니스트에 따르면 권위의 라틴어 어원, 'auctoritas'와 작가의 어원, 'auctor'는 모두 공통
의 어원 'augeo'(증가시키다, 성장시키다)를 갖는다. 『인도·유럽사회의 제도·문화 어휘연구 II』,
179~180쪽.

가 많다. 그런데 권위가 무언가를 드러나게 만드는 창조적 행위자라고 가정했을 때, 교사·부모·정치가가 창조하는 것이 전혀 없을까? 가령 교사는 학생들 개개인이 지닌 잠재적 능력을 드러나게 만들고 부모는 아이들의 인격이 실현되게 만들고 정치가는 완성된 형태의 국가가 나타나게 만들지 않는가?

프랑스에서는, 지금에 와서는 그게 과연 성공이었는지 의심스러운, 그 유명한 68년 5월혁명이 있었다. 그리고 68혁명에서의 모토 가운데 하나가 "나는 금지를 금지한다"였다. 혁명의 주체들이 대부분 젊은 청년이었던 — 이후 노동자 계급의 상당수가 이들과 합류했다 — 이들이 금지했던 것은 '권위적인' 기성세대가 강제하는 모든 종류의 권위였다. 하지만 그들의 모토가 단적으로 보여 주듯이 프랑스의 젊은 청년들이 요구했던 것은 한 인격체로서의 자신들의 자유에 대한 존중이 아니라 모든 금지를 철회하라는 것이었으며, 이들이 꿈꿨던 것은 모든 금지가 부재하는 유토피아적 미래였다.

프랑스의 68혁명은 많은 것을 바꿔 놓았으며, 특히 문화적인 측면에서 보았을 때 긍정적인 결과와 부정적인 결과가 동시에 공존한다. 우선 긍정적인 결과는 종교적 관습으로부터의 완전한 분리가 이루어진 것이다. 그리고 부정적인 결과, 이것은 당시에는 가시적이지 않았지만 이후 20~30년 후 혁명의 주체들이 기성세대가 된 이후 나타나기 시작했다. 즉 모든 관습과 질서를 거부한 68세대로부터 교육을 받은 자녀들이 나침반을 잃어버린 세대처럼 방황했고 부모가 했던 것처럼 모든 관습과 질서를 거부하는 대신 거꾸로 질서

프랑스 68혁명

68혁명에서의 모토 가운데 하나가 "나는 금지를 금지한다"였다. 혁명의 주체들이 대부분 젊은 청년이었던 이들이 금지했던 것은 '권위적인' 기성세대가 강제하는 모든 종류의 권위였다.

를 요청하는 것처럼 보인다는 사실이다.

여기서 긍정적이든 부정적이든 프랑스의 68혁명의 사후효과를 계속 이야기하는 것은 별 의미가 없을 것이다. 왜냐하면 프랑스와 한국의 상황은 당연히 다를 것이며, 프랑스에서 젊은 청년들이 거부했던 관습과 권위의 내용이 한국의 청년들이 거부하는 관습과 권위와 다를 것이기 때문이다. 다만 권위주의와 함께 권위를 버린다는 것은 목욕물과 함께 아이를 버리는 것처럼 어리석은 짓이라는 점에서 프랑스에서 일어났던 사건은 우리에게 남겨 주는 교훈이 있다.

앞에서 권위는 어떤 것을 드러나게 만드는 창조적 행위라고 말했다. 그러한 권위는 외부에서 부여되는 것이 아니라 많은 수련과 노력을 통해 자기 자신으로부터 만들어지는 것이며, 추후 외부로부터 인정받게 되는 것이다. 자신이 가진 권위를 행사한다는 것은 무언가를 만들어 낸다는 것이며, 드러나지 않은 무언가를 드러나게 한다는 것이다. 이것은 분명히 강권적인 권위적 태도와 다르다.

다시 부모와 자녀의 관계로 돌아와 보자. 권위와 자유의 대립은 부모와 자녀의 관계에 대한 일종의 클리셰이다. 게다가 가족에 대한 연구가 점차 사회 전반에 대한 거시적인 관점에서 개별적인 가족 관계에 대한 관점으로 이동하면서 권위와 자유의 대립이라는 거대 담론이 정작 구체적인 가족 문제를 해결하는 데 크게 도움이 되지 못한다는 사실이 증명되었다. 이제는 부모와 자녀 사이의 관계의 형태와 질이 강조되고, 부모와 자녀 양자 모두에 대한 감수성과 이해가 요구되고 있다.

요즘 교육에 대한 관심이 높아지는 —— 그만큼 교육에 많은 문제들을 가지고 있는 —— 한국에서는 아이들 교육에 관한 여러 TV프로그램이 소개되고 있다. 전문가의 상담을 통한 교육을 적용함으로써 문제가 있는 아이들을 바로잡는 식으로 구성되는 대다수의 방송에서 항상 나오는 결론은 아이들의 문제는 심층적으로 들여다보면 부모의 문제라는 것이다. 부모의 —— 특히 아이와 함께 있는 시간이 많은 어머니의 —— 유년시절의 기억을 더듬어 보면 해소되지 않은 문제를 아이와의 관계에서 반복하는 경우가 많다는 것이다. 가령 부모의 기대에 부응하지 못한 상태에서 부모의 질책을 받았을 때의 경험, 부모의 무관심을 겪었던 경험 등은 부모의 사랑에 대해 늘 불안해하는 아이를 만들고, 그러한 불안감과 무력감을 성인이 돼서도 극복하지 못하게 한다는 것이다. 그것을 심리학자들은 성인 '내부의 아이'라고 부른다. 내부의 아이를 가지고 있다는 것은 외양상 성인임에도 불구하고 어떤 무력감을 내부에 장착하고 있음을 의미한다. 그러한 성인은 이번에는 자신의 자녀에 대해 동일한 불안감과 무력감을 경험하게 하고, 그럼으로써 아이의 인격이 완성되는 것을, 아이의 자아가 자율적으로 발전하는 것을 본인도 모르는 사이에 막게 된다. 기든스는 관찰의 결과, 의존적 성향의 아이는 상대적으로 의존적 부모를 가지고 있으며, 이러한 '공(共)의존적 관계'는 부모에게는 해소되지 못한 어린 시절의 기억을 반복하게 하고 아이에게는 부모로부터 감정적 독립을 하지 못하게 한다고 말한다. 하나의 인격이 완성되기 위해서 감정적 독립은 매우 중요하며, 감정적으로 의존적인 상황은 심할 경우에 중독성의 관계를 낳을 수 있다. 그는 부모와 자녀의 관계에서 자녀의 독립은 연인 관계에서의 실연의 경험과 크게 다르지 않다고 말한다. 그런데 만약 부모와 자녀 사이에서 감정적 평등성이 유지된다면 ── 연인 사이의 경우에도 마찬가지이다 ── 자녀가 자율적 자아로 발전할 수 있으며, 자녀의 독립은 부모에게서나 자녀에게서 훨씬 건강하고 바람직한 방식으로 이루어질 수 있다.

우리는 바로 앞에서 만약 부모에게 권위가 있다면 그것은 아이의 인격이 실현되게 만드는 행위에 있을 것이라고 말했다. 핵가족 사회로 접어든 뒤 부모와 아이의 관계가 더욱 밀착되고 서로에 대한 의무감이 더욱 강해지고 있다. 그런데 그러면 그럴수록 아이는 가족 속에서 하나의 인격으로 성장하는 것이 더욱 어려워진다. 그렇다면 저 어려운 부모-자녀 관계를 어떻게 풀어야 할 것인가? 자녀의 인격의 실현이나 자율적 자아의 완성을 위해 부모의 권위는 어떤 식으로 행사되어야 할 것인가?

기든스는 우선 부모 쪽에서 '내부의 아이'와의 단절이 있어야 한다고 말한다. 그것은 과거의 기억에 단순히 '반응'하기보다 능동적으로 '응답'하는 것으로 시작된다.

그 사람은 무엇보다도 먼저 자기 부모로부터 감정적으로 독립할 수 있는 수단을 찾아보도록 권고받는다. 그(녀)는 부모의 행동에 단순히 자동적으로 '반응'(react)하기보다는 '응답'(respond)하는 것을 배워야만 한다. 심지어 그것이 돌아가신 부모에 대한 추억과의 상호작용일지라도. …… 그 다음 목표는, 부모-자식 사이의 상호작용이 기초해 있는 용어들을 재평가하는 것으로, 그럼으로써 모든 당사자들이 상대를 가능한 한 평등한 사람으로 다룰 수 있게 된다. 이렇게 되면 '못해요'와 '안 해요'는 단지 장벽을 세우는 장치가 아니고 개인이 선택할 수 있다는 관점에서 협상된 입장이 된다. 왜냐하면 선택의 결여는 곤경에 뒤얽

히는 것과 직접 연관되어 있기 때문이다.[7]

온전히 자신의 선택에 의한 응답은 감정적인 독립을 가능하게 해주며, 그로부터 아이는 부모와 밀착된 관계를 떠나 "자아의 서사를 재형성하기 시작하고 책임을 합리적으로 수용하게 할 뿐 아니라 자기 권리를 주장"할 수 있게 된다. 이러한 과정은 중요한데, 왜냐하면 이제 아이는 타인과의 관계에서도 감정적 평등성을 유지하면서 친밀한 관계를 맺는 데 전혀 어려움을 겪지 않을 것이기 때문이다.

두려움이 많은 부모들은 그러한 교육이 부모의 견해보다는 자녀의 의견을 우선시한다고 생각할 것이며, 행여 지나친 관용이 자녀의 방종을 낳지 않을까 염려할 수도 있을 것이다. 그렇지만 우리는 이미 앞에서 정반대의 경우에 자녀가 오히려 감정적으로 의존적이 된다는 것, 다시 말해 부모의 요구에 자신이 미치지 못했을 때 부모의 사랑을 잃지 않을까라는 불안감과 그에 따른 무력감에 시달리게 될 것이라고 말했다. 자녀가 개인으로서 갖는 자유, 자녀의 '못해요'와 '아니오'라는 응답은 부모의 권위의 소멸을 의미하지 않는다. 오히려 부모와 자녀의 새로운 평등 관계에서는 강제적인 권위주의가 뒤로 물러나고, 합리적인 원칙에 의한 권위 관계가 들어설 수 있다. 그리고 여기에는 평등한 감정에 기초한 부모와 자녀 간의 친밀성의

---

7 앤서니 기든스, 『현대 사회의 성·사랑·에로티시즘』, 배은경·황정미 옮김, 새물결, 2001, 172~173쪽.

관계가 반드시 전제되어야 한다.

동기간의 회복

우리는 많은 중요한 개념들을 타성에 물든 방식으로 이해하고 있다. 권위와 자유가 그러한 개념 가운데 하나이다. 권위를 늘 타자 편에 놓고 자유를 그와 대립되는 편에 놓는 방식은, 부모와 자녀의 관계에서나 교사와 학생의 관계에서나 그 관계를 수직축에 따라 이해하게 만든다. 한편에는 권력을 가진 자가 군림하고 다른 편에는 권력을 못 가진 자가 복종한다는 식이다. 권위와 자유에 대한 오해는 이 개념들을 권력과 연관시키는 데서 유래한다. 하지만 우리가 생각을 전환해서 권위와 자유를 능력과 인격과 연결시킨다면 저 두 개념은 갈등을 일으키지도 현실에서의 투쟁적인 구도를 만들지도 않을 것이다. 권위는 한 분야에서 탁월한 능력을 자유롭게 드러냄으로써 사회에 영향력을 끼칠 수 있는 힘을 가리키고 자유는 인격이 실현되기 위한 행동의 조건을 가리킨다. 물론 부모나 교사의 권위는 그 의미가 물리학자나 건축가의 권위와 다를 수 있다. 그렇지만 자녀나 학생들의 성장을 돕고 그들의 자율적인 인격의 실현을 완성시킨다는 의미에서 부모와 교사의 권위는 통제나 억압과는 다른 식으로 설명될 수 있다. 말하자면 통제나 억압이 교육과 성장에 반드시 필요한 수단은 아니라는 것이다.

한국에서의 여러 사회적 문제들을 바라보는 방식에는 이상한 착종현상이 있다. 실제로 심각한 문제로서 대두되는 것들은 학내에서의 왕따, 동기들 사이에서의 폭력, 남녀 사이의 성적 폭력 등인데, 이것을 부모나 교사의 권위가 무너진 결과로서 생각하는 것이다. 그래서 더 엄격한 규율이 필요하다는 보수적 관점으로 돌아서면서 그 해결책을 찾으려고도 한다. 그래서 프랑스에서는 매우 엄격한 예절 교육을 강조하는 사립 기숙학교가 설립되기도 했다. 그 학교를 다룬 방송기사의 마지막 멘트는 "철저한 예절 교육 탓에 프랑스 학교들의 골칫거리인 교내 폭력 문제도 발생하지 않습니다"였다. 이 학교는 KBS의 국제뉴스에서 소개한 프랑스 지롱드 지방의 한 사립 기숙학교이다.

　　그만큼 현재 사람들이 학교 폭력문제를 심각하게 생각하고 있으며 그 해결책을 엄격한 규율에서 찾으려 한다는 것을 알 수 있다. 하지만 이러한 방법은 근본적인 해결책이 될 수 없다. 과거에 프랑스에서 일어났던 68혁명이 그것을 이미 증명하고 있다. 규율에 의한 교육은 규율에 대한 폭력적 항거로 이어지고, 규율이 사라진 후 그러한 폭력은 다른 쪽으로 향하게 된다. 이 다른 쪽은 바로 동기간, 또래들 간의 폭력이다. 그래서 다시 규율을 세운다는 것은 다시 한 번 동일한 메커니즘을 반복한다는 의미밖에 갖지 못한다.

　　동기들 간의 폭력 문제를 바로 그러한 문제가 일어나는 장소인 동기들의 문제로 되돌려야 하는 것이 아닐까? 그럴 때 중요한 것은 수직축에 의한 관계 —— 가령 부모와 자녀의 관계, 교사와 학생의 관계 —— 가 아니라 수평축에 의한 관계이다. 자유의 기본 개념은 평등한 자들 사이에서의 행동의 자유이며, 이러한 자유가 실현되기 위해서는 두 가지 조건이 갖추어져야 한다. 첫째 자유로운 자는 한 개인으로서의 인격을 가지고 있어야 한다. 그는 집단적인 의견이나 편견 속에서도 자신의 계획을 고집할 수 있는 자여야 한다. 둘째 자유로운 자는 자기 옆에 있는 동등한 자유로운 자를 하나의 인격으로서 인정할 줄 알아야 한다. 동기들 간의 관계는 —— 동기들이라 함은 성(性)이 다르고 나이가 다른 아이들을 모두 포함한다 —— 그러한 자유를 시험하고 훈련할 수 있는 가장 적합한 장소이다. 그러면 이렇게 물을 수 있다. 학교가 바로 그런 장소가 아닌가, 그런데 아이들이 스스로 자유를 배우기는커녕 폭력만을 배우고 있지 않은가라고. 학교는 인위적인 장소이고 이미 눈에 보이지 않는 규율이 지배하는 장소이다. 게다가 학교의 클래스에는 형이나 누나, 아우나 남동생이 있는 것이 아니라 곧바로 동일시를 하기 쉬운, 분신 같은 동갑내기들만이 있을 뿐이다. 규율이 있기에 억압이 있고, 동시에 공격 본능을 가장 잘 투사할 수 있는 동갑내기들이 있는 학교라는 장소는 어쩌면 폭력에 쉽게 노출될 수 있는 조건을 갖추고 있을지도 모른다. 그래서 학교가 없어져야 한다는 말이 아니다. 학습은 필요하기 때문이다. 하지만 폭력 문제를 학교에서 해결한다는 생각은 다소 문제가 있어 보인다. 필요한 것은 학교 교실 이외의 장소와 시간, 즉 동기들 —— 동갑내기들만이 아니라 형이나 아우, 누나나 언니, 동생들 —— 이 섞여 놀 수 있는 장소와 시간이다. 그런데 지금의 아이들의 생활은 어떤가? 학교 수업을 마치고 이런저런 학원에서 부족한 교과목을 배운 다음 귀가한다. 그나마 친동기들이 있으면 다행이지만 외동이 많은 요즘엔 부모만이 귀가한 아이를 맞아 준다. 동기간 관계는 평등한 자들 간의 자유를 경험하고 훈련한다는 점에서 중요하며, 이러한 자유의 경험이 부재할 때 —— 동기간 관계에서 해소되어야 할 것을 해소하지 못했을 때 —— 동기를 향한 폭력은 더 심해질 수 있다.

점점 어긋나는 교육의 문제를 단번에 해결할 수는 없다. 게다가 자본주의의 폐해가 침투하지 않은 곳이 없을 정도로 암울한 사회적 현실은 문제의 해결을 전혀 볼 수 없게 만든다. 그러므로 더더욱 지금은, 시대나 사회가 바뀌더라도 계속해서 가치를 갖는 것들, 권위나 자유와 같은 것들의 본래적 의미를 재검토하고, 그에 적합한 사회적 환경이나 제도를 만들어 낼 수 있는 용기와 상상력이 필요한 시대일 것이다.

05 싱글맘 인터뷰:
"괜찮아요, 우리 가족"

결혼할 권리가 개인에게 있는 것이라면 결혼을 해소할
권리, 그리고 결혼하지 않을 권리 또한 개인에게 있는
게 아닐까? 이글은 그렇게 다른 가족의 가능성을 이야
기하는 미혼싱글맘 5명과 이혼싱글맘 4명의 인터뷰를
바탕으로 구성되었다.

사미숙

여성문화이론연구소 연구원. 도서출판 여이연 편집장.
극단 목요일오후한시 배우. 2012년 여성재단에서 지원
하는 미혼모삶의질향상을위한사업 〈두근두근 나의 삶〉,
2013년 〈괜찮아요, 싱글맘〉을 기획 진행했다. 여성문화
이론연구소 혜화동 다락방에서 성노동 연구를 하고 있
으며, 성노동자권리모임 지지에서 성노동비범죄화 운동
을 하고 있다. '외로움'을 주제로 하는 즉흥연극을 통해
색과 질감이 다른 다양한 외로움들과 만나는 중이다.

들어가며

엄마와 아빠가 아이 둘이나 하나를 앞에 세우고 행복한 표정을 짓고 있는 가족사진은 어느 집 거실 벽에만 걸려 있는 이미지가 아니다. 공공기관에서 정책 홍보를 위해 제작한 포스터에도 기업의 광고에도 가족의 이미지는 늘 엄마, 아빠, 자녀(소위 '정상 가정')로 구성되어 있다. 어쩌면 엄마, 아빠, 자녀로 구성된 가족의 가족사진만이 당당하게 거실 한 켠을 장식할 수 있는 자격이 있는지도 모르겠다. 내가 방문해 본 어떤 집에서도 엄마와 자녀만 혹은 아빠와 자녀만의 가족사진은 본 기억이 없기에 이런 생각을 하는 것일 수도 있다. 또한 내 주변의 아이를 키우고 있는 비혼 여성들 누구도 가족사진을 찍어 집에 걸어 놓은 것을 본 일이 없다. 거실이 포함된 주거 공간을 갖출 수 있는 경제력과 집안에서 외부인을 맞이하는 공적 공간인 거실에 가족사진을 전시할 수 있는 가족구성 요건을 갖추고 있는 가정이 아니라면 가족사진을 찍을 생각조차 안 하거나 혹은 못할 것이기 때문이리라.

가족사진 이미지로 대표되는 이러한 가족의 모습은 어떻게 당연한 것으로 자리 잡게 되었을까? 한국사회는 식민지시기에 근대화를 겪으면서 빠르게 산업화를 이루어 냈다. 전통사회의 대가족체제는 산업화에 걸맞은 기능적 분화로 인해 핵가족화되었고, 가문과 가문의 만남이었던 결혼제도는 근대적 자유 이상을 받아들인 개인과 개인의 만남으로 변화되었다. 물론 특정 계층에서는 여전히 가족의 부와 명예를 계승하기 위한 결혼과 가족제도가 유지되고 있지만, 한국의 보통 사람들에게 결혼은 자신이 선택한 낭만적 사랑의 결실이며, 가문의 전통보다는 자신이 이룬 가정의 실질적 행복에 더 관심을 기울인다. 따라서 산업사회가 지속되는 한 부부와 자녀로 구성된 핵가족은 가족을 대표하는 이미지로 오랫동안 그 자리를 유지하게 될 것이다. 대가족에서 핵가족으로의 변화는 단순히 가족의 규모가 작아졌다는 것 그 이상을 의미한다. 수직적 위계와 철저한 성별 역할을 중심으로 유지되던 가족 체계는 동반자적 부부관계와 평등한 부모자녀관계 중심으로 변화하였으며, 가족의 규범보다는 '관계'가 중요시되었다. 결혼과 가족을 연구하는 사회학자들은 근대적 개인의 출현과 자유주의적 이상, 여성의 지위 향상 등이 이러한 변화를 이끌었다고 분석한다.

이렇듯 결혼을 할 권리가 개인에게 귀속되었다는 것은 결혼을 해소할 권리, 그리고 결혼을 하지 않을 권리 또한 개인에게 있다는 것을 의미한다. 그러나 결혼을 통해 가족을 구성하지 않을 경우, 그리고 한번 구성된 가족을 계속 유지하지 않을 경우, 행복추구를 위한 개인의 선택이라는 측면은 가려지고 '가족 해체'로 '결손 가족'으로 '비정상 가족'으로 분류되어 사회 불안 요소로 지목된다. '결손 가족'은 무엇이 결손되었나? '비정상 가족'은 무엇이 비정상인가? 그렇다면 결손되지 않은 완전한 가족이란 어떤 가족인가? 과연 정상 가족은 무엇인가?

'완전한' 무엇이 있고, '정상'인 무엇이 있다고 상정하면 나머지 것들은 모두 불완전하고 비정상인 것이 된다. 이러한 배타적 이분법은 '그'것과 '나머지' 것들을 구별짓는 방식으로 '그'것의 존재를 증명한다. '완전한 가족'은 '결손 가족'을 분류해 냄으로써 완전해지고, '정상 가족'은 '비정상 가족'을 가려냄으로써 정상이 된다. 이 익숙한 구별짓기를 익숙한 것으로 그냥 둔다면 '차이'가 곧 불행이 되는 암울한 현실을 우리는 계속 지켜보게 될 것이다.

차별과 배타는 두려움에서 오고 두려움은 낯섦에서 기인한다. 낯섦이란 '잘 알지 못함'에서 발생한다. 우리는 '비정상 가족'들에 대해 얼마나 알고 있는가? 그저 시혜를 베풀고 구원해야 할 대상인가? 사회 불안을 조장하는 근심세력인가? 잘 알기 위한 노력이 시작될 때 소통은 시작된다. 여기 자신들이 얼마나 '정상'적으로 살고 있는 '비정상가족'인지를 제대로 알아 달라는 엄마들의 목소리가 있다. '나의 가족은 곧 나의 선택이었다'고 주장하는 이들의 목소리를 통해 가족에 대한 새로운 상상이 가능해지기를 기대해 본다.

가족의 탄생

M, 이혼싱글맘(43세/사무직) 처음엔 애고 뭐고…… 아무것도 눈에 안 보여서 그냥 무작정 나왔어요. 도저히 하루도 살 수가 없어서. 그 상황에서 빠져나오고 싶은 마음만 있었거든요. 아무 준비된 것도 없이 애까지 데리고 나오면 얼마나 힘들까, 애를 고생시킬 것 같아서 그게 두려웠어요. 그러다가 친구 집에서 한두 달 지내면서 길을 걸어도 눈물, 밥을 먹어도 눈물……. 애가 그리워서 미치겠는 거예요. 그때 생각했죠. 지금 애 옆에 나보다 더 그애를 사랑하고 잘 키울 사람이 있는가. 그래서 애를 줄 수 없다는 시어머니와 싸우기 시작했어요. '나는 애를 소유하겠다는 게 아니다. 지금은 애한테 제일 필요한 사람이 나다. 애가 커서 아빠를 선택하면 보내 주겠다'라고 하면서 최대한 이성적으로 설명하려고 애썼어요. 결국엔 애를 보내더라고요. 아이를 데려온 후부터 마음도 안정이 되고……. 물론 한숨도 나왔죠. 앞으로 어떤 일들이 있을지 모르니까. 하지만 결혼해서의 삶이 끌려가듯 살았다는 느낌이었다면, 이혼 후에는 고생스럽긴 해도 내가 주체적으로 살고 있다는 느낌이 들었어요.

J, 이혼싱글맘(38세/보육교사) 이혼은 안 해준다고 해서 아이 데리고 따로 나와서 사는 것으로 합의를 했어요. 애 아빠가 술만 마시면 언어폭력도 심했고, 애도 그걸 다 봤어요. 처음엔 혼자 집을 나왔지만 아이를 그런 집에서 크게 하고 싶지 않아서, 정말 이혼하고 싶었지만 별거에 합의를

한 거죠. 지금 10년째 이렇게 살고 있는데, 나는 이게 진정한 나의 가족이라고 생각해요. 비록 법적으로 이혼하지는 않았지만 전혀 부부로 살고 있지 않으니까, 나와 내 아이 그리고 가까이 살고 있는 친정 엄마가 더 내 가족이라는 생각이 들죠.

P, 이혼싱글맘(43세/사무직) 큰애가 장애가 있어요. 그런데 애들 아빠가 나한테만 전적으로 맡기고 등한시했거든요. 정말 말로는 할 수 없는 힘들고 외로운 시간들이 많았어요. 그러다가 바람까지 피운 거예요. 같이 살 이유가 없더라고요. 애들 아빠 없이 우리끼리 살아야겠다고 결심했을 때, 두려움이 없었어요. 아무리 힘들어도 그 상황보다는 나을 거라고 확신했거든요. 사는 거야 어떻게든 살겠지, 실망하고 미워하면서 계속 살기는 싫었어요. 지금은 아이들하고만 사는 게 자연스럽고 편해요.

Y, 이혼싱글맘(43세/카페 매니저) 애들 아빠가 술만 마시면 폭력적으로 변했어요. 물건 부수고 사람들하고 시비 붙어 싸우고. 애들 들쳐 업고 여러 번 집도 나가고 그렇게 살다가 도저히 안 되겠어서…… 그땐 정말 애들 생각할 겨를이 없었지. 집을 나와서 언니네서 살다가 친구들하고 살다가…… 많이 불안정했어요. 애들은 어느 정도 컸고, 아빠의 안 좋은 모습도 봐서 그런지 나를 많이 이해해 줬어요. 지금은 딸 데리고 언니네 가족이랑 같이 살고 있는데, 가족이라는 게 같이 살다 보면 간섭도 많고 그렇잖아요? 아무래도 정상가정인 언니네가 보기에 내가 많이 불안하고 그런가 봐요. 그래서 딸 데리고 독립할 계획이에요.

위 사례에서 보듯 이혼한 싱글맘의 경우 처음에는 결혼으로 이룬 가정에서 빠져나오는 것이 우선이었지만 아이를 키우겠다는 결심을 한 순간이 바로 지금의 가족이 탄생하는 출발점이 되었다. 혼인을 해소한 이후의 삶에서 개인으로 살기보다는 엄마로 살기를 선택한 것이고, 자신에게는 아이가 필요하고 아이 또한 엄마를 필요로 한다는 생각이 아이와의 삶을 선택하도록 이끈 것이다. 이혼싱글맘의 경우 아이를 데리고 나와서 함께 살 것인가가 새로운 가족을 이루는 데 있어서 결정적 요소였다면, 미혼싱글맘들은 아이를 낳기로 결심한 순간이 새로운 가족 탄생의 출발점이 되었다.

K, 미혼싱글맘(35세/휴직) 결혼까지 약속한 남자가 있었는데, 어느 날 이상한 느낌이 들어 핸드폰에 있는 일정을 본 적이 있어요. 그런데 '100일'이라는 표시가 있는 거예요. 우리는 사귄 지 1년도 넘었는데……. 그래서 헤어지자고 했어요. 술도 많이 마시고 많이 힘들었죠. 아이가 생긴 걸 알고 혼자 모든 준비를 했어요. 휴학 하고, 집 알아보고, 아이 낳을 시설도 알아보고. 한 번 낙태를 한 경험이 있었는데, 그 기억이 너무 괴로웠거든요. 시설에서 아이를 낳고 아는 동기를 불러서 바로 지방에 얻어 놓은 집으로 갔어요. 거기서 애랑 둘이 살기 시작한 거죠.

R, 미혼싱글맘(42세/자영업) 누구나 다 고민하죠. 나도 많이 고민했고. 결혼 계획이 있었어요. 아홉 살 연하의 남자였는데 다른 형제들보다 좋은 대학을 못 나와서 콤플렉스가 있었는데, 나이도 많은 여자에 아이까지

가졌다고 하면 집에서 허락받을 자신이 없다고 하면서 낙태를 하자더라고요. 하지만 나는 아이를 지우고 나서 그 사람과 마주앉아 숨 쉬고 밥 먹고 할 자신이 없었어요. 점점 정도 떨어지고……. 남자한테는 아이 안 낳겠다고 말하고 숨어 버렸죠. 나는 그때 생각이 확고했어요. 우리 가족들도 부모님 이혼 후에 서로 흩어져서 소원하게 지냈기 때문에, 나는 온전한 내 가족이 필요하다는 생각이 강했거든요. 그때 여러 가지로 힘든 일들도 많았는데 아이가 있어서 견딜 수 있었던 것 같아요.

C, 미혼싱글맘(42세/시민단체활동가)　저는 임신 8개월 때까지도 집안에서 낙태를 하라고 그럴 정도였어요. 그때 5백만 원이면 수술 해주는 곳이 있다고 오빠가 같이 가자고……. 애 아빠는 남들한테는 다 좋은 사람이라는 소리를 듣는 사람이었어요. 하지만 나랑은 성격이 너무 안 맞아서 도저히 결혼해서는 못 살겠다, 이러다가 살인이 나는구나 하는 생각이 들 정도였어요. 처음엔 저도 낙태를 생각했죠. 낙태하러 병원에도 갔었어요. 결국은 못하고 나왔죠. 미혼모가 되는 것이 두려워서, 가족들한테 줄 상처가 두려워서 입양 보낼 생각을 했어요. 입양기관에까지 맡겼다가 다시 데려왔어요.

D, 미혼싱글맘(39세/자영업)　사귀던 남자가 책임감도 없고, 결혼할 의사도 없는 사람이었어요. 신용불량 상태였기 때문에 최대한 나를 이용해서 돈을 얻어내려고 했고요. 임신한 걸 알았을 때는 이미 다른 여자가 있었어요. 그런데 저는 망설이지 않았어요. 그 남자와 상관없이 아이를

꼭 낳고 싶었거든요. 아이랑 여행도 다니고 발랄하고 즐겁게 살고 싶었어요. 어려서부터 가난했기 때문에 생활력이 강한 편이라 혼자 애 키우는 건 뭘 해도 키울 수 있다고 생각했어요.

이혼/미혼의 싱글맘들은 가족에게는 물론 사회적으로 환영도 축복도 받지 못했지만, 자신의 힘으로 온전히 아이를 낳고 기르겠다는 선택으로 가족을 탄생시켰다. 이 엄마들은 왜 선택의 순간에 두려움과 불안에 떨어야 했을까? 엄마 혼자 아이를 기르는 것에 왜 사회는 호의적이지 않을까? 요즘은 기혼 여성들도 아이 낳기를 포기하거나 유보하는 추세라고 하니 이 사회의 출산·양육·교육 시스템은 분명 총체적인 문제가 있어 보인다. 출산과 양육은 모성이 담당해야 할 자연의 영역으로 구분되어 사회적 노동으로 인정받지 못할 뿐만 아니라, 한 가정에서 지불해야 할 교육비용의 부담 또한 만만치 않아 맞벌이로도 감당이 안 되는 상황이다. 싱글맘 가족은 여기에 편견과 차별까지 더해져 고통받고 있으니 이들의 선택을 어찌 용감하다 하지 않을 수 있겠는가.

가깝고도 먼 당신들

싱글맘들이 자신의 가족을 탄생시키는 과정에서 고려하게 되는 요소는 무엇일까? 인터뷰에 참여한 대다수의 싱글맘들이 원가족과의 관계가 가장 큰 영향을 미친다고 답했다. 가족 계층이 중산층에 가까울수록, 가족의 기대가 클수록 이혼/미혼 싱글맘들은 선택의 순간에서 더 심각한 심리적 압박을 경험하였다.

M, 이혼싱글맘　가족들이 어려서부터 저에 대한 기대가 컸어요. 집안 형편은 어려웠지만 막내딸이라고 귀여움도 많이 받고, 혼자 힘으로 대학원 공부까지 했으니 한마디로 집안의 자랑이었죠. '그집 딸 결혼도 잘했다'고 동네 사람들도 얘기할 정도였고요. 그래서 이혼이 너무 두려웠어요. 남들은 이혼하고 어떻게 먹고살지가 제일 걱정이라고 했지만, 저는 상처받을 엄마가 가장 먼저 떠올랐어요. 그래서 많이 참기도 했지요, 엄마 때문에……. 나중에는 엄마가 지지해 주셔서 이혼을 하긴 했지만, 집안에서는 저한테 실망도 많이 하고 주변에도 부끄럽게 생각하는 것 같아요. 그래서 친척들 많이 모이는 명절에는 집에 잘 안 가요.

C, 미혼싱글맘　우리 집은 한여름에도 양말을 신고 있어야 하고 더워도 뜨거운 차를 내놓아야 하는 그런 집안이었거든요. 나는 손에 물 한 방울 안 묻힐 정도로 귀하게 자랐어요. 공주처럼 자란 거죠. 그런데 애를 갖고 나서는 내가 차라리 고아라면 좋겠다고 생각했어요. 가족만 없으면 내 마음대로 아이를 낳고 키울 수 있을 텐데……. 낙태를 권한 것도 가족이었고, 아버지가 아시면 쓰러지신다고 해서 돌아가실까 봐 애를 입양기관에 보냈었어요. 내 가족을 만드는 데 가장 큰 걸림돌이 바로 내 가족이었던 거죠.

정상가족 규범을 지향하는 원가족의 입장에서는 혼인을 깨고 아버지 없이 아이를 키우겠다는 결정이나, 혼인하지 않고 아버지 없이 아이를 키우겠다는 결정에 동의할 수 없는 것이 당연한 일일 것이다. 단순히 아버지 역할의 부재에 대한 걱정만이 아니라, 이혼싱글맘의 경우에는 결혼에 실패했다는 사회적 시선이, 미혼싱글맘의 경우에는 혼전 임신에 대한 도덕적 판단이 정상가족의 정상성을 해치고 오염시키는 요인으로 작동하기 때문이다.

이러한 경우 '가장 가까운 관계에서 상처 받는다'는 말처럼 이혼/미혼 싱글맘들은 내가 믿고 의지하던 가족에게서 가장 큰 배척과 소외를 경험하게 된다. 원가족의 배척으로 수년간 가족과 왕래를 끊고 지내기도 하고 스스로 가족 앞에 나타나기를 꺼려하며 소외 상태에 놓이기도 한다.

P, 이혼싱글맘   처음에는 친정식구들이 '무슨 깡으로 이혼하느냐', '정상도 아닌 애를 어떻게 혼자 키우려고 하느냐'면서 부정적으로 바라봤어요. 처음에 6개월 정도는 연락도 안 하고 살았어요. 부모님은 안 계시니까, 형제들이 나를 이해해 주지 않는 게 많이 서운했어요. 지금은, 내 모습 그대로 인정해 주고 우리도 남들 못지않은 가족이라는 걸 인정해 줘요. 이혼하고 혼자 장애아를 키우고 있는 동생에 대한 심리적 부담은 있겠지요. 하지만 내가 직장 다니고 식구들한테 손 안 벌리고 살기 때문에 부딪칠 일은 없어요.

C. 미혼싱글맘 7년간 집에서 받아 주지 않았어요. 나는 가족이 정말 절실했거든요. 부모한테 기대고도 싶었고요. 아이한테도 엄마 말고 다른 가족을 주고 싶었어요.

Y. 이혼싱글맘 가족들이 다 알고 있었어요. 애 아빠가 주폭이 심하다는 걸. 그래서 여러 번 집도 나갔었고. 이혼한다고 했을 때도 별로 놀라거나 반대하지 않았어요. 그렇게 사느니 헤어지는 게 낫겠다고들 생각했겠죠.

P. 이혼싱글맘 사실 가족이 이해하고 지지해 준다면 아무것도 두려울게 없죠. 내 가족이 괜찮다는데 누가 뭐라 하든 무슨 상관이에요. 내 편이 있다는 게 얼마나 중요한데.

이혼싱글맘들은 혼인 해소의 원인이 상대 배우자에게 있을 경우 그나마 원가족들로부터 이해와 지지를 얻은 사례도 있다. 혼인을 유지하는 것보다는 해소하는 것이 더 나은 삶이 될 것이라는 데 동의하기 때문일 것이다. 반면, 미혼싱글맘의 경우 혼전 임신과 사생아 출산에 대한 사회적 낙인으로 인해 원가족으로부터 이해와 지지를 얻기에 훨씬 힘든 상황에 놓이게 된다. 하지만 인터뷰에 참여한 미혼싱글맘들은 또 다른 해석으로 가족의 의미를 되새김으로써 나를 놀라게 했다.

C, 미혼싱글맘　나를 가장 힘들게 한 것도 가족이지만, 지금 이렇게 버틸 수 있는 힘을 준 것도 가족이에요. 왜냐하면 우리 부모님의 가치관이나 교육방식 같은 것들이 제가 지금 아이를 기르면서 똑같이 하고 있거든요. 무조건 해라가 아니라 하고 싶은 것을 하고 하기 싫은 것을 그만해도 된다고 하셨어요. 그렇게 긍정적으로 키워 주셨기 때문에 내가 바닥으로 떨어졌다가도 이렇게 일어나서 살 수 있는 거죠. 그 시대에 사신 분들이 미혼모를 지지하지 못하시는 거야 어찌 보면 당연해요. 그런데 얼마 전에 아버지가, 지금 양육권 소송 중이거든요, "아이를 줘라, 그쪽에서 그렇게 귀하다는데 줘야 하지 않겠니? 하지만 니가 정 못주겠다면 내가 그댁 어른들께 말씀을 한번 드려 보마"라고 하시는 거예요.

R, 미혼싱글맘　그래도 내 가족이 지금 내가 견딜 수 있는 힘을 갖추게 해준 것 같아요. 지금 미혼 엄마들 모아서 디자인 가르치고 그러면서 사는데, 사람들이 '왜 힘들게 그런 일 하느냐, 너나 잘살지' 그래요. 그런데 어려서부터 엄마 아버지가 자원봉사 하시는 걸 보고 자랐기 때문에 제가 이렇게 살고 있는 거거든요. 우리 아이한테도 부모님이 주신 인생관, 교육관 그런 게 그대로 내려가고 있는 것이고요.

비록 규범을 벗어난 선택으로 가족에게 실망을 안기고 또 가족으로부터 상처를 받기도 했지만, 그런 선택을 하고 당당하게 책임지고 살고 있는 자신의 모습 또한 부모와 가족으로부터 받은 것임을 강조하는 모습에서 여전히 원가족에 대한 원망보다는 사랑하고 의지하는 마음이 더 크다는 것을 알 수 있었다.

누가 '결손'이라 부르는가

최근에는 '결손가정', '결손가족'이라는 말보다는 '한부모가정', '한부모가족'이라는 말을 더 많이 사용한다. '결손'이라는 단어에 불완전하고 모자라다는 차별적 의미가 포함되어 있기 때문이다. 그러나 여전히 '결손가정에 사랑의 도시락 전달', '결손가정에 나눔행사' 등의 문구가 뉴스 기사에 등장한다. 어머니, 아버지, 자녀로 구성된 정상가족 규범에서 보자면 한쪽 부모가 없다는 것은 치명적인 결함이요, 불안의 요소일 수밖에 없다. 그것은 단순히 둘이던 부양자가 하나로 줄었다는 수량적인 측면이 아니라 어머니라는 위치와 역할, 아버지라는 위치와 역할의 부재에 대한 염려이다.

인간을 생산하고 양육하는 일이 보통의 일은 아니기에 둘이던 부양자가 하나로 줄었다는 사실은 '불완전하고 모자라다'고 판단할 충분한 근거가 된다. 그러나 이러한 판단은 '한 아이의 양육은 그 아이의 혈연 부모의 책임이다'라는 사고가 밑바탕 되었을 때 가능한 것이다. 가족단위의 사회, 특히 핵가족 사회에서는 한 인간의 기본적인 욕구와 욕망이 그 가족 안에서 해결되도록 제도화되었기 때문에 양육과 부양의 책임이 온전히 가족에게 돌아가게 된다. 양육과 부양을 공동체에서 함께 해결했던 전통사회에서는 아이들이 공동체 구성원들과 다중 관계를 맺으며 성장할 수 있었다면, 핵가족에서는 부모와의 직선관계 만을 맺을 가능성이 높으며 '내 부모 내 자식'이라는 결속력 강화를 위한 구호는 더욱더 당위성을 띠게 된다.

그렇다면 싱글맘 가족은 실제로 '결손'가족인가? 무엇이 모자라고 어떤 불완전함을 가지고 있는가?

P, 이혼싱글맘　결손이라고 생각해 본 적 없어요. 오히려 집이라는 공간이 편안하고 내가 쉴 수 있는 공간이라는 느낌이에요. 일 마치고 들어가면 행복하고. 애들도 다 커서 자기들 일은 스스로 하고 대화 상대도 되니까 행복하죠. 마음이 편해서 그런 것 같아요. 보기 싫은 사람과 산다는 건 정말 힘든 일이잖아요.

아이들은 오히려 아빠가 없기 때문에 더 알아서 하는 부분이 있어요. 아들은 아들대로 힘쓰는 일 같은 거 최대한 도우려고 하고, 딸은 엄마한테 살갑게 하고 오빠가 힘들어하는 부분 도와주려고 하고. 가끔 아빠라는 자리가 아쉬울 때는 있어요. 예를 들면, 졸업식이나 입학식 같은 때에 혼자 꽃다발 들고 갈 때 좀 쓸쓸하긴 하죠.

J, 이혼싱글맘　결손이요? 글쎄…… 경제적인 거? 그런데 그건 한부모가족이 아니어도 있을 수 있는 문제니까 맞는 표현은 아닌 것 같아요. 그럼 뭐가 있을까요? 저는 다른 가족에 비해 부족한 게 있다는 생각은 안 해봤는데요.

C, 이혼싱글맘 일단은 아이랑 둘이 살고 있으니까, 밖에 일이 있을 때 아이를 봐줄 사람이 없죠. 그게 제일 곤란한 문제인 것 같아요.

K, 미혼싱글맘 아빠 있다고 다 애 봐줄 수 있는 건 아니잖아요. 주변에 보면 엄마 혼자 낑낑대는 집들 많던데.

J, 이혼싱글맘 아들을 키우니까 목욕탕 갈 때가 제일 문제더라고요. 이젠 커서 데리고 다닐 수가 없으니까. 그리고 성적으로 몸이 변하는 시기에는 엄마랑 대화하는 것보다는 아빠가 편할 것 같고요.

D, 미혼싱글맘 저는 아이랑 여행하는 걸 좋아해요. 가족들끼리 여행하면 주로 남편이 아이들 데리고 텐트도 치고 들판에서 축구도 하고 그러잖아요. 그럴 때, 아이한테 미안한 마음이 들어요. 남동생이나 자원봉사자가 해줄 수도 있지만, 어쩌다 한번 만나는 사람이 아닌 친밀한 관계에 있는 사람이어야 아이도 서먹해하지 않고 잘 따르겠죠. 그리고 남편의 빈자리는, 힘들어서 일을 좀 쉬고 싶다는 생각이 들 때, 나 말고 돈벌어 줄 사람이 있다면 쉴 수 있을 텐데 그럴 수 없는 게 아쉽죠.

R, 미혼싱글맘 무언가 부족하고 불완전하다고 생각하는 건 정상가족인 사람들이 생각하는 거 아닐까요? 아이를 양육하는 데 있어서 부모 둘이 같이 키우면 혼자 키우는 것보다야 물론 좋겠죠. 그렇게 따지면 둘보다는 셋이 좋은 거 아닌가요? 아이를 돌봐주고 사랑해 줄 사람이 많

으면 많을수록 좋은 거잖아요. 그게 꼭 엄마, 아빠가 아니어도. 제 딸은 우리 공장에 있는 많은 이모와 삼촌들이 엄마, 아빠의 역할을 다 해줘요. 제가 일하랴 교육받으랴 정신없이 다녀도 우리 애는 너무 잘 자라고 있어요. 아이들은 엄마, 아빠가 필요한 게 아니라 사랑해 주고 돌봐 줄 수 있는 사람이 필요한 거죠. 양육의 책임과 권리가 엄마, 아빠에게만 주어지는 건 너무 좁은 생각인 것 같아요.

싱글맘들의 이야기에서 보듯 싱글맘 가정이라고 해서 특별히 부족하고 모자란 부분은 찾기 어렵다. 물론 생계를 혼자 책임지고 아이를 혼자 돌봐야 한다는 부담은 '정상가족'에 비해 크게 느껴지겠지만, '정상가족' 또한 이런 문제에서 자유롭다고 할 수는 없다. 생계를 담당하고 있는 많은 아버지들이 '돈 벌어오는 기계'라고 자학할 만큼 가족들과의 소통에 목말라하고, 많은 전업주부들이 '빈 둥지'를 지키는 자신의 신세를 한탄하고 있다. 맞벌이부부라 할지라도 육아는 거의 여성이 전담하고 있어 일하는 엄마는 두 배로 고달픈 게 우리 사회 가족의 현실이다.

현실은 이러한데도 왜 우리 사회는 여전히 '결손가족'이라는 구별을 필요로 하는 것일까? 그렇다면 결손되지 않은 완전한 가족의 모습은 무엇인가? 남성인 아빠와 여성인 엄마가 혼인신고를 하고 그들의 자녀와 함께 살고 있다면 결손 없는 완전한 가족이 되는 것인가? 혹여 '정상가족'이 무엇인지, 실체가 없는 것을 있게 하기 위해 '비정상가족'을 규정하고 있는 것은 아닐까?

인터뷰에 참여한 대다수의 싱글맘들은 실제 결손이 무엇인지, 자신의 가족이 결손가족인지 알 수 없다는 반응이었다. 더불어 자신들에게 가해지는 사회적 차별 또한 '싱글맘 가족은 결손되었을 것'이라는 관습적인 인식에서 오는 것이라고 지적했다.

M, 이혼싱글맘　특별히 드러나는 차별은 없는 것 같아요. 그래도 이혼했다는 걸 숨겨야 하는 상황이 있는 걸 보면 차별이 있는 거죠. 1년 조금 넘게 아이 데리고 다른 나라에서 살았던 적이 있는데, 아이가 있으니 한인 커뮤니티를 찾게 되더라구요. 그때 친해진 한 분이 이혼했다는 거 밝히지 말고 그냥 기러기 엄마라고 하라고 그러는 거예요. 저는 계속 기러기 엄마인 척하는 게 더 힘들 것 같아서 처음부터 밝혔어요.

J, 이혼싱글맘　차별이라기보다는 사람들의 인식이죠. 특히 애들이 서로 놀러가고 놀러오고 할 때, 이혼한 집이라는 거 알면 꺼리지 않을까 하는 생각도 들고. 아, 아이가 결혼할 때 마이너스가 될 수도 있겠네요.

D, 미혼싱글맘　아이 학교 엄마들이 제가 미혼모로서 텔레비전에 출연한 걸 봤나 봐요. 그래서 그런 건지 늘 나가던 모임에서 연락이 안 오더라고요. 그리고 그동안의 경험으로 보자면, 엄마들이 좀 경계를 하는 것 같아요. 여자들끼리는 만나는데 남편과 같이 보는 자리에는 초대를 안 해요. 짝이 없는 여자라서 위험하다고 생각하는 건지……. 친구들 중에 동창끼리 결혼한 부부가 몇 있는데, 남자 친구들이 내가 혼자라는

걸 알고 난 다음부터는 밤에는 전화를 안 받더라고요.

K, 미혼싱글맘 아기 낳고 출생신고 하러 갔는데 아빠 인적사항을 묻는 거예요. 그래서 미혼모라고 했더니 그래도 아빠의 생년월일이랑 본적이 필요하다는 거예요. 헤어진 사람 본적까지 어떻게 알아요. 인터넷으로 아버지에 대한 정보 없어도 출생신고 된다고 알아보고 갔는데도 그렇게 나와서 좀 실랑이가 있었죠.

L, 미혼싱글맘(36세/사무직) 저도 출생신고 하러 갔는데, 아빠를 묻길래 "혼자 키우는데요" 했더니, "왜 혼자 키워요?" 하는 거예요. 물론 왜냐고 물어볼 수는 있지요. 그런데 어투와 태도가…… 정말 불쾌했어요. 그리고 직장에서 아이를 혼자 키운다고 말했더니 민망해하면서 "둘이서 잘 못 키우는 거보다는 혼자 키우는 게 낫죠" 하면서 멋쩍게 웃는 거예요. 그래서 이제는 어떻게 하면 질문한 사람이 덜 민망해하도록 답할까를 고민해요.

K, 미혼싱글맘 어떤 사람은 혼자 키운다고 하면 "어, 죄송해요"라고 해요. 그게 왜 죄송한 일인지……. 그게 더 불쾌해요.

사례에서 보듯 제도적 차별이나 기회에서의 불평등함이라는 가시적 차별은 드러나지 않고 있다. 그러나 정상가족 규범에서 벗어나 있는 '차이'와 '다름'에 대한 낯섦과 불안의 제스처가 당사자들에게는 차별적 시선으로 느껴지게 되는 것이다. 혼인한 바 없이 아이를 키우고 있거나 혼인을 해소하고 아이를 키우고 있는 두 경우가 차별에 당면하게 되는 공통적 요인은 혼인 상태에 있지 않다는 사실이다. 후기 산업사회가 도래하면서 친밀성 영역에 대한 새로운 담론들이 부상하고 다양한 가족 혹은 공동체 사례들이 소개되고 있지만, 우리 사회는 여전히 결혼이라는 유일한 기준으로 가족을 규정하고 의미화하고 있다는 것을 알 수 있다.

미혼싱글맘의 경우 미혼모에 대한 사회적 편견으로 인해 어려움을 겪는 사례도 있었다. 성적 문란함, 성지식의 부족, 관계의 미숙함 등으로 미혼모가 되었다는 사회적 인식은 여성의 재생산권, 성적 자기결정권 등에 앞서 가부장제의 섹슈얼리티 위계화가 이들을 재단하고 규정짓는 것이라고 볼 수 있다.

C. 미혼싱글맘　미용실을 운영하고 있었는데, 손님들이 결혼했냐고 물어보면 그냥 "애 하나 있어요"라고 대답했거든요. 그런데 미혼모인권운동 시작하면서 TV에 나온 적이 있었는데 사람들이 그걸 본 거죠. 그때부터 손님이 줄고 매출이 끊기기 시작하더라구요. 한 손님이 저를 부르더니, 유부남과 애를 낳았다는 둥 사생아이니 어쩌니 상가에 소문이 쫙 났다는 거예요. 그러니 매일 상가 앞에서 자전거 타고 노는 우리 애한테도 그 사람들이 뭐라고 손가락질 할지를 생각하니까 너무 속상한 거예요. 결국 미용실 문을 닫았어요.

D. 미혼싱글맘 '미혼모' 하면 대부분 그렇게 생각하잖아요. 어린 나이에 성적으로 문란해서 사고쳤다는 식으로. 사실 제가 아는 엄마들 대부분은 성인이 된 후에 연애하다가 임신한 경우거든요. 결혼 직전까지 간 경우도 여럿 있고요. 단지 결혼할 수 없는 상황들이 있었던 거죠. 적극적으로 결혼을 거부한 경우도 있고요.

아이, 짐인가 힘인가

싱글맘에게 가장 일차적인 가족은 아이일 것이다. 아이와 함께 살기를 선택하면서 새로운 가족으로 탄생했기 때문에 아이의 존재는 자신의 삶의 이유가 되기도 한다. 그러나 용감한 선택에는 그만큼의 책임이 따르는 것이기에 싱글맘들에게 아이는 힘인 동시에 짐이 되기도 한다. 소위 '정상가족'이든 '비정상가족'이든 자녀를 키우는 정성과 마음은 크게 다르지 않을 테지만, 이 시대 싱글맘들이 특히 자녀와의 관계에서 고민하는 문제는 무엇일까?

K. 미혼싱글맘 한번은 딸 애가 "엄마가 아빠를 쫓아냈지"라고 하더라고요. 엄마랑만 살게 된 것에 대해서 혼자 스토리를 만든 거예요. 물론 나와 아이를 위한 일이라고 선택한 거지만 아이한테 그걸 이해시키는 건 힘든 것 같아요.
"엄마, 엄마가 참아. 엄마만 참으면 같이 살 수 있는 거 아냐?" 가끔 이렇게 말해요. 애한테는 아빠에 대해서 나쁘게 말하지 않았으니까 애가 보기엔 엄마가 이기적으로 보일 수도 있겠다, 싶어요. 남들처럼 살지 못하는 게 다 엄마 탓인 것만 같겠죠.

싱글맘들은 자신의 선택에는 후회가 없었지만, 아이가 그 선택을 어떻게 받아들일지, 그리고 엄마의 선택을 이해하고 존중해 줄지 혼란스러워하고 있었다. 특히 아이가 어린 경우, 아이와 아버지가 좋은 관계를 유지하고 있거나 아버지에 대한 부정적인 기억이 없는 경우 더욱더 엄마의 선택을 이기적인 것으로 느낄 가능성이 높은 것으로 나타났다.

R, 미혼싱글맘　엄마가 확신이 있어야 할 것 같아요. 엄마가 스스로의 선택에 당당하고 아이한테 행복한 모습 보여 주면 애들도 심각하게 생각하지 않더라고요. 그리고 커 갈수록 엄마를 더 이해하는 것 같아요.

C, 미혼싱글맘　한번은 제가 미혼모에 대한 편견이나 사회적 차별 때문에 막 화낸 적이 있거든요. 그랬더니 우리 아들이 와서 "엄마, 너무 속상해하지 마. 사람들한테 글로 써서 미혼모에 대해서 제대로 알려 줘. 그러면 되잖아" 하는 거예요. 제가 활동하는 데 따라다니면서 다 보고 들은 거죠. 기특하더라고요.

Y, 이혼싱글맘　우리 애들은 아빠가 술 마시면 폭력적으로 행동하는 걸

다 보고 자랐기 때문에 나를 많이 이해해 주는 것 같아요. 나는 또 이런 환경에서도 삐뚤어지지 않고 잘 자라고 있는 애들이 고마워서 별로 간섭하거나 통제하지 않거든요. 지금 아들은 아빠랑 살고 있는데, 만나면 학교 얘기, 친구 얘기 살갑게 다 하고……. 우리 애들은 한참 예민할 나이인데도 엄마를 어려워하거나 꺼리는 게 없는 것 같아요.

J, **이혼싱글맘** "아들아, 엄마 한 번 안아주라" 했더니 "엄마, 무슨 일 있었어?" 하는 거예요. 눈물이 나더라고요. 이런 게 가족 아닐까요? 애가 작년까지는 말도 없고 말썽도 피우고 그랬거든요. 그런데 중학교 3학년이 되더니 고등학교 진학에 대한 이야기도 하고, 친척들하고 같이 있을 때도 웃으면서 이야기하고 그러는 모습을 보니까, 아…… 내가 잘못 키우지는 않았구나 하는 생각이 들었어요. 아빠 없이 자란 아이들에 대한 편견이 저도 은근 걱정됐었나 봐요.

P, **이혼싱글맘** 저한테는 애들이 확실히 '힘'이에요. 애들 생각해서 더 열심히 산다고 할까요? 좋은 일이든 힘든 일이든 애들하고 같이 간다고 생각해요. 또, 애들이 엄마를 많이 이해해 주니까. 요즘은 제가 회사 회식이나 친구들 만나서 늦으면, 애들이 "엄마도 재미있게 살아야지" 해요. 힘들 때도 있죠. 자식 키우는 일이 쉬운 일은 아니잖아요. 특히 큰애 진로가 가장 걱정이죠. 장애가 있으니까 적어도 스스로 먹고 살 수 있게는 해줘야 하잖아요. 그게 제일 고민이죠.

아이들의 현재 자신의 가족에 대한 인식이나 판단은 엄마의 삶의 태도나 만족도에 따라 다르게 나타날 수 있다. 특히 싱글맘 가족의 경우 엄마와 아이의 친밀도가 높기 때문에 엄마가 지금의 가족에 대해 어떻게 생각하는지, 얼마나 만족하고 있는지에 따라 아이의 인식 또한 긍정적으로 혹은 부정적으로 나타날 수 있다. 싱글맘들은 이렇듯 친밀도가 높은 아이와의 관계에서 큰 만족감을 느끼는 동시에 불안함도 가지고 있었다.

K, 미혼싱글맘 지금 삶의 초점이 다 아이한테 맞춰져 있어서…… 애가 성인이 된 이후에 그냥 텅 비게 될까 봐 그게 걱정이에요.

R, 미혼싱글맘 아이의 인생을 내 인생인 양 좌지우지할까 봐…… 그런 엄마는 되기 싫어요.

L, 미혼싱글맘 너무 아이한테 의존하게 될까 봐…….

싱글맘에게 아이가 갖는 의미는 그 무엇보다 크다고 하겠지만, 그렇기 때문에 아이가 삶의 전부가 된다든지 너무 아이에게 의존하게 되는 상황은 원하지 않는다고 말했다. 또 한편으로는 엄마의 선택과 사회적 활동이 아이에게 부정적인 영향을 미칠까 걱정하는 목소리도 있었다.

R, 미혼싱글맘 아이가 이모와 삼촌들에 둘러싸여 지내면서 사회를 배우는 것 같아요. 엄마가 리더라서 사람들이 따르는 것도 알고 그러니까 본인도 엄마의 교육방식이나 가르침에 잘 따르는 것 같고요. 엄마가 지금 일하면서 또 이런저런 공부하면서 바쁘게 살고 있다는 것을 긍정적으로 생각하니까 불만 없이 잘 자라고 있는 것 같아요.

C, 미혼싱글맘 미혼모인권운동 하면서 이름과 얼굴이 다 알려져 있어서 나중에 아이가 왜 엄마 마음대로 영화에 출연시키고 얼굴 나오게 했냐고 할까 봐 걱정이 돼요. 안 해도 되는 일에 나선 엄마의 선택 때문에 상처받고 힘들까 봐 두려워요.

R, 미혼싱글맘 그렇다고 우리가 여기서 멈추면 안 될 것 같아요. 아이가 상처 받을까 봐 여기서 멈추면 상처로 남지만 계속 가면 뭔가를 이루게 되지 않을까요?

M, 이혼싱글맘 아이를 맡길 곳이 없어서 제가 가는 곳에는 다 데리고 다녔어요. 반전 시위, 페미니즘 세미나, 노동자 집회…… 이런 곳에요. 애한테 제가 "너는 엄마의 동지다", 이렇게 말했거든요. 걱정이 되더라고요. 애가 어린데 자기 생각이 서기도 전에 너무 한쪽으로만 치우치게 되지 않을까 하고요. 그런데 초등학교에 들어가더니 마초도 그런 마초가 없는 거예요. 또래의 힘이 그렇게 크더라고요. 그때 또 걱정을 했죠. 그런데 중학생이 되니까 자연스럽게 해결이 됐어요. 줄타기를 하더라

고요. 엄마 세계와 접속할 때는 이런 모습으로, 또래 세계와 접속할 때는 저런 모습으로…… 나름 현명하게.

싱글맘이 사회적 약자임을 자각하고 자신뿐만 아니라 같은 처지의 싱글맘들을 위해 운동에 뛰어든 엄마들은 아이까지도 특수한 상황에 놓이게 되는 것을 걱정하면서도, 한편으로는 그것이 아이와 자신의 미래를 위해 꼭 필요한 일임을 인식하고 있었다. 아이가 단지 엄마로서만이 아니라 사회인으로서, 한 인간으로서 엄마를 존중하고 지지하는 모습을 보일 때 얼마나 흐뭇한지를 이야기하는 엄마들의 얼굴은 정말 행복해 보였다.

아빠, 어디가!

아동심리학이나 가족학, 교육학 등의 이론과 연구들을 보면 양육에 있어 아버지와 어머니 양부모의 역할이 얼마나 강조되고 있는지 알수 있다. 한쪽 부모의 역할이 부재할 경우 아동의 심리적·정서적 발달에 미치는 부정적 영향에 대한 보고서 또한 수없이 많다. 최근에는 양성성(兩性性)이 발달한 인간이 창의성과 사회성이 발달한다는 근거를 들어, 아버지들이 탈권위적 방식으로 양육에 참여할 것을 독려하는 추세다. 하지만 이러한 논리는 아버지의 역할, 어머니의 역할이 따로 존재한다는 것을 근저에 깔고 있기 때문에 전통적 가족

규범에서 벗어나지 못한다는 비판을 받고 있다. 양성성 발달을 위해서는 오히려 아버지 역할, 어머니 역할의 구분을 없애는 것이 더 효과적이지 않을까?

C, 미혼싱글맘 요즘 텔레비전에서 아빠랑 여행하는 프로그램 있잖아요. 그거 왜 하는지 모르겠어요. 소외되어 가는 아버지의 빈자리를 찾기 위한 거라고 하는데, 이건 위화감 조성하는 방송이에요. 아빠 없는 애들에 대한 배려도 없고, 아빠랑 여행 갈 형편 못되는 애들 괜히 부럽게 하고 기죽이는 프로그램이죠.

우리 애는 아빠 없이 사는 것에 대해서 어느 정도 이해도 하고 있고, 개념도 서 있는 아이거든요. 그런데 요즘 새로 이사한 동네에서 새 친구들을 사귀는 중인데, 옆집 아줌마가 "아빠는?" 하고 물어봤나 봐요. 그래서 뭐라고 했냐고 했더니, "출장 갔다고 했어, 엄마" 하더라고요. 그러니 이 아이의 머릿속에서 얼마나 갈등이 있었겠어요. 그래서 제가 나중에 엄마들 불러서 맥주 한잔하면서 아빠랑 따로 살고 있다고 밝혔어요. 그래야 애한테 또 묻지 않을 거 아니에요.

K, 미혼싱글맘 일상적으로는 특별히 아빠의 부재 같은 건 못 느끼는 것 같아요. 그런 말을 한 적도 없고요. 안 만날 수 있으면 계속 안 만나고 살았으면 좋겠어요.

M, 이혼싱글맘 아이한테 미안하죠. 아빠가 없다는 것, 아빠랑 같이 살고

있지 않다는 것이 미안한 게 아니라, 남들과 같은 모습이 아니어서, 달라서 덜 행복하다고 느끼거나 스스로를 비정상으로 생각할까 봐서요. 그게 미안한 거죠. 다른 때는 별로 모르겠는데 정상가족과 같이 있을 때 아빠가 없다는 게 확 느껴지죠. 예를 들면 명절 같은 때에, 본가에 가면 엄마 없는 아이, 외가에 가면 아빠 없는 아이가 되는 거예요. 물론 다들 옆에서 챙겨주고 신경써 주지만 또 그럴 때는 불쌍하게 생각하는 것 같아서 기분이 별로예요. 자격지심인가요?

K, 미혼싱글맘 미혼 엄마들끼리 아이 데리고 여행가는 게 정말 좋아요. 다른 집들하고 같이 가면 아빠 없는 거 신경 쓰이는데 여기선 그럴 필요가 없잖아요. 다 같은 처지에서 애들도 같이 돌봐주고. 마음이 엄청 편해요.

아버지가 없다는 것, 아버지와 함께 살고 있지 않다는 것은 사회가 생각하는 만큼 가족구성원들에게 그렇게 치명적인 것일까? 아버지가 주로 생계를 담당하고 어머니는 살림을 도맡아 하던 시절에는 아버지의 부재는 곧 가족의 생존 위기로 여겨졌을 것이다. 결국은 의식주 해결을 위한 수입원이 부재하는 것에 대한 결핍과 불안이 바로 아버지 부재에 대한 두려움이 아니었을까? 이를 지켜보는 친족 공동체나 마을 공동체의 입장에서도 이들의 불행을 자신들이 부담해야 할 공동의 손해로 인식했기 때문에 '결손가족'이라는 부정적인 꼬리표를 부과하게 되었을 것이다. 이 글에 등장하는 싱글맘들이 남편의 부재를 결손이나 결핍으로 인식하지 않는 이유는 이들이 모두 경제적으로 자립했고 스스로 생계를 책임지고 있는 가장이기 때문이다. 따라서 이들은 '정상가족'에서는 나누어 맡고 있는 아버지 역할, 어머니 역할을 혼자서 해내고 있는 셈이다.

C, 미혼싱글맘   정말 힘들고 죽겠을 때는 남편 있는 여자들이 부러워요. 한 달만이라도 쉬고 싶은데 쉴 수가 없잖아요. 남편이 있으면 믿고 쉴 수 있는데…….

K, 미혼싱글맘   아빠가 있으면 장난감이나 뭐 사달라는 거 더 많이 사줄 수 있을 텐데…… 그런 생각은 가끔 해요. 지금 내가 벌고는 있지만 애가 커 가면서 돈은 더 필요하겠죠. 그런데 뭐 아빠 있는 집이라고 이런 걱정 없겠어요?

D, 미혼싱글맘   저는 결혼하더라도 남편에게 경제적으로 의지해서 살 생각이 없기 때문에 차라리 돈은 조금 벌어도 집안일도 잘 돌보고 일도 잘하는 그런 남자가 좋을 것 같아요.

C, 미혼싱글맘   사회적인 시선만 아니면 아빠가 없다는 건 좋은 점도 많아요. 부부가 싸우는 모습 애들한테 안 보여 주잖아요. 부모가 서로 잘 지내지 못하고 갈등이 심하면 자식들도 불행하잖아요. 부모 눈치 보게 되고.

K, 미혼싱글맘　맞아요. 너무 화가 나는 게 꼭 청소년들 문제 생기면 결손가정 얘기 나오잖아요. 부모가 다 있어도 가정불화 때문에 아이들이 상처 입고 나쁜 마음먹고 그러는데 왜 꼭 미디어에서는 그런 식으로 얘기하는지 모르겠어요. 가족문제가 이슈가 될 때 자주 등장하는 얘기가 가족 간의 대화 부족이잖아요. 대부분 보면 권위적이고 폭력적인 아버지가 있는 집이 그런 분위기예요. 꼭 그렇지 않은 아버지라도 사회에서는 아버지가 우선이고 가장이라고 떠받들기 때문에 남자들도 자연스럽게 자신이 우월하다고 생각하게 되는 것 같아요.

생계를 책임지는 가장으로서의 권위적인 아버지상은 이제 어느 가족에서도 환영받지 못한다. 개인의 자유와 평등을 중요시하는 현대인들은 수직적인 위계보다는 수평적 관계를 중시하는 가족 모델을 더 선호하고 이상적으로 생각하기 때문이다. 싱글맘 가족에게 아버지란 꼭 있어야 하는 당위적인 존재가 아니다. 아버지라는 정해진 역할이 있다는 것에도 동의하지 않는다. 다만 아이들에게 필요한 건 누구에게든 돌봄과 사랑을 받는 것이다.

가족을 재구성할 권리, 안 할 권리

싱글맘 가족은 불완전한 미완의 가족이라는 통념이 강하다. 주변에서는 아이를 데리고 혼자 살아가는 모습을 불안하게 혹은 측은하게 바라보며 언제 결혼/재혼할지를 묻는다. 그러나 싱글맘들의 생각은 다르다. 현재 가족으로도 충분히 만족하고 있으며, 사랑하는 사람이 생기더라도 꼭 결혼을 해서 가족이 되고 싶다는 생각은 별로 없다. 특히 이혼싱글맘들의 경우, 결혼생활을 경험했기 때문에 결혼에 대한 환상도 기대도 갖고 있지 않았다.

Y, **이혼싱글맘** 지금은 결혼에 대한 생각이 전혀 없어요. 나중에 아이가 다 커서 쓸쓸해지면 그때는 혹시 결혼하고 싶다는 생각을 할지도 모르겠어요. 사랑하는 남자가 꼭 결혼을 원한다면 고민은 되겠죠.

J, **이혼싱글맘** 결혼 해봤고, 아니다 싶어서 이혼했는데 뭐 하러 결혼을 또 하겠어요. 어떤 사람들은 더 좋은 남자를 만나면 결혼생활이 행복할 수 있다고 말하지만 저는 그렇게 생각 안 해요. 이건 사람의 문제가 아니라 우리나라의 결혼이라는 것이 남녀가 불평등할 수밖에 없는 제도 잖아요. 아무리 애틋했던 연인도 부부가 돼서 어떤 역할에 고정되고 그 기대에 못 미치면 실망하게 되고요.

P, **이혼싱글맘** 이혼하고 몇 년 후에 좋아하는 사람이 생겨서 동거를 했어요. 애들한테 정말 잘하는 거예요. 그 모습이 좋아서 같이 살게 됐죠. 애들한테 처음부터 아빠라고 부르게 하고 그 사람도 아빠 역할을 자처했어요. 그런데 너무 아이들을 통제하려고 하고 하는 거예요. 나도 직업이 있고 같이 벌고 있는데도 술만 취하면 자기가 다 먹여 살리는 것

처럼 얘기하고 폭력도 휘두르고 그랬어요. 그 사람도 전처가 아이들을 키우고 있어서 자기 애들에 대한 미안함과 그리움 같은 게 있었겠죠……. 이젠 남자에 대한 환상도 결혼에 대한 환상도 없어요. 지금은 애들하고만 지내니까 마음도 편하고, 애들도 전에는 그런 말 안 하더니 엄마하고만 있으니까 더 편하고 좋다고 해요. 애들한테 아빠 역할 해줄 사람이 필요하다고 생각했던 제가 경솔했던 것 같아요.

M, 이혼싱글맘　미쳤어요? 내 발로 또 지옥으로 걸어 들어가게? 결혼이 어디 둘만의 일인가요? 이쪽 식구 저쪽 식구 다 얽히는 거잖아요. 저는 전남편 가족과 갈등이 심했어요. 그런 생각이 들더라고요. '가족은 하나의 세계구나.' 살아온 세계가 다른 사람들끼리 만나 가족이 된다는 게 쉽다면 그게 더 이상한 거죠. 특히나 여자는 자기 세계 버리고 남편 세계로 편입되는 경향이 강하잖아요. 아무튼 지금 같은 결혼제도에는 반대합니다.

결혼이 경제공동체이면서 성과 사랑, 생식을 포함하는 복합체라는 측면에서 보면, 대다수의 젊은이들은 이 복합체의 진실을 다 알지 못하고 결혼을 향해 나아가는 것일 수도 있다. 사랑만으로도, 돈만으로도, 성관계만으로도, 자식만으로도 행복할 수 없는 게 결혼생활이다. 그래서 '결혼은 아무것도 모를 때 해야한다'는 말이 있는 것이리라. 이혼싱글맘들과는 다르게 미혼싱글맘들은 결혼에 대해 좀 더 긍정적이었고 자신이 이후에 결혼할 가능성을 배제하지 않고 있었다. 자신이 직접 경험하지 않았기 때문에 주변의 긍정적 사례나 연인의 입장 등을 세심히 고려하는 편이었다.

D, 미혼싱글맘 가족들은 결혼에 대해서 크게 부담을 안 주는데 주변에서 친구들이나 아는 사람들이 결혼하라고 해요. 혼자 애 키우고 사니까 남자한테 사랑받지 못하는 걸 불쌍하고 안쓰럽게 여겨요. 결혼해서 산다고 다 사랑받고 사는 건 아닌데 말이죠. 애한테 아빠를 만들어 주지 않는다고 이기적이라는 말도 하고요. 내가 남자친구를 만들면 몰라도 애한테 아빠를 만들어 줘야 한다는 생각은 없어요. 미혼 엄마들이랑 그룹홈 같은 걸 만들고 싶어요. 임대 아파트처럼 한 건물에 모여 살면서 아이들도 같이 돌보고 힘든 일도 의논하고 왔다 갔다 하면서 살면 좋을 것 같아요.

R, 미혼싱글맘 저는 결혼할 의사가 있어요. 결혼을 제 삶에서 배제하지는 않아요. 서로 존중할 수 있는 사람 만나면 결혼하고 싶어요. 그런 사람이 있을지 모르겠지만……. 지금 내 방식대로 아이 키우고, 자유롭게 하고 싶은 거 하면서 살고 있지만, 가끔 내 삶이 외로울 때가 있어요. 사람과 사람이 만나서 시너지를 얻고 잘 사는 걸 본 적이 있어서 나도 그런 걸 기대하는 거죠. 시월드나 이런 거…… 어떤 사람들 만날지 모르겠지만 서로 싸우면서 감당하면서 이해하고 이해받고 살 자신이 있어요. 나도 여자이고 싶으니까 동반자가 필요한 거죠.

C. 미혼싱글맘　결혼 안 해주면 남자가 떠날 것 같은 불안이 있어요. 주위에서 막 "너, 참 욕심 많다. 결혼 안 할 거면 놔줘야지. 결혼도 안 할 거면서 왜 만나?" 그래요. 남자친구는 결혼해 줄 때까지 설득하겠대요. 저는 결혼은 안 해도 아이는 낳고 싶거든요. 남자친구가 결혼하겠다고 각서 쓰면 아이 낳겠대요.

어쩌면 우리는 지금까지 가족의 구성을 너무 결혼에만 의지해 왔는지도 모른다. 인간 생산, 양육, 부양이라는 커다란 인생 기획이 온전히 혈연의 책임으로 가족 안에서 이루어져 왔고, 그것을 당연하다고 여겨 왔기 때문에 그토록 가족을 부르짖고 결혼에 목매고 있는 것은 아닌지. 한 핏줄이 아니어도, 아버지/어머니가 없어도, 결혼하지 않았어도, 동성(同姓)이 결혼을 했어도, 동물과 살아도, 함께 모여 행복하게 살면 그것으로 족하지 않은가! 이 모두 '괜찮은 가족'이 아닌가!

D. 미혼싱글맘　내가 가장이 되어 이렇게 가족을 꾸려 보니까 가족에 대한 개념이 좀 달라지더라고요. 지금은 자주 모이는 미혼 엄마들이 다 가족이라고 생각해요. 너무 좋죠. 아이가 이렇게 여성들을 많이 자주 만날 수 있다는 건 아주 좋은 환경이에요.

C. 미혼싱글맘　주변에 차별받는 사람들이 보이는 거예요. 내가 차별을 받아 보니까 그전에는 안 보이는 것들이 보이더라고요. 한 번도 미혼

모에 대해서 생각해 보지 않은 내가 미혼모가 되어 보니까 더 차별받는 집단이 눈에 들어오더라고요. 장애인가족, 외국인노동자, 다문화가정, 성소수자가족…… . 처음에는 내 일이 아니니까 나랑 이해관계가 없으니까 편견을 가질 필요가 없다라고만 생각했어요. 그런데 성소수자인 친구들을 만나게 된 거예요. 그때는 내 친구니까 괜찮다라고 생각했어요. 그 집단에 대해서까지는 이해하지 못했어요. 그런데 자주 접하다보니까 다를 게 없다는 생각을 하게 된 거죠.

K, 미혼싱글맘 예전에 한 후배가 낙태를 하고 저를 찾아온 적이 있었어요. 그 후배가 "언니, 언니는 나를 비난하고 안 받아 줄 줄 알았어요. 언니는 힘들지만 아이를 낳았는데, 나는 낙태를 했으니까……" 하더라고요. 그때 저는 "너의 선택을 존중해. 아이를 낳는 것이 나의 선택이었듯이 아이를 낳지 않기로 한 것도 너의 선택이야"라고 말했어요. 그애가 가족 같이 느껴졌어요.

* * *

중국 윈난성에는 모쒀족이라는 부족이 있다. 이들은 '사랑은 계절과 같아서 왔는가 하면 또 가 버리는 것'이라고 생각하기 때문에 남자와 여자가 결혼을 하지 않는다. 모쒀족 여자들은 아버지가 누구인지 중요하지 않은, 또 아버지가 제각기 다른 여러 명의 자녀를 낳고 기른다. 모쒀족의 아이들은 어머니 집에서 어머니의 형제자매와 함께 살아간다. 한 명의 아버지 대신 여러 명의 외삼촌의 보살핌을 받고, 이모들은 '작은 엄마'가 되어 아이들을 보살핀다. 지금 우리와 같은 견고한 가부장적 가족제도에서는 상상도 못할 일이다. 우리 식으로 하자면 모쒀족 사회의 엄마들은 모두가 미혼모이고, 또 모두 결손가족인 셈이다.

프로이트의 분석대로 초기 아동기가 성격을 형성하는 중요한 시기라면, 지금 우리 사회 대부분의 가족의 모습처럼, 문이 굳게 닫힌 집안에서 모든 욕구를 한 명의 엄마를 통해서 해결해야 하는 아이의 순조로운 성격발달을 기대하는 것은 너무 어리석은 일이다. 가족과 가족이 섬처럼 고립되어 견고한 성을 쌓고 살아간다면, 아이들은 성 밖의 세상과 사람들을 두려워할 수밖에 없다. '내 자식'에 대한 과도한 애착이 '남의 자식'에 대한 배타가 되어 서로를 구별짓고 경쟁하게 만든다. 가족이 반사회적이라고 비판받는 것도 이러한 맥락이라고 볼 수 있다. 우리가 원하는 가족의 모습을 '오래된' 미래에서 찾는다면, 모쒀족의 아이들이 우리의 아이들과 다르게 어떻게 자랐을지를 상상해 보는 것도 좋겠다. 나는 아이들과 함께하는 싱글맘의 모임에서 모쒀족의 모습을 본다. 이야기가 가득한 밥상에서 여러 명의 엄마들의 눈길과 손길을 받으며, 많은 언니, 오빠, 누나, 동생들과 어울려 노는 아이들에게서 소란하고 생기 있는 미래를 본다.

사랑과 폭력의 근원,
가족을 떠나보내며

사이코드라마티스트로서 상담을 하며, 치료 현장에서 만나게 되는 천차만별 가족 이야기. 이야기 속 가족은 우리를 왜곡시키고 상처를 줄 뿐이고, 이야기와 치유를 통해 그 상처를 극복할 때 필요한 건 기존의 가족이데 올로기와 허상을 벗어나 새로운 관계를 상상하는 일이다. 가족이라서 함께 사는 게 아니고, 함께 사는 사람이 가족이다.

이은주

'이은주 힐링드라마아트센터' 대표. 경북대학교에서 불어불문학과와 동 대학원에서 드라마(불문학)를 공부했다. 1992년부터 여성인권운동을 해오고 있으며 특히 성매매피해여성을 지원하는 인권센터에서 일하며 심리치료에 관심을 가지게 되었고, 경북대학교에서 문학치료학 박사과정을 수료했다.
동화 『불새가 된 깃털』을 썼고, 여성주의상담 슈퍼바이저와 전문문학치료사, 소시오드라마 사이코드라마 전문디렉터로 활동하고 있으며, 최근엔 생애구술사 작업과 삶의 이야기가 있는 '생애 콘서트'(Life Concert), '힐링드라마아트스쿨– 평화학교'를 운영하고 있다.

나는 여성주의 문학치료사이자, 사이코드라마티스트다. 상담이나 치료 현장에서 천차와 만별의 삶을 살아가는 사람들을 만난다. 모든 사람들이 몸과 마음을 사로잡고 있는 불안과 두려움, 고통과 슬픔의 이야기를 한다.

치유는 누군가 나의 말을 경청하며 내 마음의 현실을 있는 그대로 수용해 줄 때 일어난다. 말하는 순간 몸 안에 갇혀 있던 그때의 두려움과 분노의 감정들이 되살아온다. 감정의 분출은 우리 몸 속 세포 하나하나에, 뼛속 깊이 쌓인 정서들을 털어내는 정화의 의식이다. 고통의 그 순간을 재경험하며 무력해서 하지 못했던 말과 행동을 해봄으로써, 실재가 아닌 마음속에 쌓여 있는 만리장성, 즉 '잉여 현실'을 재현하고 무너뜨린다. 사이코드라마에서는 특히 서로가 서로에게 거울이 되고, 주인공은 내 '모양'을 거울에 비추어 보고 알아차리고 다시 살아 보기를 하는 것이다. 그리고 서로의 경험나누기를 통해 그 아픔이 나만의 것이 아니라는 것을 알게 되며 위로와 지지를 받고 안도와 연대의 느낌을 가지게 된다. '아! 세상은 나 혼자 사는 게 아니네. 나만 겪는 고통이 아니네' 하는. 그후 열리는 축제의 시간에 음식을 나누어 먹고, 더 진하게 서로를 포옹하고, 노래하고 춤을 춘다. 이 생에 소풍 온 것을 축하하며……. 진심을 나눈 사람들과 함께 노는 즐거움이야말로 경쟁과 역할원칙이 강한 현실로 돌아갔을 때, 억울함과 외로움을 버텨 낼 수 있는 든든한 버팀목이 되는 것이다.

천차와 만별의 이야기들은 하나도 같은 것이 없고 그러면서 서로가 닮아 있다. 한데 그 속에는 언제나 가족이 있다. 아버지 어머니, 그 아버지와 어머니, 형제들. 이야기 속 가족은 공익광고 속에 나오는 따뜻하고 웃음 가득한 모습이 아니다. 겉으로 보기에 다정하고 행복해 보이는 가족들은 얼핏 많은 듯하지만, 내면을 들여다보면 그들도 엄청난 갈등을 겪으며 살아간다는 걸 쉽게 알 수 있다. 가족은 우리가 인생을 살아가는 데 든든한 울타리이면서 생존방식을 가르치고 배우는 공간이기도 하지만, 또한 고통의 뿌리이기도 하다.

오십 년쯤 세상을 살아오니 가족은 이제 더 이상 중요한 무엇이 아니라는 생각을 한다. 태어나 성장하는 과정에 거쳐야 하는 터널 같은 존재다. 그리고 가족은 허상일 뿐이다. 더 정확히 말해서 가족은 사랑과 행복이 가득한 안식처라는, 가족이 해체되면 불행할 거라는, 가족의 형태를 지켜야만 한다는 가족 이데올로기는 허상이다. 나의 부모형제와 자식을 소중히하고 사랑하는 것은 가족 이데올로기와는 완전히 별개의 것이다. 사랑과 의지는 가족이 아닌 또 다른 그 누구와도 나눌 수 있는 것이므로.

가족, 세상으로 통하는 길목

"즐거운 곳에서는 날 오라하여도 내 쉬일 곳은 작은 집 내 집뿐이리." 그럴 수 있는 자는 복이 있나니…….

찬 바람이 옷 속을 파고들어와 몸을 웅크리게 하는 11월 어느 날, 도시 변두리 주택가 초록대문에 한 사내아이가 매달려 있다. 열 살 아이는 학교에 갔다 돌아와 집으로 들어가려다 작은 마당 너머 방에서 술을 마시면서 소리를 지르고 있는 아버지를 보았기 때문이다. 아이는 누가 오기를 기다린다. '엄마가 어서 오면 좋겠는데…….' 형이나 누나라도 오면 좋겠다고 생각하며 대문 뒤에 숨어서 아버지가 잠들기를 기다린다. 해는 뉘엿뉘엿 넘어가고 바람은 차고 골목을 지나가는 사람이 쳐다보지만 선뜻 집안으로 들어설 용기가 나지 않는다. 점점 어둠이 짙어지고 배도 고프고 무서웠지만 아버지가 화내고 때리는 것이 더 무섭다고 생각한다. 이웃집에서 밥 먹는 소리도 끝나고 텔레비전 드라마도 끝이 나고 별들이 반짝이는 골목에는 이제 아무도 오지 않는다. 다섯 시간째 발은 감각이 없고 배고픔도 잊어버렸다. 귀신이라도 나올 것 같은 어두운 골목길을 이제나 저제나 엄마가 오지 않나 눈이 빠지게 노려보면서 아이는 집에서 소리 지르는 아버지만 없으면 좋겠다 생각한다. 아버지만 없으면 집에서 공부도 마음 편히 하고 잠도 편히 잘 텐데……. 엄마랑 누나랑 형이랑 우리끼리 크고 좋은 집에서 행복하게 사는 모습을 상상해 본다. 12시가 넘었는지 옆집의 텔레비전 소리도 꺼지고 고요하다.

히잉 —— 매서운 바람 소리에 놀라 눈물이 맺힌다. 일곱 시간쯤 지났을
까 골목 저 끝 어둠 속에서 발자국소리가 난다. 엄마 발자국소리가 난
다. 아이의 참았던 가슴에서 눈물이 쏟아진다.

주인공으로 나온 사람은 30대 후반 직장인 비혼 남성이었다.
그는 직장상사와 갈등을 겪고 있었는데, 그 상사와는 10년 동안 함
께 일했고 회사를 옮길 때도 따라 옮겼으며 평소에도 "자네는 내가
믿어! 회사가 어려워도 자네는 내가 봐줄 테니 걱정하지 마"라는 말
을 듣곤 했다. 그런데 작년 연말 전체 직원들의 급여명세서를 보게
되고서 깜짝 놀랐다는 것이다. 평소에 일을 잘하지 못한다고 불만이
었던 사람이 월급이 더 많고 본인은 정작 평균 정도밖에 안 되는 금
액을 받아 왔다는 사실을 알게 된 것이다. 그리고 분노할 만한 일은
동료가 일을 하다 사고로 사망하게 되었는데, 본사에서 내려온 보상
금 일부를 사장이 가로챘다는 것이다. 또 회의시간에 한 시간을 넘
게 신세한탄을 하며 소리 지르는데 그 소리가 듣기가 싫고 가슴이
갑갑해진다는 것이었다. 자신이 팀장이라 부하직원들은 주인공이
해결해 주기를 바라는 눈치를 보내지만 자신은 그런 인간에게 말을
하고 싶지도 않다고 했다.
　회의시간 장면을 재연하면서 회사가 어렵다느니 신세한탄을
하며 소리지르는 사장에게 아무 말도 하지 않고 30분을 버티고 서
있는 주인공에게 왜 아무 말 하지 않느냐고 물었다.
　"난 신세한탄이나 하면서 소리 지르는 사람 싫어해요. 저런 사

람 보면 비웃음이 나고 짜증나요. 하지만 시간이 지나면 자신에게 돌아갈 거니까 무시하고 기다리는 거예요."

자기의 업무를 잘 해내고 상식적인 사람이라 생각했던 그의 대응방식은 다소 의외였다.

"지금처럼 이렇게 비웃음이 나고 짜증났던 적이 있으셨어요? 생각나는 사람이나?"

"아버지요."

주인공이 떠올린 사람은 아버지였다. 아버지는 돌아가셨지만 살아생전 술을 마시고 살림살이를 부수었고, 먹고살기 위해 돈을 벌러 엄마는 늦게까지 일을 다니셨다고 했다. 기억에 떠오르는 장면은 열 살 때 학교에 다녀와 집안으로 들어가지 못하고 대문 밖에서 일곱 시간을 떨며 서 있었던 순간이었다.

주인공은 신세한탄하며 소리 지르는 아버지의 모습을 사장에게 투사했다. 직장 사장이 아버지의 이미지와 겹쳐지면서 주인공은 사장 앞에서 무기력하고 두려웠던 열 살 아이가 되어 버린 것이다.

열 살짜리 아이에게 아버지는 두렵고 무서운 존재였다. 그런 아버지와의 삶의 방식이 내면화되어 아이는 어른이 되어도 아버지라는 두려움의 그림자를 안고 살아간다. 가족은 세상으로 통하는 길목이자 모든 인연의 시작이다. 가족은 어머니의 어머니의 어머니, 아버지의 아버지의 아버지의 삶의 방식이 반복 재연되고 일상의 양식과 의식이 내재화되면서 대물림되는 공간이기도 하다. 그것을 누구는 '업'(業)이라 하고 '카르마'라 하고 '유전'이라고도 한다. 가족은 지속적이고 뿌리 깊이 결속된 관계이기 때문에 출가를 하거나 수도자가 된다 해도, 평생을 통해서도 분리되기가 힘들다. 자유로운 의식에 이르고 자유로운 삶의 실현을 위해서는 가족을 벗어나와야만 하는 필연적인 과정이 기다린다. 이때 나의 가족은 거울이 된다. 가장 나를 속속들이 비춰 주는 거울이다. 의식의 성장과 수행을 위해서는 가족으로부터 내재화된 의식과 관계방식과 습(習)들을 털어내야 한다. 가족으로부터 내재화된 의식에서 벗어나는 과정은, 과거에 매이지 않고 미래에도 매이지 않고 지금 여기를 살 수 있는, 영혼의 자유를 얻는 지난한 과정이기도 하다.

폭력의 근원인 가족

66 엄마 아버지는 싸우고, 오빠는 화나 있고 큰언니는 어디로 숨을까 생각하며 지냈고, 작은 언니도 화나 있으니까 동생인 나한테 풀었던 것 같아요. 저 사람이 우리 엄마가 맞나? 아, 우리 엄마다 하니 엄만가 보다 했어요. 작은 언니는 언제나 나를 함부로 대했어요. 툭하면 욕하고 때리고……. 제가 둘째 아이 낳고 두 팔에 마비가 와서 밥도 빨래도 못하게 돼서 할 수 없이 친정에 가 있었는데 "니가 왜 아프냐. 하는 일도 없으면서. 왜 친정에 와서 다른 사람 힘들게 하냐"고 했어요. 나한테 그러는 건 참을 수 있었지만 우리 아들한테까지 그러는 건 참을 수가 없었어요. 우리 큰애를 친정 옆에 있는 작은 언니 피아노학원에 보냈거든요. 아이가 초등학교 4학년이었는데 학원에서 장난친다고 작은 언니가

마당으로 나오라 해서 아이의 무릎을 꿇리고 의자를 번쩍 들더니 아이에게 던지는 거예요. 제가 그 장면을 보게 되었는데 아무 말도 못하고 멍하니 보고만 있었어요.

가족이란 매우 가깝고 친근한 것 같으면서도 그 개념을 명확하게 규명하고자 하면 어려워진다. 즉 대부분의 인생을 사는 공간이며, 몸으로 경험하는 공간이면서도, 그것을 설명하기는 어려운 공간이다. 가족 내에서 대부분의 인간은 생애 최초의 경험을 하게 되고, 평생에 걸쳐 수많은 경험을 하게 된다. 가족은 가장 따뜻한 공간으로 경험되는 동시에 큰 상처를 경험하는 공간이기도 하다. 애정을 경험하는 공간이기도 하고 권력이 경합하고 갈등이 드러나는 공간이기도 하다. 또한 하나의 가족 안에서도 가족구성원들은 각각 다르게 가족을 경험하기도 한다. 폭력의 측면에서 본다면 가족은 개인이 최초로 폭력에 노출될 수 있는 장이기도 하고, 가족 외부에서 경험한 폭력을 해석하는 틀을 제공하는 장이 되기도 한다. 이처럼 가족은 살아가면서 조건화되어 가는 개인의 삶에 중요한 조건의 하나로 작용한다.

아이에게 엄마는 온 세상이고 우주다

사람은 어머니의 자궁에서 자라나 모습을 갖추고 세상 밖으로 나온다. 엄마는 출산의 고통을 겪고 아이는 좁은 관문을 통과하는 고통을 겪는다. 탯줄을 끊고 엄마의 젖을 먹고 자라는 아이에게 엄마는 온 세상이고 우주다. 그래서 모든 것을 엄마와 가족들에게서 배운다. 애착이 크면 클수록 아이들은 부모와 똑같은 방식으로 살아가게 된다. 대부분 아이가 자라면서 가장 많이 듣는 단어는 '엄마'다. 낳은 엄마든 대리엄마든 말뿐만 아니라 엄마의 목소리, 체취, 피부감각까지 가장 익숙하게 자라면서 세상 살아가기를 배운다. 말하기, 걷기, 밥먹기, 옷입기에서부터 배변의 방식과 사회적 예의와 관계맺는 법까지 엄마, 즉 제1양육자와 함께 사는 가족에게서 배우고 익히며 성장한다.

특히 6세 이전에 아이와 엄마와의 관계방식이 아이의 전생애 관계맺기의 방식을 결정짓는다는 이론이 대상관계이론인데, 이 이론은 상담과 심리치료 현장에서 내담자의 문제를 이해하는 데 아주 유용하게 쓰인다. 어린시절 개체성이 보호되면서도 상호협력하는 건강한 애착관계가 형성된 아이는 타인과 관계맺기를 잘하며 조화롭게 살아갈 수 있다. 하지만 지나친 애착이나 방임, 지나치게 통제받거나 소외된 경험은 자의적인 영역을 확보하면서 상호작용하는 건강한 관계맺기를 하기 힘들다.

한때 나는 글쓰기와 책읽기를 가르치러 집집마다 방문을 하며 다닌 적이 있었는데 2년 정도 그 일을 하면서 아이와 엄마가 독특한 몸짓이나 말투, 사투리, 억양뿐만 아니라 음성의 어조와 빛깔, 성음방식이 같은 걸 발견했다. 신기한 일이었다. 처음 그런 현상을 의식하고 난 후 다른 가족들을 유심히 살피게 되었다. 혀가 짧은 소리를 내는 엄마면 아이도 혀 짧은 소리를 했고, 비음이 강한 소리를 내는 엄마면 그 집 아이도 비음이 강하게 발음했다. 그때 내가 알게 된 것은 아이들은 온전히 열려 있으며 있는 그대로 보고 듣는 대로 수용한다는 것이다. 처음 세상에 왔을 때 아이는 분별하거나 판단하지 않고 있는 그대로 자연으로 받아들인다. 그중 가장 큰 세상이 엄마고 가족이다. 가장 지긋지긋해하면서도 가장 인정받고 사랑받고 싶은 대상이 바로 엄마이고 가족인 이유다.

가족은 없다

> 세 살 때 맞은 기억, 싸우는 기억이 나요. 엄마 아빠는 늘 싸웠고 칼부림도 났고 엄마는 저희 두 딸에게 폭력을 가했어요. 10년을 이혼으로 싸웠죠. 고등학교 때 동생이랑 맨발로 남자친구 집으로 도망간 적도 있어요. 방치된 상태에서 성폭력을 당했는데 엄마는 모른 척했어요.

이 이야기에서 가족은 내가 쉴 수 있는 곳도 안전한 곳도 의지할 수 있는 곳도 아니다. 사랑을 나누는 곳도 아니다. 위험하기 짝이 없고 나를 상처주고 파괴하는 곳이다. 나의 본성을 왜곡하고 고통을 주는 공간이다. 가족이 '서로 사랑하는 삶의 공동체'니까 가족을 수용하라는 것은 이들에게는 터무니없고 화나는 말이다. 이야기 속 주인공에게 '서로 사랑하는 삶의 공동체'인 가족은 없다. 그런 가족은 실체가 아니라 관념일 뿐이다.

“ 제 부모님은 외가댁과 친가가 돈을 보고 집안끼리 결혼을 했어요. 제 이란성 쌍둥이는 태어날 때 정신지체였고 엄마는 '돈! 돈!'거리는 집안에서 분열과 회피를 못 견뎌 제가 네 살 때 이혼을 하셨어요. 그리고 아버지는 재혼을 했어요. 새엄마는 무차별적인 폭언과 구타와 폭력을 우리에게 휘둘렀어요.

다섯 살 땐가 여섯 살 땐가 하루는 새엄마가 초콜릿을 주더라고요. "너 혼자 몰래 먹어" 해서 혼자 먹고 있으니까 바로 방으로 들어와 소리치는 거예요. "너 이런 년인 줄 알았다. 너 도둑년인 줄 알았다. 동생들하고 나눠 먹으라 했더니, 이 도둑년! 밥도 먹지 말고 물도 먹지 말고 침대 밑에 들어가 아빠 올 때까지 나오지 마."

침대 밑에 들어가 무서워서 울다가 잠이 들었던 것 같아요. 중2 때 우리 아파트에서 공부를 잘하는 여중생이 옥상에서 뛰어내려 자살한 적이 있는데 그때 새엄마가 "멀쩡한 집 자식도 죽는다. 너 같은 게 왜 아직도 살아 있냐, 이 미친년아!" 이렇게 말했어요. 아빠와 새엄마는 사업을 한다면서 할아버지 재산을 수십 억을 날렸는데, 그런데도 고등학교 때까지 돈이 없어서 제 급식비를 못 내주겠다고 했어요. 열아홉 살 때까지 저는 제가 정신이상이 있는 줄 알았어요. 몸이 아파 병원에 갔더니 우울증과 분열증 진단을 받았어요. 그러니까 새엄마가 이렇게 말하더라고요. "저 의사는 돌팔이다. 너 같은 게 정신이상이 아닐 리가 없어. 네가 화근이야. 너의 엄마가 미친 것도 다 너 때문이야."

저는 매일 맞았어요. 처음엔 새엄마가 아빠가 없을 때만 때리다가 나중엔 아빠 있을 때도 때렸고 제가 맞을 때 아빠는 말리지 않으셨어요. 새

엄마한테는 매일, 아빠한테는 3일에 한 번 정도 맞았고요, 쌍둥이 동생은 아빠한테 매일 맞고 새엄마한테는 3일에 한 번 정도 맞았어요.

지금은 혼자 살고 있는데 언니나 동생을 만나려고 하면 새엄마는 "너 어떻게 해버리겠다. 너 미친 거 소문내 버리겠다"고 협박해요. 알아보니까 아동폭력죄 공소시효가 5년이라 기간이 끝났더라고요. 그래서 협박죄로만 처벌이 가능한 상태예요.

가족은 무엇인가? 안전한 영역인가? 20대 중반의 비혼인 이 주인공에게 가족은 우울과 분열을 가져다준 대상이었다. 지금도 매일 약을 먹어야 불안에서 벗어나 잠을 이룬다. 누군가에게는 몸과 마음의 안식처가 될 수 있겠지만 누군가에게는 아니다. 서로 사랑하는 삶의 공동체를 꿈꾸어 보지만 3층에서 뛰어내려 다리가 부러져 걷지도 못하는 열일곱 살 딸을 새벽 5시에 집 밖으로 쫓아낸 아버지도 보았고, 친딸을 성폭행하는 아버지도 생각보다 많이 만난다. 진짜 '싸나이'가 뭔지 가르쳐 주겠다며 속칭 자갈마당(성매매업소 집결지)에 데리고 가는 아버지도 있었고, 남편의 관심과 재산을 얻기 위해 자식을 병든 아이로 만들어 이용하는 엄마들도 심심찮게 만날 수 있었다. 남편에게 살해당하는 아내들, 아내에게 죽임을 당하는 남편들, 아들의 칼에 맞는 아버지 어머니들은 신문지상에 어렵지 않게 만날 수 있다. 가장 사랑받고 싶고 사랑하고 싶은 '가족'이 가장 무서운 대상이 되는 것이다. 한 드라마 주인공으로 나온 여성은 아버지를 죽이고 싶다고 했다. 아버지는 고함을 치며 가족을 때렸다.

아버지는 막내딸을 예뻐하고 귀여워하시고 늘 업고 다니곤 하셨다. 하지만 주인공은 엄마와 언니들을 혼내며 소리지르는 그 순간 엄마 옆에 있다가 기어서 떨어져 나와서 무서워했던 세 살적 기억을 떠올렸다. 20년 전에 죽은 아버지가 자신을 보고 있는 것 같다고 했는데, 요즘은 갈수록 그것을 더 강하게 느끼는 데다, 친구를 사귀는 것에도 실패하고 남자를 사귀는 것도 두렵다 했다.

사랑이라는 이유로

특별히 폭력을 쓰지 않더라도 가족은 사랑이라는 이유로 '너 잘되라고' '위험하니까' '사랑하니까' 아이들 각 존재의 본질을 왜곡시킨다. "그만 놀고 들어가서 공부해라", "휴대폰 좀 그만해라", "머리카락 깎아라", "술 마시고 담배 피우지 마라", "나쁜 친구들이랑 놀지 마라". 부모들이 아이들에게 화를 내고 때리는 것은 분명 아이가 이 세상을 안전하게 성공적으로 살 수 있기를 바라기 때문이다. 가난하면 무시당하니까, 학벌이 없으면 실력이 있어도 인정 못 받으니까, 권력을 못 가지면 억울하게 값 없이 죽을 수도 있으니까 야단을 치고 닦달을 한다. 외세의 침략과 식민지 경험, 전쟁, 군부 독재와 분단이라는 터널을 지나온 대한민국에서 가족이 온전히 살아남는다는 것은 쉬운 일이 아니었으니까. 폭력이 버젓이 자행되고도 권력을 가진 자들의 목소리가 아직도 당당하니까. 공적인 관계에서의 폭력은 사적인 관계 속에서도 재현된다. 그 비열함을 알지만 폭력과 죽음에 대한 불안과 두려움은 무의식적으로 혹은 의식적으로 자식들을 자기답지 못하게 키우도록 한다. 경쟁에서 밟고 올라가 혹은 비굴하게라도 어떻게든 살기를 바라는 것이다.

"아이고 우리 아들 착하네!", "우리 딸 100점 받았네, 잘했어!" 칭찬과 질타, 회유하고 협박하고 당근 주기를 번갈아 하는 부모의 애타는 닦달 밑바닥에는 아이가 안전하게 자기 삶을 살아가기를 바라는 강한 바람이 있다. 그것이 자식에 대한 사랑의 표현이기도 하다. 실제로 아이들을 자신의 고유성에서 더 멀어지게 하는 건 지적하거나 꾸중하는 것보다 칭찬이다. 칭찬을 통해 부모님이 좋아하는 게 무엇인지를 알고 부모님에게 사랑받고 싶은 아이는 그 방식을 옳은 것으로 내면화하고 반복 행동화함으로써 '습'(習)이 되고 고정관념으로 자리 잡는다. 강의 현장에서 많은 부모들에게서 '칭찬도 꾸중도 하지 말고 그러면 어쩌라는 거야' 하는 볼멘소리를 듣는다. '있는 그대로 소통하고 공감하시라' '나를 솔직하게 표현하고 아이의 말을 잘 듣고 공감하고 믿으시라'고…… 하지만 대부분의 부모는 그 사랑을 "하지 마!", "울지 마!" "안 돼!"처럼 억압과 통제의 방식으로, 때로는 폭력의 방식으로 행한다. 사랑이 사랑의 방식으로 표현되지 못하는 것은 무의식 속에 내재된 불안 때문이다.

폭력과 죽음에 대한 불안이 강하게 내재된 가족은 사랑이라는 이유로 더 많이 아이들을 왜곡시킨다. '현실사회에서 안전하게 살도록 하기 위해서'라고 생각한다. 하지만 그 불안은 부모가 경험한 폭력에 대한 정서들의 투사일 뿐이다. 만약 사회적 패러다임이 변하지 않았다면 그 방식이 비교적 유효하겠지만, 사회 패러다임이 변해 가고 있는 지금 그 지식과 방식은 더 이상 유효하지 않다. 그런데도 부모는 자신의 경험 속에서 가진 불안과 두려움을 아이들에게 투사한다. 사랑하기 때문에. 그 사실을 자각했을 때 우리는 어떤 부모라도 미워할 수 없게 된다. 그런 부모일수록 더 크게 연민하게 된다.

부모보다 아이들이 더 크게 사랑한다

몇 년 전 만났던 남주(가명)는 일곱 살 때부터 ADHD 치료약을 먹었다. 틱 증상을 보였고, 다른 아이들과 잘 어울리지 못했다. 학교에서는 흥미가 없을 경우 수업에 참여하지 않고 도서관에 가서 책을 읽거나 교실에서는 만들기를 주로 했다. 남주가 종이를 풀로 붙여 만든 탱크나 총은 아주 정교하고 멋졌다. 탱크와 총, 전쟁에 관한 다큐멘터리나 책을 찾아보곤 해서 역사적 지식도 상당히 풍부했다. 내가 남주를 만난 건 아이가 아홉 살이었을 때였고 남주의 엄마는 아이가 '엄마 사랑해' 하는 목소리를 녹음해 휴대전화 벨소리로 사용하고 있었다. 그러면서 아이가 사회성은 좀 부족하지만 천재적인 부분이 있다고 이해하고 싶어했고 선생님께는 아이의 행동을 특별히 봐달라는 요청을 했다. 반 아이들은 수업에 참여하지 않고 혼자 만들기를 하거나 책을 읽고 있는 아이가 이상하게 보였는지, 바보라고 놀렸고 당연히 남주는 반 아이들과 잘 지내기 힘들었다.

전반적인 우울감을 가지고 있긴 했지만 나와 좀 친밀해졌을 때 남주는 눈을 마주치고 인사를 나누고 포옹을 하는 것에 거부감이 없었다. 함께 음악을 듣고 놀이를 하고 더운 날에는 "선생님 물 드릴까요?" 하며 물을 따라주기도 했다. 하루는 아이를 만나러 집으로 갔는데 아무 말도 하고 싶지 않다고 했다. 아이 옆에서 나도 한참을 가만히 있으니 "이제 뭐 할까요 선생님" 하면서 말을 꺼냈다. "남주야, 속상한 일 있니?" 하고 물었더니 엄마가 어젯밤에 자기를 때렸다고 했다. "죽으라면서. 너 땜에 엄마가 죽겠다고, 이 병신 같은 놈이라고 하며 온몸을 때렸어요" 했다. 그때 마음이 어땠냐고 묻자 슬펐다고 말했고, 그런 엄마를 어떻게 생각하는지 물어보자 아이가 대답했다. "엄마가 화나는 일이 있었나 봐요. 엄마가 화가 안 났으면 좋겠어요." 그래도 엄마를 사랑한다고 말했다.

내가 남주를 통해 본 것은, 내리사랑이라는 말을 많이들 하지만 사실은 부모보다 아이들이 더 큰 사랑을 가지고 있다는 것이다. 남주만이 아니라 많은 아이들이 칼을 든 부모를 용서하고 그 부모의 사랑을 기다린다. 어릴 적 자신을 버린 부모조차 아이들은 얼마나 그리워하는가. 원망도 사랑이 없으면 나지 않는다. 부모가 어떤 모양을 하고 아무리 부족하다 할지라도, 아이들은 자신을 낳고 키우는 이를 '있는 그대로' 그 모습 그대로 받아들이고 사랑한다. 자기정체성을 형성하는 사춘기 이전의 아이들은 더욱 그렇다. 아이들의 ADHD나 틱 증상은 환경이 자신의 본성을 침해하고 왜곡시키고 있다는 신호를 보내오는 것이다. 어떤 아이는 좀 더 내성이 강하고 어떤 아이는 비슷한 환경에서도 정상범주의 행동을 할 수 있겠지만, 억압과 왜곡의 경험은 몸에 저장되어 있다가 생애 전체를 통해서 결국은 다양한 방식으로 드러나게 된다.

가출하고 출가하라

66 엄마가 스무 살 때 유부남이었던 아버지가 총각인 줄 알고 속아 연애를 하다 나를 임신하고 결혼을 했어요. 엄마는 화가 나면 "너 땜에 인생을 망쳤다"면서 '우리 보물단지' 했다가 '애물단지'가 되곤 했어요. 전 우리 아버지 같은 남자, 위선적이고 권위적인 남자만 보면 마음에서 뭐가 올라와요. 엄마의 이중적 방식과 아버지의 위선이 보기 싫어 스무 살 때 가출을 했어요. 머리를 깎기도 했었는데 아버지가 나를 찾아왔어요. 그래서 집으로 다시 돌아갔죠.

20대부터 조울증을 앓았던 데다가 수차례 가출을 시도했던 이 여성은, 40대인 지금도 수면제를 먹지 않으면 잠을 자지 못한다. 부모가 안정적이지 않을 때 아이들이 겪는 어려움은 크다. 그리고 가족이 안정적이고 특권층일수록 더 많은 사회적 주류 이데올로기에 편승하도록 강요된 삶을 살게 된다. 성역할 고정관념이 더 강하고 성별 권력관계가 분명하게 작동된다. 특히 많은 여성들은 사랑이라는 이름으로 혹은 안전을 명분으로 자율을 통제당한다. "늦게 다니지 마라", "부모 얼굴에 먹칠하지 않도록 잘해라", "순종해라" 등의 말로 통제하고 처벌한다. 그래서 많은 여성들은 집을 떠나기 위해 결혼을 선택한다. 일방적인 통제에서 부부라는 좀 더 수평적인 관계로 이행하는 것이다. 부부가 힘의 균형과 상호성을 이룩하지 못하면 정서적·물리적 폭력이 일어날 수밖에 없다. 그러면 다시 부부관계에서의 희생자는 히스테릭하게 불안증을 드러내며 가족에서 약자인 자식에게 그 고통을 이전시킨다.

66 전 네 명의 어머니가 있습니다. 저는 그 중 두 번째 어머니에게서 태어났어요. 배다른 오빠와는 일곱 살, 남동생과는 열 살 차이가 나요. 유언으로 혈육이 중요하다는 말씀을 남기셨던 아버지는 정작 우리를 돌보지는 않으셨어요. 딴 살림을 차리셨고 자라면서 아버지를 본 기억도 별로 없어요.

큰어머니와 오빠는 나를 쓰레기처럼 대했어요. 중학교 때는 학비를 내지 못해 무기정학을 당했었어요. 엄마도 아버지도 큰어머니도 아무도 신경을 쓰는 사람이 없었어요. 그때 교장선생님께서 복도에서 아이들에게 빵을 팔게 해주셔서 교실복도에서 빵을 팔았어요……. 그래서 학교를 마칠 수가 있었죠. 완전 방임이었어요.

10년 전인가, 제가 암에 걸려 수술을 했을 땐 남편이 절 돌봐줬죠. 그런데 작년에 아버지가 병으로 입원했을 때 집안 사람들과 6촌까지 와서 하는 말이 저보고 딸이니까 아버지와 아들 사이를 잇는 역할을 하라는 거예요. 오빠는 집에 왕래하지 않은 지 오래됐거든요. 내가 그렇게 힘들 때 아무도 말 한마디 없다가 50년 만에 하는 말이 나보고 오빠와 동생 사이에 가족으로서 다리 역할을 하라는 거예요. 기가 막혀 여기 가슴이 꽉 막혀 터질 것 같아요.

'가족'이라는 고정관념을 만들어 낸 건 마을과 국가다. 무력한 자들, 약자, 소수자, 이민자, 노인, 아이, 여성들에게 이름 붙이는 '나쁜' 짓은 대개 권력을 가진 자들이 정해 놓은 사회적 규범과 역할에서 벗어날 때다. 얼마 전 지역주민과 경찰들의 간담회에 참석했는데 그때 한 중학교 교장선생이라는 분이 말했다.

"우리 동네 어린이 놀이터가 많아요. 그런데 그저께 저녁에 지나가다 보니까 중학생 애들이 담배 피우며 여학생들과 희롱을 하고 있는 겁니다. 놀이터가 우범지대가 되지 않도록 애들을 쫓아내주십시오. 경찰 순찰 강화를 부탁합니다."

순간 기가 탁 막혔다. 어린이 놀이터에 중학생이 놀면 나쁜가? 중학생 놀이터는 세상 어디에 있는가? 세상 절반이 남자고 여잔데 함께 놀면 나쁜 행위인가? 담배 피우는 건 부도덕한 행위인가? 담배가 몸에 해로운 건 사실이지만 담배를 피우는 아이가 반드시 나쁜 사람인 것은 아니다. 해롭다면 해로운 물건을 만들지 않으면 좋았을 텐데. 어른들이 돈을 벌기 위해 만들어 놓고 아이들에게 처벌을 하는 꼴이다. 아이들은 관계맺기를 연습하고 익히는 중이었다. 호기심이 많고, 다른 사람과 사귈 줄 알며, 어린 시절을 추억하며 저녁시간의 바람을 시원하게 느끼고 여유를 지닌 아이들은 아니었을까! 교장은 가르치는 것을 본분으로 하는 사람 아닌가? 아이들을 학교가 가르치지도 않고 경찰에게 수갑을 채우라고 하는 꼴이다. 중학생들이 이 말을 들었으면 이런 어른들의 말이 실현되고 이런 규범이 통하는 사회에서 살고 싶을까. 신나게 자신의 노력과 헌신으로 이 사회에 기여하고 싶을까? 풍요로운 자신의 미래를 꿈꿀 수 있을까? 그 교장선생의 말에는 수많은 편견과 이데올로기가 내재해 있다. 그런데 그가 힘을 가진 결정권자니까 규칙을 정하고 처벌을 하고 아이들은, 부모조차 아무 영문을 모르고 처벌받는다. 심지어 집에서, 학교에서, 놀이터에서, 마을에서 쫓겨난다. 그런 경험을 한 아이들은 화가 나고 자기보다 약한 자를 보면 폭력을 가하고 싶은 충동을 일으킨다. 그렇게 몸으로 배웠으니까.

무력한 자들은 자신이 속한 사회의 규율과 법을 만드는 데서 벗어나 있다. 달리 말하면 자신의 입장과 자신의 개체성을 실현할 수 있는 존재방식을 가지지 못한다는 말이다. 따라서 자신이 고유성을 실현하고 자기답게 살수 있는 것은 수많은 사회적 관습에서 벗어나고 고정된 역할에서 벗어나야만 가능하다는 말이다. 기대된 역할을 하지 않으면 나쁜년 나쁜놈이 된다. 시부모 봉양하지 않으면, 배우자가 아닌 다른 사람을 사랑하면. 그래서 내가 슬프고 속상하고 가슴 아픈 건 분명 있다. 하지만 그 자체가 나쁜 건 아니다. 남의 권한을 침해하지 않는다면.

그런데 우리사회는 힘이 있다면 돈이 있다면, 남의 권한을 침해해도, 폭력을 행해도 당당하게 살아가는 사회다. 우리나라는 폭력을 용인하는 사회, 성매매·성폭력 세계1위이고, 가정폭력이 세계1위, OECD 가입국가 중 청소년 자살율 1위인 사회가 되었고, 그래서 저출산 1위인 나라가 되었다. 성폭력, 가정폭력, 성매매, 불량식품의 4대 악을 근절하겠다는 현 정부의 정책은 환영하는 바이지만, 그 폭력들의 원천이라고 여겨질 만큼 태풍 같은 폭력인 국가폭력을 빼먹은 것은 근본을 놓친 아쉽고 씁쓸한 일이다.

　나이 40이 넘으면서 나는 이렇게 말해 왔다. "난 착한사람 안 되고 싶고 나쁜 년 될 거야. 착한 여자는 천국에 가고 나쁜 년은 아무데나 갈 수 있으니까. 난 천국에 살기 싫어. 바람처럼 아무 데나 다가고 싶어." 이때 나쁘다는 건 역할에 매이지 않는다는 것이다. 나를 왜곡시키지 않으면서도 너와 상호작용하며 조화와 협력을 이루는 것. 그럴 때 우리는 평화와 자유를 느낀다. 그건 남자도 마찬가지다. '가출'하고 '출가'하는 것은 물리적인 공간을 떠나는 것만이 아니라 우리 사회가 구성해 놓은 가족이라는 고정관념에서 벗어나라는 말이다.

　가족치료의 선구자이자 천재적인 치료사였던 버지니아 사티어(Virginia Satir)는 사람들이 세상을 이해하고 관계맺는 태도를 두 가지로 설명하고 있다. 하나는 계급모델이고 또 다른 하나는 성장모델이다. 계급모델에서 관계성은 하나의 형태로만 존재한다. 한 사람은 위에 있고 다른 한 사람은 아래에 있다. 또한 계급적 관계성에서는 아버지-딸, 상사-노동자, 사제-신도, 선생-학생과 같이 인간관계를 '역할'로 설명하는 경우가 많다. 이런 역할은 사회문화적으로 구성된 것일 뿐 존재론적인 것과 별 상관이 없기도 하다. 따라서 역할은 좋은 의도이든 아니든 우열이 만들어진다. 취약한 쪽은 "작은", "가난한", "소수의" 등의 이름이 따라붙고 특권을 가진 층은 "더 잘난", "더 중요한" 사람이라고 생각하고 행동한다. 이런 계급모델 내에 존재하게 되면 사람들은 공허감, 분노, 두려움, 무력감을 느끼게 된다.

따라서 관계성 속에서 한 사람이 가지는 '역할'과 그 사람 자체를 구분하여 정의 내리는 것이 중요하다. 보통 우리가 스스로를 소개할 때 "나는 선생입니다", "나는 작가입니다" 말하곤 하는데 사티어는 자신이 하고 있는 역할과 인간으로서의 나 자신을 좀 더 명확히 구별하기 위해서 "나는 선생입니다"에서 "나는 가르치고 있습니다"라고 자신의 역할을 명사에서 동사로 표현하는 연습을 하도록 제안한다. 그러지 않으면 우리는 한 인간으로서의 독특하고 특별한 존재성을 간과하기 쉽기 때문이다. 세상이 붙여 준 꼬리표인 아버지, 어머니, 아들, 딸, 오빠, 동생의 역할에 충실하게 산다면 우리는 우리 자신의 정체성에 대한 관심을 잃어버리게 되는 대가를 치러야 한다고 경고하는 것이다.

연애할 때는 안 그랬는데 결혼하고 나니 사람이 달라졌다고 하는 부부들은 상대를 있는 그대로 사랑하고 이해하고 존중하기보다, 사회적으로 통념화된 아내와 남편의 역할을 기준으로 평가할 때가 많다. 여자가 이래야지, 남편은 적어도 책임을 져야지…… 등등. 아이를 낳아 아버지 어머니라는 이름이 덧붙여지고 역할이 강조되면, 역할이 정체성을 대체하게 되어 개체성은 사라지게 된다. 결국 사람들은 자신을 역할로만 드러내고 흔히 그들 자신의 생각이나 관심에 대해서는 부정하게 된다.

실존적인 고유의 개체성이 부정되거나 소외된 삶은 내면에 불안과 억울함, 갑갑함과 우울감을 쌓게 되고 그게 심화되면 무력한 사람들은 히스테리나 강박증, 망상이나 우울증, 조울증, 분열증과 같은 증상을 드러내고, 암이나 화병과 같이 자신의 몸을 공격하는 증상으로 나타난다. 반면 권력을 가진 사람들은 약자와 소수자에 대해 차별과 폭력들을 공공연하게 행하며 나아가 전쟁과 같은 무시무시한 폭력까지도 명분을 내세워 당연한 특권으로 자신을 정당화한다. 그래서 많은 약자와 여성들은 정신병원에, 특권을 행사하는 많은 남성들은 감옥으로 가게 되는 것이다.

역할을 강조하는 현실과 가족은 본질적인 나를 실현하는 데 걸림돌이 된다. 가족과 거리두기는 나의 주체성과 내면의 힘과 지혜가 크는 과정에 필요하다. 가족을 떼내는 일은 아기가 탯줄을 끊는 것처럼 고통스러운 일일 수 있다. 그래서 누군가는 '영혼의 피를 흘려야 한다'고 했는지도 모르겠다. 거리두기를 통하지 않고는 이해관계로 얽혀 있을 뿐 진짜 사랑할 수 없기 때문에 마음의 피를 흘리면서 기대했던 방식과 사랑을 포기해야 한다. 나다움을 찾기 위해서 혹은 더 큰 사랑을 위해서는 단절 혹은 출가가 반드시 필요하다. 불가(佛家)의 '나무아미타불 관세음보살'은 '나에게서 나와서 나에게로 돌아감'을 뜻한다고 한다. 융(Carl Gustav Jung) 식으로 말한다면 작은 나, ego를 벗고 본성인 나, self로 돌아간다고 할 수 있겠다. 우리의 본성, 영의 본질은 사랑이다. 그래서 수많은 수행들은 방식과 언어는 달라도 '참 나', 그 본질인 사랑으로 돌아가게 한다.

다시 가족 이야기로 돌아가 보자. 한 인간이 성장한다는 것은 가족을 통해 세상에 왔다가 필연적으로 가족을 떠나야 하며 다시 우리의 본성인 사랑을 회복하면서, 나를 가장 아프게 했던 가족들을 용서하고 연민을 가지는 과정이다. 가족이 나에게 타자이면서 서로 연결되어 있는 나의 일부이며 사랑이라는 걸 아는 것이다.

해서, 가출하라. 가족을 용서한다는 것은 가족을 떠나보내는 것이다. 과거의 나의 주체성을 억압하고 침해했던 가족과의 의존에서 벗어나야 주체적 관계맺기를 할 수 있다. 애증이 뒤범벅된 가족역동에서 벗어나지 않으면 나의 주체성을 확보하기 힘들다. 내가 바로서야 가족도 사랑할 수 있는 것이다. 그래서 역설적이게도 가족을 떠나와야 진정 가족을 사랑할 수 있는 힘이 생긴다. 사랑과 미움과 경쟁과 질투의 강력한 욕망과 정서를 불러일으키는 가족은 우리의 내면을 닦는 가장 빛나는 거울이고 가장 큰 스승이다. 그래서 그 인연에 감사하고 모든 고전과 경전에서는 부모를 공경하라고 했을 것이다. 그리고 다시 가족으로 돌아가 구성원들의 역할을 강조하는 서열관계가 아닌 각자의 고유성이 침범당하지 않는 수평적 관계맺기를 실천하라는 것이다. 그러기 위해 우리에게 필요한 것은 두려움과 대상의 상(像)에서 벗어나는 용기와 지혜다.

지금 함께 사는 그 사람이 가족이다

세상엔 혈연과 관계없이 함께 더불어 살아가는 사람들이, 수많은 공동체들이 있다. 멀리 원시공동체나 유럽의 수도원들 인도의 아슈람들, 아시아의 사원들까지 말하지 않더라도 최근 일본이나 우리나라에서 독립생활자들이 꾸리는 공동주거형태인 소행주, 우주하우스, 보더리스하우스 같은 형태의 다양한 삶의 방식들이 생겨났다.[1] 제법 많은 사람들이 혈족이나 법적으로 묶여진 관계가 아닌 지금 여기에서 필요에 의해 함께 어울려 살아간다.

그들은 조금씩 다르지만 기본적으로 집을 함께 빌려 함께 설계하고 각자 잠자는 방은 좁히고 최대한 넓게 설계된 식당과 거실 같은 공용 공간에서 만난다. 비상약품도 한데 모으고, 겹치는 책은 치우고 1년에 한번 쓸까 말까 하는 여행가방은 창고에 넣어 두고 돌아가면서 쓴다. 집보증금 대출금은 함께 갚아 나간다. 생활비는 따로 모아 신용카드 한 장으로 쓰고 함께 조각보를 만들어 장에 내다 팔기도 한다. 마을 생활협동조합에 혈연이 없어도 한가족으로 인정해 달라고 청원을 하기도 하고, 여기서 오래 함께 살았으면 좋겠고 마을에 뿌리내렸으면 좋겠다고 생각한다. 이들은 가족일까! 아니라면 무얼까?

20년 전 남편과 나는 새로운 가족공동체가 가능하리라 생각해서 선배 부부와 함께 산 적이 있다. 우리는 정치적으로나 문화적으로나 취향이 형제보다 더 비슷했으므로. 집도 함께 얻었고, 수입도

---

1 소행주는 '소통이 있어서 행복한 주택'이라는 이름의 코하우징(공유주택) 사업이고, 우주(WOOZOO) 하우스는 한 채의 집을 여러 명이 빌릴 수 있는 쉐어하우스 개념의 주거형태다. 보더리스하우스(Borderless House)도 쉐어하우스 개념이긴 하나 다국적의 청년들로 구성된다는 점에서 다르다.

함께 나누었고, 한 사람이 밥을 하면 다른 사람이 설거지를 했다. 함께 연극을 보고, 클림트의 화집을 보았으며, 서로에게 필요한 책들을 나누고, 탱자나무 울타리가 있는 오솔길로 저녁산책을 가기도 했었다. 손님의 경우 대부분 같이 지내는 넷이 다 아는 사람들이어서 우리 집에는 드나드는 사람도 많았다. 그러나 처음엔 좋았던 것이 시간이 흘러 화근이 되기도 했다. 너무 모든 걸 함께 나누려고 한 것이 나중엔 강박으로 다가와 서로를 불편하게 했던 것이다.

그러다 남자 선배와 내가 대학 조교로 근무하게 되면서, 출근길이 너무 멀어져 학교에서 좀 더 가까운 곳으로 이사를 했고, 얼마 안 있어 우리는 헤어졌다. 헤어지고 나서도 한참을 서로 보고 싶어 하며 더러 도시락을 나누어 먹기도 했다. 선배 부부는 지금 미국에 있다. 그들이 다시 돌아오고 함께 살기를 원한다면 이번엔 자유롭게 함께 살아 볼 수 있을 거란 생각이 든다. 20여 년의 세월이 흘렀고 그만큼 서로 성숙했을 테니까.

그렇게 선배 부부와 헤어진 후 10년이 지났을 무렵 나는 남편으로부터 독립을 선언하며 분리를 했다. 비슷한 시기에 친한 후배가 이혼을 했고 나는 그녀에게 함께 살 것을 제안했다. 처음엔 '함께 사는 게 힘들지 않겠냐'며 자매애를 나누던 친구들조차 모두 고개를 흔들었다. 결국 인연이 닿지 않아 그 후배는 이혼한 다른 후배네랑 함께 살게 되었다. 이혼한 두 여자와 그들의 네 아이가 함께 살아가게 된 것인데, 그 아이들은 아빠가 없는 대신에 엄마가 둘이 되었다. 조금 생각을 바꾸면 세상살이가 쉬워지고 풍성해질 수 있는데, 무엇이 이리도 우리의 발목을 잡는지…….

우리 안의 편견과 사회적 편견은 완고했다. 새로운 가족을 만들기로 마음을 먹고, 이야기를 꺼냈을 때 얼마나 많은 내 안의 회의와 두려움과 맞닥뜨렸는지, 그리고 또 얼마나 많이 주변의 만류와 걱정을 들었는지! 거의 누구에게도 지지도 받지 못했던 기억이 난다. 새로운 가족공동체를 꿈꾸며, 우리 안에 있는 가족이기주의와 혈연적 공동체에 관한 신화를 반성하면서 나는 새삼 18세기 초 다니엘 드포 소설의 주인공 로빈슨 크루소를 떠올렸다.

로빈슨 크루소는 새로운 세계를 찾아 떠난다. 거친 바다는 배를 산산조각 내어 버리고 그는 겨우 무인도에 닿아 혼자 살아남는다. 28년이라는 시간은 자연의 시계로 보면 한 순간이겠지만 인간의 삶에서 보면 수많은 역사가 완성되는 긴 시간이다. 고독과 거친 자연의 위협과 절망과 싸워 이긴 로빈슨 크루소는 위대한 이야기의 주인공으로 자신이 살았던 사회로 돌아올 수 있었다. 하지만 이 소설은 새로운 식민지를 개척하기 위해 혈안이 되어 있던 유럽열강들의 이데올로기를 그대로 반영한다. 로빈슨이 닿았던 그 섬은 무인도가 아니라, 약간의 생김새와 문화가 다른 사람들이 사는 영역이었고, 그럼에도 로빈슨은 자기의 문화와 문명을 그곳에 그대로 부려 놓으며 그들에게 강요했다. 그가 어느 금요일에 만난 원주민과 주종의 관계를 이루며 그를 '프라이데이'라고 부르는 건 그 극단적 예다. 내가 알지 못하는 언어와 삶의 방식을 가졌다고 해서 그들에게 문화가 없다고 생각하는 '인식의 야만성과 폭력성', 그것이 바로 제국주의의 논리였다. 문화가, 이름이 없는 게 아니라 '다른' 것이다.[2] 다양성과 차이를 무화하는 가족이데올로기, 특히 가부장적 가족이데올로기는 태생적으로 제국주의의 위계성과 폭력성을 내재하고 있다 할 것이다.

자, 이제 다시 처음으로 돌아가 생각해 보자. 우리는 어떻게 살 것인가? 여전히 핏줄로 연결된 구성원들과 역할에 충실하며 서로 의존하며 상처주고 상처받으며 가족이라는 명분을 지키며 살 것인가? 아니면 서로의 차이를 인정하고 상호 개체성을 존중하고 협력하는 사람들과 살아갈 건가? 선택은 각자의 몫이다. 그리고 옳고 그른 것은 없다. 다만 각자의 조건과 입장에 따라 자신이 안전하고 행복한 환경을 만들어 가는 것이 필요하다는 말이다.

인생의 여정에서 우리는 제 각기 자신이 해결해야 할 과제가 있고, 또 우리 모두는 저마다 성장해 가는 과정 중에 있다. 그 과정에서 만나기도 하고 헤어지기도 한다. 가족이라는 통로를 지나오면서, 또 누군가를 만나서 어떤 갈등을 겪고 위기를 겪고서 그 상처를 힘으로 키워 왔는가, 얼마나 성장했는가가 중요하다.

가족을 떠나왔다고 해서 슬퍼할 일도 아니고 실패한 인생이 되는 것도 아니다. 가족이라는 틀을 유지한다고 해서 기쁠 일만도 아

---

2 프랑스의 인류학자 레비-스트로스는 『슬픈 열대』(1955)에서 각 문화의 패러다임이 서로 다름에 주목한다. 인디언들의 보물들을 훔쳐서 배로 실어 나르며 인디언들의 문화가 미개한 것이 아니라 유럽의 문화와 다르다고 말한다.

니다. 지금 이 순간 만나는 사람들과 솔직하고 다정하게 함께 이 시간을 누릴 수 있다면 그것으로 충분하다. 지혜로워진다는 것은 이미 후자를 향해 가고 있다는 말이기도 하다. 역할로서, 서열이 강조되는 혈연관계가 아니라 지금, 여기 서로 소통하고 사랑하는 이들이 진정한 가족이다.

내재화된 삶의 방식과 사고의 틀을 깨트리는 일은 참으로 어렵다. '사랑할 때 버려야 할' 많은 것들이 있는 것처럼 새로운 가족으로 포섭당하기 위해서도 버려야 할 많은 것들이 있다. 성숙한 어른이 된다는 것은 고정관념에서 벗어나 인식의 지평을 여는 것뿐만이 아니라, 하나의 사건이 되는 '실천'을 하는 일이다. 나의 자의적 공간을 확보하면서도 건강한 관계맺기를 위해 의존적으로 얽혀 있는 가족을 떠나보내고 탄력적인 관계맺기를 하는 것이다. 서로 협조하고 지지하고 공유하는 공동체 만들기. 사회는, 구조는, 문화는 그렇게 변이되어 갈 것이다. 하여 지금도 나는 꿈꾼다. 새로운 공동체를 만들고 그들과 함께 일하며 놀며 어울려 살기를, 이 세상 즐거운 소풍이 되기를…….

* * *

가족이라는 이름이 불편하다면 새로운 이름으로 함께 살아갈 수도 있다. 어쩌면 이름은 더 이상 중요하지도 필요하지도 않다. 더불어 살아가는 것을 믿고 사랑한다면 온 세상 사람들이 다 가족이니까.

지금 당신이 만나 함께 노래하고 춤추고, 지혜를 나누고 서로에게서 배우며 그리워하는 그 사람이 바로 내 삶의 부분이고, 나의 분신이며 가족일지니.

나홀로 가족, 즉 독신자들이 급격하게 늘어나고 있다. 그런 현상의 배후에는 물론 사회·경제적인 변화도 있지만, 동시에 실존적 차원에서 삶에 대한 새로운 가치평가를 하게 되는 흐름도 자리잡고 있다는 사실도 무시할 수 없다. 이 글은 독신사회의 탄생이라는 맥락에서 그 현상이 함축하고 있는 의미들을 탐구하려는 시도다.

김운하

서울대학교 언론정보학과를 졸업하고 미국 뉴욕대학교 대학원에서 철학수학. 『죽은 자의 회상』으로 소설가로 등단, 현재 몸문화 연구소 연구원으로 있으며 문화 연구와 비평 활동도 하고 있다. 『137개의 미로카드』, 『그녀는 문밖에 서 있었다』, 『언더그라운더』, 『사랑과 존재의 피타고라스』 등의 소설과 『애도받지 못한 자들』, 『그로테스크한 몸』, 『권태』, 『포르노 이슈』(공저) 등을 썼고, 2013년에 『카프카의 서재』와 『릴케의 침묵』을, 2014년에는 『선택, 선택의 재발견』을 발표했다.

2013년 초, MBC에서 매주 금요일 밤에 방영하는 '나 혼자 산다'라는 제목의 예능 프로그램이 3월 첫 방송을 시작한 이래 계속해서 인기를 끌고 있다. 혼자 사는 연예인 남성들이 어떻게 보면 궁상맞기도 하고, 심지어는 지저분하기 짝이 없는 집을 있는 그대로 공개하기도 하면서 혼자 사는 남자들의 애환을 다루어 많은 시청자들의 인기와 공감을 얻고 있다. 방송에서조차 「나 혼자 산다」처럼 독신자들을 다루는 프로그램, 그러니까 혼자 사는 사람들의 생활을 단독으로 편성한다는 것은, 그만큼 한국사회의 가족구조가 크게 변화하고 있다는 사실을 단적으로 보여 준다고 할 수 있겠다. 실제로 지금 나 자신도 그렇지만, 주변을 한번 둘러만 보아도 혼자 사는 독신남녀들은 놀라울 정도로 많다. 이것은 단지 주관적인 느낌만은 아니다. 2012년 통계청 인구조사에 따르면 현재 우리나라 전체 가구 중 1인 가구가 차지하는 비중은 무려 25.3%, 즉 네 집 가운데 한 집이 솔로 가구다. 약 415만 가구가 독신가구인 것이다.

이러한 현상은 30년 전과 비교해 보면 얼마나 큰 변화가 있는

지 더 선명하게 알 수 있다. 1980년 당시에는 1인가구가 전체 가구의 4.8%에 불과했던 것이 한 세대인 30년 만에 무려 5배 이상 증가해 버린 것이다. 그 결과 우리나라 통계 사상 처음으로 1인가구 비율이 4인가구 비율을 넘어섰다. 또 현재 네 집 가운데 한 집은 2인가구여서 지금은 전체 가구의 절반이 1, 2인가구인 것이다. 더 놀라운 것은 향후 예측에 있는데, 앞으로 약 10년 후가 되면 세 집 가운데 한 집이 1인가구가 될 것이고, 20년 후에는 전체 가구의 약 35퍼센트가 1인가구가 될 것이라고 한다.

결국 향후 우리 사회에서는 1, 2인가구가 사실상 전체 가구의 70%를 차지하게 될 것이라는 말인데, 이것이 보여 주는 바는 결국 전통적인 한국의 가족모델, 즉 부부와 자녀들로 구성된 가족모델이 사실상 거의 완전히 해체되어 가고 있다는 사실이다. 나아가 우리 사회가 향후 점점 더 '독신사회'로 변해 가고 있다는 현상적 징후이기도 하다. 어쩌면 이러한 급격한 가족관계의 변화를 반영하고 있는 명백한 징후가 바로 「나 혼자 산다」와 같은 프로그램인지도 모른다.

그런데 이렇게 나 홀로 사는 독신남녀가 늘어나는 것이 과연 모두 이들이 원해서 자발적으로 선택한 결과로 나타나는 것일까, 아니면 한국 사회의 어떤 불편한 진실이 작용한 결과, 타의적으로 감내해야 하는 씁쓸한 현실일까? 또 그런 솔로가구의 증가와 독신사회로의 변화는 한국사회 가족관계의 어떤 변화와 가능성을 함축하고 있는 것일까? 가족이란 사회를 구성하는 최소단위이며, 한 사회의 모습을 비추어주는 거울이라고 할 때, 1인 솔로가구의 등장은 한

「나 혼자 산다」의 한 장면
혼자 사는 독신남녀가 크게 늘어나고 있는 '독신사회화' 현상은 한국 사회에 더 이상 미룰 수 없는 많은 질문을 던지게 만든다. 그저 '혼자라도 괜찮아!'라고만 외치기엔 한국사회의 현실은 풀어야 할 문제가 너무 많다.

국의 사회와 가족관계의 현실을 가장 구체적으로 들여다볼 수 있는 결정적인 고리, 즉 '독신사회'의 탄생을 비추는 거울이 아닐까?

혼자 사는 것도 괜찮아! - 독신사회의 탄생

오늘날 한국 사회의 신세대 미혼 남녀들은 만일 경제적 여유가 허락하기만 한다면 가급적 부모의 곁을 떠나 독립된 생활을 하고 싶어할 것이다. 부모의 이런저런 간섭과 보호막의 그늘에서 벗어나 혼자 자유롭고 독립된 사생활을 영위하고 싶은 것이다. 그래서 기회만 되면 소위 '독립군'이 되길 원한다. 그것을 가능케 하는 것이 바로 학업과 직장, 일이다. 「나 혼자 산다」에 출연한 연예인들 가운데 가수 김태원을 제외한 나머지 싱글남들이 바로 그런 자발적인 독립군에 해당할 것이다. 어쩌면 그들이야말로 모든 솔로족들이 꿈꾸는 '화려한 싱글'인지도 모른다. 왜냐하면 그들에게는 우선 '경제적 능력'이 있고, 솔로로 남든 결혼을 하든 그것은 전적으로 그들 자신의 자발적인 의지와 선택에 달려 있기 때문이다.

최근에는 이런 자발적인 싱글족들도 크게 늘어나고 있는데, 이런 자발적 싱글족들을 비혼족이라고 부르기도 한다. 결혼을 못하는 게 아니라, 결혼을 미루거나 아예 하지 않고 독신으로 사는 것을 선택하는 이들을 비혼족이라고 부르는 것이다. 자발적인 독신들이 늘어나는 이유는 무엇보다 경제적 자립과 가족과 결혼에 관한 가치관의 변화에 따른 것이다. 특히 가치관의 변화는 크게 주목할 만하다.

지금까지 한국 사회에 통용되던 가족이념은 흔히 전통적 가족주의라고 부른다. 『한국 가족문화의 오늘과 내일』이라는 책에서는 그것을 크게 다섯 가지로 구분한다. 결혼 규범, 남성에 대한 가장 규범, 여성에 대한 현모양처 규범, 정절 규범, 효 규범이 그것이다. 결혼 규범이란 인간이면 누구나 다 결혼하여 가족을 이루며 살아야 한다는 것이며, 가장 규범이란 남자는 결혼하여 가정의 경제를 책임지며 가족을 대표하며 지배해야 한다는 것이다. 현모양처 규범이란 가장인 남편을 잘 보조하여 자녀양육을 비롯한 제반 가족생활을 잘 이끌어 가야 한다는 것이다. 그리고 정절 규범이란 여성에게 혼전순 결이나 혼인생활 중의 정절을 지켜야 한다는 것이며 효 규범은 자식이 부모를 공경하며 노후에 부모를 공경해야 한다는 것이다.[1]

그러나 사실 이런 전통적 가족규범은 조선시대의 유교적 가부 장주의 이념에 기반한 가족규범으로써, 21세기인 오늘날에는 많이 퇴색한 것이 사실이다. 특히 젊은 세대들에겐 결혼도 더 이상 필수 가 아니라 선택이며, 이혼에 대해서도 개방적인 태도를 보이고 있 고, 나아가 자녀를 갖는 문제에 관해서도 꼭 자녀를 가질 필요는 없 다고 생각하는 이들도 늘어나고 있다.

이런 현실을 반영하듯, 결혼에 대한 인식도 크게 바뀌고 있는 것으로 나타나고 있다. 보건복지부가 전국 1만 8,000가구의 남녀 13,385명을 대상으로 한 '2012년도 전국 결혼 및 출산동향조사' 결 과에 따르면 '결혼을 할 필요가 있다'고 보는 인식이 3년 만에 미혼 남녀 모두 감소한 것으로 나타났다. 2009년에서 2012년 미혼남성 은 69.8%에서 67.5%로, 여성은 63.2%에서 56.6%로 수치가 떨어 지면서 젊은층 사이에 결혼 필요성에 관한 가치관이 퇴색하는 경향 을 보이고 있는 것이다. 즉 미혼 남녀들 가운데 약 40퍼센트가 굳이 결혼하지 않아도 괜찮다는 인식을 갖고 있는 것이다. 나아가 '결혼 은 하지 않는 편이 좋다'는 독신주의 선언적인 의견도 2009년에서

1 여성한국사회연구회 엮음, 『한국 가족문화의 오늘과 내일』, 사회문화연구소, 1995, 333쪽.

2012년 미혼남성 2.4%에서 3.4%로, 미혼여성은 2.8%에서 4.4%로 증가했다.

이처럼 결혼을 하지 않고 혼자 사는 것에 대해 긍정적인 태도가 많이 늘어난 것은 무엇보다 우리 사회에서 개인주의적인 경향이 강해졌다는 말이기도 하다. 전통적 가족규범이 약화되는 자리를 각 개인들 각자가 자신의 고유한 잠재력을 실현하고자 하는 개인중심적 가치관이 대체하고 있는 것이다. 예전에는 개인들이 가족을 위해 희생하는 것이 당연했다면, 이젠 가족이 자신을 위해 희생해야 한다고까지 생각할 정도로 개인주의화가 진행되고 있다.

특히 남자들보다 여성들 쪽에서 비혼에 대해 더 긍정적인 태도가 나타나는 것은 한국의 전통적인 가부장주의적 가족규범이 강요하는 시댁 관계나 자녀양육 문제 등에서 여성들이 더 이상 과거처럼 수동적으로 억압을 감내하기 싫어하는 태도가 늘어난 것과도 관계가 있다. 여성들의 고학력 인구가 늘어나고 사회진출이 확대되면서 여성들의 경제적 자립이 가능해진 것이 여성들의 독립을 가능케한 물질적인 기반을 만들어 주고 있다. 형식적으로는 남녀평등이 이루어졌다고 하지만, 실제로 가족관계 안에서는 여전히 여성들이 짊어져야 하는 부담이 크게 남아 있는 것도 여성들이 결혼해 가정을 꾸리는 것을 꺼리게 하는 원인이 되기도 한다. 예를 들어 같은 맞벌이 부부라도 자녀 교육이나 양육, 심지어 가사 노동까지 거의 여성들의 책임으로 떠넘기는 행태가 남아 있고, 시댁 식구들의 번거로운 간섭이나 명절 며느리 노릇에 이르기까지 결혼한 한국 여성들이 짊

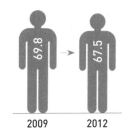

| 2009 | 2012 | 2009 | 2012 |

(전국 1만 8,000가구 남녀 13,385명 대상)

결혼, 필수가 아닌 선택

전통적인 결혼 규범이 퇴색하면서 젊은층 사이에는 결혼은 이제 더 이상 필수가 아니라 선택사항이 되고 있다. 미혼 남녀들 가운데 약 40퍼센트가 굳이 결혼하지 않아도 괜찮다는 인식을 갖고 있으며, 독신을 선호하는 경향도 점차 늘어나고 있다.

어져야 할 부담은 만만치가 않다. 과거에는 전통적인 가족규범이 사회적으로 당연한 것으로 받아들여졌기 때문에 싫어도 받아들였지만, 오늘날 페미니즘과 남녀평등 사상, 그리고 개인주의적인 가치관으로 무장한 젊은 여성들에게 그런 과중한 부담은 고역에 불과하다.

최근 우리나라에서 이혼율이 급증하는 이유도 그 속내를 들여다보면, 전통적인 가부장주의에 젖어 있는 남편과 더 이상 얌전하게 복종하거나 순응하기만 하는 현모양처 아내로 만족하길 거부하는 아내 사이의 가치관 갈등에서 빚어지는 경우도 많다. 특히 근래에는 황혼이혼이 급증하고 있는데, 황혼이혼의 가장 큰 이유도 알고 보면 여성 쪽에서 더 이상 당하고만 살지 않을 것이며 이제부터라도 독립적이고 자유로운 자신만의 삶을 찾아가겠다는 독립심에 있다는 것도 간과할 수 없는 사실 아닌가?

사실 경제적인 자립이 가능하다면 반드시 결혼할 필요도, 결혼을 하더라도 서둘러 할 필요도 없다. 이제는 곧 기대 수명 100세 시대가 온다고 하고(실제 지금 우리나라 평균 수명도 84세나 된다) 향후 의료 기술이 몇 십 년 동안 더 발전한다는 전제 아래서 본다면, 평균 수명 100세는 결코 농담이 아니게 된다. 만일 이십대 중반에 결혼을 한다고 하면, 한 파트너와 거의 60, 70년을 함께 살아야 한다는 얘기다. 조선시대야, 평균 수명이 30세도 채 되지 않았으니 십대에 결혼하는 것이 일반적인 일이었다지만 평균 수명이 90세가 되고, 100세까지도 사는 것이 이상하지 않은 세상이라면, 도대체 20대에 결혼하여 평생해로한다는 것이 과연 인간에게 합리적인 것인지 진지하게 생각해 볼 문제다. 더구나 자유로운 연애에 전적으로 개방되어 있고, 이혼에 대해서도 개방적인 사회에서 서둘러 결혼을 하고 무거운 가족부양의 책임을 떠맡아 고생고생 하다 늙어 가는 것이 무슨 의미가 있을까? 또 결혼을 한다고 하더라도 굳이 한 사람과 평생을 함께해야만 할 필연성도 없는 이상, 100년에 이르는 생애 동안 두세 번 결혼하는 것도 자연스러운 일이 되지 않을까?

어쩌면 지금 결혼을 미루거나 하지 않으면서 자발적인 독신을 선택한 싱글족들의 머릿속에서는 이런 생각들이 오가고 있을지도 모른다. 더구나 최근의 한국처럼 복지나 사회 안전망이 취약하여 교육이나 양육, 노후 보장 등 삶의 제반 영역에서 가족에 지워진 책임이 과도한 사회에서는 굳이 가족을 구성하여 한평생 죽어라고 고생만 하다 늙어 죽는 삶에 거부반응이 일어나는 것도 당연한 것처럼 보인다.

한국 사회에서는 한 자녀가 태어나서 대학을 졸업하기까지 약 2억 5천만 원 정도가 든다고 한다. 더욱이 한국에서는 여전히 자녀의 결혼자금의 많은 부분을 부모가 책임지는 관습을 갖고 있어 결혼하여 자녀를 가진다는 것은 이만저만한 부담이 아니다. 그렇다고 오늘날의 자녀들이 옛날처럼 자발적으로 흔쾌히 늙은 부모를 봉양하려고도 않는다. 자식들 공부시키고 시집장가 보내고 나면 남는 재산이라곤 고작 아파트 한 채뿐인 소위 '하우스 푸어'들이 대부분인 것이 한국의 현실이다. 평균 수명이 길어진 탓에 노후가 걱정되는 것이 당연한데, 그나마도 지난 몇 년 사이에 아파트 값은 계속 떨어지고 있을 뿐만 아니라 인구의 축소와 아파트 공급과잉으로 인해 아파트 값이 예전처럼 승승장구하던 시대가 오지 않을 거라는 것도 부인할 수 없는 현실이다. 이미 하우스 푸어가 심각한 사회 문제가 되고 있는데, 그걸 뻔히 보고 있는 젊은 세대들이 결혼하여 자녀를 가지고 자녀 양육에 올인한다는 것은 기대 수명 100세 시대에 자신들의 노후에 대한 걱정과 불안을 접어 버린다는 전제하에서만 가능한 일인지도 모른다.

한마디로 나 혼자 먹고살기에도 팍팍한 현실에서 군이 고생길이 뻔한 결혼과 자녀 양육의 길로 뛰어들 이유가 없는 것이다. 그저 적게 벌더라도 혼자 버는 걸로 자유롭게 살면서 인생을 즐기는 것도 결코 나쁘지 않아 보인다. 착실하게 자신의 노후도 대비하면서 여유가 생길 때마다 해외여행이나 문화생활을 즐기고, 자유롭게 연애도 하면서 가능한 한 최대한 오래도록 독신 생활을 즐기는 것이다. 그러다 혼자 사는 것이 정 지겹고 외로워지면 그때 가서 결혼해도 결코 늦지 않다. 이런 것이 바로 오늘날 젊은 독신들이 꿈꾸는 '화려한 싱글'의 유토피아인지도 모르겠다.

이런 모든 이야기들이 보여 주는 것은 바로 한국 사회가 독신 사회로 변해 가고 있다는 부인할 수 없는 증거들이다. 결혼이든 비혼이든 이제는 모두 각 개인의 실존적인 선택 문제일 뿐이고, 중요한 것은 개인이 자기 삶에 대한 어떤 비전을 세우고 살아가느냐 하는 문제가 더 중요한 사회, 한번 결혼했더라도 언제든 자신의 더 나은 삶과 행복을 위해 새롭게 출발해도 그것이 더 이상 부자연스럽거나 눈치보이지 않는 사회, 그래서 당당한 솔로족들이 늘어만 가는 사회, 이것이 바로 한국형 독신사회의 모습이다.

이러한 현실을 더 자연스럽게 만들어 주는 것은 현대 가족형태의 다양화다. 각종 인구 통계자료에서도 드러나고 있듯이, 더 이상 부부와 자녀로 구성된 혈연가족이 가족의 전형이고 보편적인 모델이 될 수 없다. 현실은 나홀로 가족, 재혼으로 결합한 복합가족, 한부모 가족, 동성커플 가족, 형제나 남매, 자매들로만 구성된 새싹 가족 등 오늘날 가족형태는 매우 다양해지고 있다. 이런 추세는 시간이 흐를수록 더 강화될 것이며, 다양한 가족형태 속에서 나홀로 가족 또한 하나의 자연스러운 가족형태로 인정되게 될 것이다.

중요한 것은, 어떤 가족형태를 꾸리든 그 속에서 각자가 자신의

1인용 식당
독신자들이 늘어나자 기업들도 독신자 시장을 겨냥하여 뛰어들고 있다. 현재만 하더라도 솔로족들을 겨냥한 시장 규모가 10조 원에 이르며 그 시장규모는 솔로족의 증가와 더불어 더 커질 전망이다.

잠재력과 개성을 발휘하면서 행복을 가꾸어 갈 수 있도록 사회가 잘 뒷받침해 주는 것이다. 또 개인들도 각자의 상황에 맞게 잘 준비하고 노력하며 다양한 가족형태를 편견없이 긍정할 수 있어야 한다. 혼자 사는 1인가족이라도 스스로 만족하고 행복하다면, 그걸로 충분하다.

문제는 한국의 현실에서 혼자 사는 독신들이 꿈꾸는 화려한 싱글의 유토피아가 그렇게 쉽게 올 수 있을지, 하는 것이다. 오늘날 대다수 혼자 사는 독신들이 경제적 여유와 문화적 풍요를 누리며 즐겁고 행복하게 잘 살고 있는 것일까? 점점 더 현실로 다가오고 있는 독신사회가 과연 솔로들의 장밋빛 유토피아가 될 수 있을까? 화려한 싱글로 살 수 있는 사람들은 여전히 혜택받은 소수들에게만 해당되는 이야기인 것은 아닐까? 한국 독신자들의 실제 현실을 깊이 들여다보면 유토피아는 역시 너무 먼 꿈에 불과하다는 걸 씁쓸하게 인정하지 않을 수 없을 것이다.

만만치 않은 솔로족들의 삶

솔로족들은 마음으로야 누구나 '화려한 싱글'을 꿈꾸지만, 이상과 달리 실제 한국 사회의 현실은 안타깝게도 별로 화려하지 못하다. 한국 사회 솔로족들의 현실을 냉정하게 들여다보면 여러 가지 안타까운 불안정한 삶의 형태를 보인다. 의외로 많은 1인가구주들이 치안, 생활비 부담, 불규칙한 라이프스타일, 주거 불안정 등의 어려움을 호소하고 있는 것이다.

고향을 떠나 혼자서 생활하는 대학생이나 고시촌에 틀어박혀 사는 취업 준비생들, 경제적 여유가 없거나 실업 때문에 결혼을 하고 싶어도 못하고 있는 30~40대, 아내와 자녀를 멀리 외국으로 보내고 홀로 밥을 짓고 있는 기러기 아빠들, 이혼으로 다시 혼자가 된 중년들, 가난과 병과 외로움으로 우울하게 살고 있는 백만 명에 이르는 독거노인들에 이르기까지, 아직 한국 솔로족들의 삶은 결코 녹록지가 않다.

한국의 나홀로 가구 중에는 고소득 직종에서 일하는 사람도 있긴 하지만 그들은 아주 소수에 불과하다. 한국개발연구원이 통계청의 인구주택총조사 2005년 자료를 활용해 추산한 가구 규모별 가구주 취업 상태에서도 1인가구의 미취업률, 즉 실업은 46.0%로 4인 가구주의 4배 가까웠다. 1인가구 중에서도 50대 42.7%, 60대 이상 73.7%로 고령에 접어들수록 실업률이 높아진다. 30대와 40대도 각각 20.5%, 29.7%로 4인가구주의 미취업률을 훨씬 웃돌고 있는 것이다.

현재 1인가구 중 대다수는 소득이 낮고 월세로 살면서 주택소유율도 낮은 것으로 나타났다. 오피스텔, 도심형 생활주택 등 1인가구를 위한 주거 공간이 늘었다지만 여전히 많은 이들이 고시원과 원룸 등을 전전하고 있다. 안정된 보금자리를 떠올려 보지만 막상 은행 문턱에서 1인가구, 특히 결혼을 하지 않은 상태에서는 국민주택기금의 전세자금 대출에서도 제외되면서 10%에 가까운 높은 금리를 부담해야 한다. 더욱이 혼자 사는 경우에 스스로 생활 습관을 잘 조절하지 않으면 혼자 사는 자유가 자칫 자기방치나 무분별한 삶으로 빠져들 수도 있다. 곁에서 잔소리 하는 사람이 없다 보니 자유로운 생활이 불규칙한 생활 습관에 관대해지고, 술 담배에 의존하거나 TV나 인터넷에 집착하게 되는 수도 있다. 특히 비자발적 솔로족의 경우엔 혼자서 외롭다 보니 자신에게 즐거움을 줄 수 있는 행동에 몰입하게 되고, 그 결과 쇼핑, 게임, 인터넷, 드라마, 운동 등에 중독되기도 쉽다.

더 큰 문제가 되는 것은 여전히 남아 있는 한국 사회 솔로족들에 대한 편견이다. 한국 사회에서는 개인주의가 완전히 정착되어 일찍부터 부모로부터 독립하는 것이 당연하게 여겨지는 미국이나 유럽의 나라들과는 달리 아직도 부부와 자녀가 함께하는 핵가족 중심적인 경향이 매우 강한 편이다. 즉 혼자 사는 1인가구는 독립된 가족유형이라고 인정받기보다는 이런저런 상황 때문에 '가족과 떨어져' 혼자 살고 있는 가구라는 인식이 큰 것이다. 이런 편견이 혼자 사는 삶을 정상에서 벗어난 비정상 혹은 결핍의 범주에 포함시켜버리는 경향마저 초래한다. '캥거루족'이라는 말이 있듯 성인이 되어서도 독립하지 않고 부모에게 의존하며 살거나 부모와 한 집에서 같이 사는 것이 오히려 더 비정상적인 것일 수 있음에도 불구하고 독립해서 혼자 사는 것에 관한 부당한 편견은 완강하게 남아 있다.

혼자 사는 삶에 관한 이런 사회적 편견과 가치관의 혼재는 혼자 사는 솔로족들에겐 눈에 보이지 않는 사회적인 억압으로도 나타나지만, 솔로족 자신에게도 부정적으로 내면화되어 있는 경우가 있다. 부모에게서 독립해 혼자 사는 삶의 방식에 대해, 비록 삶의 현실이 팍팍하고 어려울지라도 개인의 독립을 긍정하고 자부심을 갖기보다는 불가피한 상황 탓이라 여길 때, 스스로의 삶에 관해 부정적인 자괴감을 느끼게 되는 것이다. 특히 경제적으로 가난한 비자발적 솔로족의 경우엔 가난과 자괴감, 주관적으로 느끼는 사회적 고립감으로 인해 우울증, 알코올중독, 심하게는 자살충동에 빠질 수도 있는 것이 부인하기 어려운 현실이다. 이들에게 혼자 사는 삶이란 자발적이고 자유로운 선택의 결과가 아니라, 사실상 강요된 고독에 더 가깝다.

한국 사회의 많은 독신남녀들 가운데 '자발적인' 싱글족은 아직까지는 상대적으로 소수에 속한다. 다수는 이런저런 상황과 현실적 여건 때문에 나홀로족의 상태로 남아 있는 것이다.

3포 세대 초식남녀를 양산하는 한국 사회

한국 사회의 독신남녀들이 대부분 비자발적인 솔로족일 가능성이 크다면, 도대체 한국 사회의 무엇이 이토록 많은 솔로족들을 만들어내는 것일까? 여기서는 가치관의 문제와는 다른 현실적인 문제를 살펴볼 필요가 있다.

현대 사회를 특징짓는 높은 사회적 이동성은 사실 원하지 않더라도 가족의 곁을 떠나 혼자 살게 만드는 객관적인 조건을 형성한다. 대학 진학이나 취업, 직장, 또는 기러기 아빠 같은 경우들이 많은 솔로족들을 배출하는 기본적인 사회적 동력이 된다. 그리고 최근에는 이혼율이 크게 증가하면서 새롭게 혼자 살게 된 남녀들이 크게 늘어난 것도 사실이다. 한편, 평균 결혼연령이 과거보다 크게 높아져 남녀를 불문하고 미혼 솔로족이 상대적으로 크게 늘어난 것도 한몫하고 있다.

통계청에 따르면 최근 30년간 남성 및 여성의 평균 초혼연령은 지속적으로 상승하고 있다. 2011년 통계청 자료를 보면 남성의 평균 초혼연령은 26.4세이던 30년 전에 비해 5.5세 늘어난 31.9세로, 29.5세이던 10년 전에 비해 2.4세 증가했다. 여성의 초혼연령은 2011년 29.1세로 23세이던 30년 전에 비해 6.1세 늘어났다. 다시 말해 요즘 한국의 남녀들은 평균 서른은 넘어야 결혼을 한다는 말이다. 여성의 초혼연령이 높아진 데는 물론 여성의 자기실현 욕구에 따른 사회 진출의 확대와 사회적 지위 향상에 따른 사회활동 증가로 결혼을 자발적으로 미루는 경향 탓이 크지만, 한편으론 결혼 자체에 대한 부담도 있다. 한국 사회에선 결혼비용이나 양육비 부담이 매우 큰 데다 자녀 양육은 거의 여성의 몫으로 돌아가게 마련이라, 미혼 여성들은 육아에 대한 부담 때문에 결혼을 미루고 있기도 하다. 또, 남성뿐 아니라 여성들에게도 결혼자금에 대한 부담이 큰 게 사실이다. 어떻게 보면 이 거대한 '결혼자금'에 대한 부담이야말로 미혼 남녀들 가운데 싱글족이 크게 늘어나는 가장 큰 원인인지도 모른다. 최근에 소위 '3포 세대'니 '초식남'이니 하는 유행어가 탄생한 배경도 바로 그런 사회경제적 원인들 때문이 아닌가? 취업과 연애, 결혼까지 포기해 버리는 세대가 바로 '3포 세대'이다. 특히 남성 솔로족들 가운데는 경제적 이유 때문에 결혼을 미루거나 아예 포기해 버리는 경우가 많은데, 가장 큰 이유가 바로 취업난과 치솟는 집값·전셋값 때문이다.

　최근 현대 경제연구원이 발표한 '결혼관 혼란을 가중시키는 초식남과 육식녀' 보고서에서도 결혼을 가로막는 장애물로는 '신혼집 구입 등 결혼자금'이 첫 손에 꼽혔다. 특히 남성들의 부담이 컸다. 통상 남성이 신혼집을 구하거나 더 많은 비용을 내야 한다는 사회적 인식이 반영된 결과로 보인다. 남성이 신혼집 구입비용의 75% 이상을 책임져야 한다는 응답은 남성이 39.4%, 여성 40.4%였다. 즉 미혼 남성 10명 중 7명은 신혼집 구입 등 결혼자금 부담으로 결혼을 미루고 있는 것으로 조사됐다. 조사에 참여한 미혼 남성의 68%가 결혼자금 부담으로 결혼을 주저한다고 답한 반면, 여성의 비율은 20.8%에 그쳤다. 여성의 경우 육아문제(38%)가 결혼을 망설이게 만드는 가장 큰 요인이었다.

　그러나 보건복지부가 전국 1만 8,000가구의 남녀 13,385명을 대상으로 실시한 '2012년 전국 결혼 및 출산동향조사' 결과에 따르면 위의 조사보다 돈문제가 더 심각한 것으로 나타나고 있다. 이 조사에서 '결혼 기피 및 지연'의 이유로 남성은 '고용 불안정(87.8%)', 여성은 '결혼비용 부족(86.3%)'을 1순위로 꼽았다. 실제로 남성의 40.4%, 여성의 19.4%가 경제적 이유로 결혼하지 않았다고 대답해, 낮은 소득, 불안한 직장, 과도한 주거결혼 비용 등이 결혼의 가장 큰 장애요인으로 작용하고 있음을 보여 줬다.

　현대 경제 연구원의 조사에서 재미있는 사실은 미혼 남녀가 생각하는 신혼집에 대한 생각이다. 조사에 따르면 미혼 남녀가 가장 선호하는 신혼집 유형은 '20평형대 아파트 전세'였다. 무엇보다 신혼집이 최소 전세는 되어야 한다고 생각하는 비중은 여성이 73.5%, 남성은 66.2%였다. 아파트를 선호하는 비중은 여성이 70.9%, 남성은 59.1%였고 주거 공간이 최소한 20평형대는 넘어야 한다는 의견이 여성은 71.7%, 남성은 63.5%를 차지했다. 그러니까 우리나라 여성들의 대다수가 결혼할 때 남자 쪽에서 최소한 20평형대 전세 아파트 정도는 갖고 오길 원하는 것이다.

그런데 이 조사에서 집을 비롯한 결혼자금을 모으는 데는 '최소' 5년 정도 걸리는 것으로 조사됐다. 최근 3년 사이에 서울의 아파트 전셋값은 평균 50% 이상 치솟았고, 요즘 서울의 목동이나 마포 지구의 20평짜리 아파트 전셋값이 평균 2억 원이 넘는다고 하는데 부모의 경제적 지원 없이 이런 아파트를 마련하려면 도대체 몇 년이나 걸리겠는가?

김광수 경제 연구소가 펴낸 『한계 가족』이란 책에 따르면 최근 매년 일자리를 구하려는 약 60만 명 가운데 대기업과 공기업, 공무원을 포함한 약 8만 명을 제외한 52만 명이 중소기업이나 비정규직, 실업 상태에 빠진다고 한다. 중소기업도 말이 중소기업이지, 김밥집이나 미용실, 편의점 같은 소규모 소상공 자영업이 중소기업의 88퍼센트를 차지한다. 다시 말해 청년들 대다수가 매우 불안한 고용 상태나 실업 상태에 머무르고 있다는 것이다. 한마디로 취직도 못하고 취직을 하더라도 비정규직이나 연봉도 쥐꼬리 같다 보니 결혼은 엄두도 내기 힘든, '내게는 너무 먼 그대'가 되어 버리고 있다. 이런 현실에서 3포 세대들이 출현하는 것은 어쩌면 필연적인 일일지 모른다.

이런 조사 통계 결과들이 말해 주는 것은 명확하다. 한마디로, 결혼하여 솔로를 벗어나고 싶은 처녀 총각들조차 돈이 없고 과도한 양육비가 드는 육아부담 때문에 결혼을 못하거나 미루며 솔로로 남아 있다는 것이다.

독거노인을 위한 나라는 없다?

보건복지부에 따르면 2012년 현재 65세 이상 독거노인은 119만 명으로 2000년(54만 명)에 비해 2배 이상 늘었다. 또 세계에서 가장 빠른 고령화 추세로, 약 20년 후인 2035년에는 독거 노인들의 수가 지금보다 무려 3배나 더 늘어난 약 343만 명 정도가 될 거라 예상되고 있다. 지금 스무 살 청춘들도 약 40년 후에는 독거노인이 되지 말란 법이 없다.

문제는 한국의 독거노인들 중 상당수가 최저생계비 지원은커녕 응급상황이 발생해도 구조받지 못하는 상황인 현실이다. 지금도 독거노인의 대부분(96.7%)은 평균 3.9명의 생존 자녀가 있음에도 주 1회 이상 이들과 접촉하는 비율이 34.9%에 불과한 것으로 조사되고 있다. 전통적인 가족이 해체되고 노인봉양 관습이 사라지면서 자녀들이 있는데도 그 자녀들은 더 이상 과거처럼 늙은 부모를 모시고 살려 하지 않는 탓이다. 그리고 이런 경향은 앞으로 더 심화될 것이다.

통계적으로도 현재 1인가구주를 혼인 여부별로 살펴보면 배우자의 사별에 따른 1인가구(35.4%)가 가장 많은데, 그들 중 대부분이 가난한 독거노인이다. 매년 가파르게 증가하는 노인 자살률과 오갈 데 없이 가난과 외로움, 질병에 시달리는 독거노인들의 증가 추세는 깊은 상관관계를 보인다. 최근에는 더 자주 독거 노인들의 외로운 죽음에 대한 뉴스가 터져 나오는데 사망한 후에도 짧게는 사나흘 길게는 몇 달이나 지난 후에야 발견되는 경우도 적지 않다. 전국에서 매년 1천여 명이 이렇게 고독사하는 것으로 추산되지만, 정확한 통계는 아직까지 잡히지도 않고 있다.

가족의 부양을 기대하기 어려워졌지만 독거노인에 대한 사회적 지원 시스템은 소득 건강 등 모든 분야에서 취약했다. 복지부 추산 결과, 최저생계비 이하 독거노인은 50만 명 수준인데 이들 중 기초생활보장수급자 등 소득보장 지원을 받는 독거노인은 31만 8,000명(63.6%)에 그쳤다. 일상생활이 어려운 독거노인 20만 명 중 장기요양 등의 서비스를 받는 노인은 6만 3,000명(31.5%)에 불과했고, 노인 10만 명당 약 81.9명이 자살해 미국(14.2명)과 일본(17.9명)보다 5~6배나 높았다. 심지어 응급상황 발생 시 구조를 받거나 생사를 확인받을 수 있는 독거노인이 전체의 17.4%인 20만 7,000명에 불과한 것으로 추산됐다. 이처럼 독거노인들에게 제공되는 지원

혼자라도 괜찮은 노년을 위한 꿈
지금 젊디젊은 청춘도 언젠가는 노인이 된다. 현재 한국 사회가 보이고 있는 독신사회
로의 변화는 젊은층뿐 아니라 노인층에서도 그 징후가 두드러지게 나타나고 있다. 그러
나 아름다운 노년을 말하기엔 아직까지 한국의 노인복지가 모든 면에서 너무 취약하다.

은 턱없이 부족하기만 하다. 생활비와 의료비를 충당하기에도 턱없
이 부족한 독거노인 지원비, 독거노인 개인이 혜택받을 수 있는 의
료지원의 제한, 얼마 되지 않는 봉사물품 지원, 독거노인을 위한 별
도의 의료수송체계의 미완 등 독거노인에 대한 사회의 부족한 지원
과 관심 속에 독거노인들은 점점 안전의 사각지대로 몰리고 있는
실정이다.

이런 현실을 고려하여 정부는 지난 2012년 5월 11일 독거노인

안전관리 시스템 구축과 '사회적 가족' 지원 등을 담은 '독거 노인 종합지원대책'을 발표했다. 복지부는 독거 노인 실태조사를 바탕으로 위기·취약집단(30만 명으로 추정)은 공공서비스로, 관심필요집단(10만 명으로 추정)은 민간자원을 활용해 응급상황에 언제든 도움을 줄 수 있는 '독거노인 안전망'을 만들기로 했다. 또 가족해체 방지를 위한 캠페인을 전개하는 한편 '사회적 가족'을 구성할 경우 운영비 등을 지원키로 했다. 또 사회적 가족에 대해 농촌의 경우 마을회관이나 노인정 등을 활용해 함께 살며 냉·난방비를 줄이고 공동체 역할을 하는 전북 김제시를, 도시의 경우 독거노인들이 서로 돕는 '두레'를 구성해 친목도모를 통한 우울증 예방 등에 나서는 서울 영등포노인복지관의 '함께살이' 모델을 모범사례로 들었다. 이외에도 정부는 일자리 제공, 치매·자살 예방 등에도 나설 예정이지만, 급증하고 있는 노인자살률이 잘 보여 주듯, 한국 사회의 노인복지는 여전히 수요에 턱없이 못미치고 있다.

통계에 따르면 우리나라 노인 100명 중 77명이 빈곤층이다. 우리나라는 OECD 주요국 가운데 노인 계층에 대한 재정지출이 가장 적은 나라이며, 2009년 36.7%였던 노인 취업률이 2011년 40.9%까지 상승한 것도 자녀나 정부에게 의지할 수 없는 우리사회 노인들의 고달픈 현실을 반영하는 것이다. 사실 고령화 추세는 한국 사회가 안고 있는 가장 큰 문제이기도 한데, 특히 경제활동인구 고령화가 갈수록 심각한 양상을 보인다. 통계청이 2013년에 발표한 '2012 한국의 사회지표'에 따르면 우리나라가 오는 2030년에는 65세 이상 고령인구의 비중이 넷 중 한명이 되는 고령화 사회에 진입하고 총 인구도 감소세로 돌아설 것으로 예상된다. 이번 자료에 따르면 우리나라의 총인구는 2030년부터 감소하기 시작해 2040년에는 인구 성장률이 -0.4%로 역성장이 본격화된다. 고령화도 급격하게 진행돼 65세 이상 고령인구 비중은 1980년 3.8%에서 2030년에는 24.3%로 6배 이상 뛴다. 즉 2030년에는 다섯 명 가운데 한 명이 65세 이상 노인인 것이다.

고령화의 문제는 노인 부양비의 급격한 증가와 경제활동 인구의 고령화로 인한 경제활력과 생산성의 저하에 있다. 2030년경에는 노인 부양비가 크게 늘어 청년 세대 두 명이 노인 한 명을 부양해야 하는 시대가 된다. 경제 활력은 떨어지는데 노인 부양비는 급증하게 되는 현실이 닥치는 것이다.

실제로 근래 경제활동 인구 중 50세 이상 비중이 최근 10년 새 무려 12% 가까이 올랐다. 2012년 현재 경제활동인구 2천 6백 30만 명 중 50세 이상은 936만여 명으로 전체의 35.6%를 차지하여 사상 최대치를 기록했다. 2003년 6월의 24.0%에 비해 11.6%나 급증한 것이다. 또한 경제활동인구 가운데 60세 이상 비율도 13.6%로 사상 최고치를 보였다. 이렇게 고령의 경제활동 인구가 늘어난 것은 물론 2008년 미국에서 시작된 글로벌 금융위기를 겪으면서 은퇴를 준비하거나 이미 했어야 할 연령대가 일터로 내몰리고 있기 때문이다. 청년들의 높은 노인 부양도 문제지만, 늘어난 노인들 대다수가 생계를 위해 죽을 때까지 일해야만 하는 시대가 올지도 모른다. 2030년

에 약 340만 명에 이르는 독거 노인들에게 안정된 노후를 보장할
가능성은 과연 얼마나 될까?

슬픈 독신사회

지난 2010년 1월 초 NHK의 저녁 메인 뉴스 프로그램인 「뉴스 워
치 9」에서는 3회에 걸쳐 '무연사회 일본'이라는 프로그램을 방영했
다. 그 방송을 시작으로 아침 방송 시리즈 '인연을 만들자', 주말 저
녁 특집방송인 NHK 스페셜 '무연사회: 무연사 3만 2천 명의 충격'
'사라진 고령자 무연사회의 그늘' 등 무연사회를 주제로 한 프로그
램이 4개월에 걸쳐 27편이 방영되었다.
　'무연사'(無緣死)는 모든 인간 관계가 끊긴 상태에서 혼자서 죽
어 거두어 줄 사람이 없는 죽음을 말한다. 현장에서 신원 혹은 연
고자 확인이 안 되는 이런 죽음이 매년 3만 2천여 명에 이르는 일
본 사회. 그 프로그램을 기획하고 취재한 NHK특별취재팀은 일본
에서 '무연사'가 어느 정도 발생하고 있는지, 왜 이런 일이 일어나고
있는지를 조사하기 위해 일본 전역의 지자체에서 공적 비용으로 화
장·매장된 시신의 숫자를 조사하며 철저한 현장 취재를 진행했다.
사망 현장에 남겨진 얼마되지 않는 단서를 바탕으로 마치 사건을
좇는 형사처럼 한 사람 한 사람의 인생을 되짚었다. 그 방송 프로그
램 덕분에 '무연사회'라는 주제는 일본 사회에 커다란 충격과 토론

슬픈 무연사회의 도래
일본에서는 매년 3만 2천 명에 달하는 '무연사'가 발생한다. 일본의 초고령화와 저출산
개인주의, 그리고 그것과 맞물린 구멍난 사회 안전망 때문이다. 이러한 무연사 문제는
최근 한국에서도 사회문제로 부각되고 있다.

을 불러일으켰고, 일본 사회의 미래에 경각심을 일깨웠다.

　일본에서 왜 매년 3만 2천 명에 달하는 '무연사'가 발생하는가?
그것은 물론 일본의 초고령화와 저출산 개인주의, 그리고 그것과 맞
물린 구멍난 사회 안전망 때문이다. 그리고 거기에 소위 '잃어버린
20년'이라고 스스로 평가하는 1990년 이래 계속된 일본 경제의 추
락이 원인으로 작용한다.

　NHK특별취재팀은 그 방송을 준비하면서 취재하고 조사한 이
야기들을 『무연사회』라는 책으로 묶어 냈다. 그 책에는 말 그대로
'혼자 살다 혼자 죽는' 무연사회의 어두운 일면들이 적나라하게 드

러나 있다. 그러나 그 책에서 더 충격적인 것은 일본이 무연사회가 되어 가는 이면엔 바로 '독신사회'가 놓여 있다는 사실이다. 일본의 급격한 독신화 추세가 바로 그토록 많은 무연사를 낳는 사회적 원인이라는 것이다. 특히 평생 결혼을 거부하며 혼자 사는 '평생미혼율'의 증가는 놀랄 만하다.

젊은 세대에 눈을 돌려 보면 문제는 더욱 심각하다. **독신화가 확산되는 새로운 요인으로 주목받고 있는 것이 미혼의 증가다.** 50세 시점에서 한 번도 결혼한 적이 없는 사람의 비율을 뜻하는 '평생미혼율'이 앞으로 급속히 증가할 것으로 보인다. 남자의 경우 2005년에 16퍼센트였던 평생미혼율이 2030년에는 거의 30퍼센트로 3명 중 1명에 이를 전망이다. 여자는 23퍼센트로 남자보다 비율은 낮지만 2005년에 비하면 3배 이상 늘어나게 된다. 결혼하는 연령이 늦어지는 만혼화가 오래전부터 지적되었지만 이제는 평생 결혼하지 않고 살아가는 것이 전혀 이상하지 않은 사회가 된 것이다.[2]

인용문에서 언급하듯, 결혼을 늦게 하는 만혼화에 이어, 평생 결혼하지 않고 사는 것이 전혀 이상하지 않은 사회, 이것이 바로 '독신사회'의 전형적인 모습이 아닐까? 열 명 중 세 명 이상이 평생 결

---

2   NHK 무연사회 프로젝트팀, 『무연사회』, 김범수 옮김, 용오름, 2012, 119쪽. 강조는 인용자.

혼하지 않고 독신으로 사는 사회라면, 그것이 독신사회가 아니고 무엇일까? 그것도 행복한 독신사회가 아니고 고독한 '무연사'를 낳는, 슬픈 독신사회가 아닌가?

문제는 이런 일본 사회의 모습이 단지 바다 건너만의 이야기로 치부될 수 있을까 하는 것이다. 최근 거의 매년 천 명에 가까운 독거 노인들의 외로운 죽음이 발생하고, 일본보다 더 빠른 속도로 고령화 사회에 진입하고 있으며, 네 집 중 한 집이 독신자인 한국 사회로서는, 이를 결코 남의 나라 이야기로만 치부할 수 없지 않을까?

서울만 하더라도 50세가 다 되도록 결혼하지 않은 미혼 인구가 최근 40년간 7배 늘어나 150만 명에 육박하고 있고, 한국보건사회 연구원이 예상한 미혼율 추이를 보더라도, 한국도 2030년경에는 44세 남성의 23.8%, 여성의 18.9%가 미혼일 것으로 추정된다. 2010년 44세 미혼비율인 남성 10.1%, 여성 4.6%를 크게 상회하는 것이다. 이런 경향은 지금 한국이 급격하게 늘고 있는 평생미혼율로 고민하는 일본 사회의 변화추세를 그대로 좇고 있음을 보여 준다.

만일 독신사회로의 변화가 사회 전체의 경제적·문화적 변화에 따른 불가피한 추세라면, 우리 사회가 시급하게 고민해야 할 문제는 어떻게 개인 복지체계와 사회 안전망을 확대하여 일본 사회가 지금 직면하고 있는 것과 같은 무연사회의 모습을 피하고 건강하고 활력 있는 사회를 만들 것인가 하는 점이다. 과거 대가족 사회에서 핵가족 사회로 변화하는 것이 사회경제적 변동에 따른 불가피한 추세였다면, 가족보다 개인의 삶의 질을 더 우선시하는 개인주의화가 저출산과 독신화, 이혼율의 증가로 나타나고 있고, 또 평균수명 연장에 따른 고령화, 삶의 글로벌화와 기술혁신에 따른 사회적 이동성의 증가와 그에 따른 가족해체 경향 또한 거스를 수 없는 추세이다.

그럼에도 불구하고 현재 한국의 복지정책이나 가족 제도는 여전히 전형적인 핵가족 구조, 즉 부부와 자녀 중심의 3,4인 가족 중심으로 짜여져 있다. 십 년만 지나도 세 가구 중 한 가구가 혼자 사는 가구가 된다는 사실을 생각하면 제도가 현실을 전혀 반영하지 못하고 있는 것이다. 젊은 사람이든 고령이든 혼자 사는 독신들에 대한 복지나 사회적 안전망은 턱없이 부족하다. 그런 의미에서 현재 일본 사회의 변화는 한국 사회에는 일종의 타산지석이 될 수도 있다. 경제와 사회의 변화에 따른 가족관계나 개인들의 삶의 변동 추세를 외면한 채 지금 정부나 사회 일각에서 주장하듯 전통적인 가족가치를 회복하자면서 혈연 중심의 핵가족을 마치 유일한 정상가족인 듯 집착하고, 또 지금까지 그랬던 것처럼 교육, 양육, 주택, 보건, 노후 문제 일체를 가족에게 떠맡기는 식으로 한다면, 다양한 가족형태가 공존하면서 모두가 행복한 사회가 아니라, 지금 일본과 같은 슬픈 독신사회, 무연사회로 변해 가는 것은 막을 수 없을 것이다.

『가족·생애·정치경제』(창비, 2009)를 쓴 장경섭은 현재 한국 사회는 가족피로가 임계점에 도달했으며, 그것이 이혼율 상승과 저출산을 초래하고 있다고 진단한다. 그에 따르면 한국의 근대화는 24시간 기계 돌리듯, 가족을 풀가동하는 '가족동원체제'에 의존해 이뤄졌다. 인적자원 양성에 필수적인 교육과 부양의 역할을 가족에게 맡겨둔 채 국가는 모든 자원을 성장과 고용 창출에 집중시켰던 것이다. 말하자면 국가나 사회가 떠맡아야 할 짐을 가족들이 대신 짊어졌던 것이다. 한국의 가족들이 떠맡았던 그러한 과도한 책임과 부담이 오늘날 가족피로를 낳는 원인이고, 가족의 해체와 독신화를 낳는 원인인 것이다. 따라서 과부하가 걸린 채 표류하는 가족 문제를 '독신사회로의 변화'라는 시대의 추세에 맞게 새롭게 재정립하고 사회의 활력을 되찾기 위해서는 이제는 가족 대신 국가와 사회가 복지의 많은 부분을 떠맡아야 한다고 지적한다. 어쩌면 한국의 가족 문제를 풀어 가는 단초는 사회 복지의 확대와 탈가족 동원체제에서 찾아져야 할지도 모른다. 또한 1인가족 형태를 포함하여 점점 더 다양해지는 가족형태도 정상적인 가족의 한 유형으로 긍정하고 각 개인이 선택한 다양한 가족형태 안에서 각자가 만족하며 행복한 삶을 꾸려갈 수 있도록 가치관의 변화와 제도적 보완도 서둘러야 할 것이다.

전통적인 가족의 해체와 다양한 가족형태의 출현, 저출산과 고령화 추세, 급격하게 늘어 가는 솔로가족, 이런 사회적 변화를 현실로 수용한다면, 국가와 사회가 더 늦기 전에 자신의 역할에 대해 새롭게 고민해야만 한다.

08 공감, 동일시
그리고 사랑

다른 사람을 이해하는 일이란 좀처럼 쉬운 일이 아니다. 다른 사람 편에서 좀 더 이해하고자 할 때 우리는 흔히 "처지를 바꿔 놓고 생각해 보자"고 말하곤 한다. 이때 우리에게 필요한 건 경험과 상상력이다. 경험이 많을수록 다른 사람을 이해하는 일은 좀 더 수월하다. 상상력도 도움이 된다. 내가 그 사람이라면 아마도 이러이러했겠지. 그 사람의 자리에서 내가 느끼고 생각할 바를 그려 봐야 해서다. 그런데 막스 셸러에 따르면 다른 사람을 참된 의미에서 이해할 수 있게 해주는 건 그러한 역지사지의 감정이 아닌 공감(共感)이다. 이 글은 막스 셸러와 함께 공감의 의미와 중요성을 되새기는 데 그 목적을 둔다. 가족을 시작으로, 하나 이상의 성원으로 이뤄진 공동체에서 공감의 중요성은 매우 크다. 공감이 문제일 때 우리에게 필요한 건 경험과 상상력이 아닌 사랑이다.

이은정

몸문화연구소 연구원. 프랑스 스트라스부르그대학교에서 철학박사학위를 받았다. 동국대학교와 강남대학교에서 철학을 가르친다. 함께 지은 책으로는 『포르노 이슈』, 『폭력의 얼굴들』이 있다.

공감의 의미: 함께-느낌

> 인다라의 하늘에는 구슬로 된 그물이 걸려 있는데
> 구슬 하나하나는 다른 구슬 모두를 비추고 있어
> 어떤 구슬 하나라도 소리 내면 그물에 달린 다른 구슬 모두에
> 그 울림이 연달아 퍼진다 한다.

박노해 시인은 그의 시 「인다라의 구슬」에서 『화엄경』의 이 구절을 인용한다. 이는 법정 스님의 '한 사람은 모두를 모두는 한 사람을'이란 제목의 법문집을 떠올리게 한다. 이 법문집의 제목은 『화엄경』 법성게(法性偈)의 하나인 '일중일체다중일(一中一切多中一) 일즉일체다즉일(一卽一切多卽一)'을 전한다. 풀이하면 '하나 속에 모두 있고 모두 속에 하나 있으니 하나가 곧 모두요 모두가 곧 하나'라는 말이다. 나의 울림이 나 하나로 끝나지 않고 모두의 울림이 되는 이치가 바로 여기 있다. 나의 존재가 나 한 개인으로 한정되지 않고 모

두의 존재를 잇는 관계의 그물 속으로 들어간다. 『화엄경』에 나오는 '인다라의 구슬'이 비유하는 건 결국 '관계'라 할 수 있겠다. 사람과 사람의 관계가 만드는 세계가 말 그대로 인간(人間) 세계 다시 말해 사람 '사이'의 세계이다. 그 관계를 떠난 세계는 더는 인간 세계일 수 없으며 사람이 인간인 건 그가 절대 홀로 있지 않은 까닭이다. 홀로 있어도 홀로 있지 않은 게 고독(孤獨)이다. 그리움이 없다면 외로움이 무슨 쓸모가 있겠는가? 쓸쓸함은 사람과 사람의 '사이'가 이루는 무수한 가지로 그늘져 있다. 특정한 누가 아니더라도 고독은 막연하게 또는 은밀하게 누군가를 향해 있다. 그러면 묻자. 무엇이 사람과 사람의 '사이'를 만드는가? 무엇이 '관계'를, '울림'을, '소통'을 만드는가? 우리는 모두 창 없는 '모나드'(monad)[1]가 아니던가?

서로가 서로한테 울림을 만드는 현상을 '공명'(共鳴)이라 한다. 함께 우는 일이다. 공명이 전제하는 게 '공감'(共感)이다. 말 그대로 함께 느끼는 일이다. 함께 울기에 앞서, 함께 느껴야 한다. 함께 느끼기에, 함께 울 수 있는 거다. 우연히 내가 느낀 걸 남도 느끼는 게 아니라, 남이 느낀 걸 나도 '함께' 느끼는 일이다. 또는 반대로 내가 느낀 걸 남이 '함께' 느끼는 일이다. 공감은 적극적인 참여이다. 그리고 그곳에서 공감의 대상, 타자는 지향된다. 뒤에서 좀 더 자세히

---

1 '1' 또는 '단위'를 뜻하는 그리스어 모나스(monas)에서 유래한 말로 라이프니츠는 모든 존재의 기본 실체를 이 모나드란 개념을 통해 설명했다. 모나드는 단순하고 불가분적이며 독립적인 존재로, 입구나 창을 가지고 있지 않지만 표상을 통해 외부 세계와 관계를 갖는다. 표상을 통해 끊임없이 외부 세계를 비추기에 모나드를 비유하여 '우주의 살아 있는 거울'이라 한다.

논의하겠지만 막스 셸러는 바로 이점을 눈여겨본다. 프랑스어에서 공감을 나타내는 말 'sympathie'는 'sym'을 접두어로 한다. 'sym', 'syn', 'com', 'con'은 모두 'co'를 가리킨다. 'co'는 '함께'를 나타내는 접두어다. 영어나 독일어에서도 마찬가지이다.

> 사전적인 의미로만 보면 sympathy, pity, compassion이 모두 비슷한 의미를 내포하고 있다. 또 공감이나 연민이 모두 '함께', 또는 '동시에'의 의미를 지닌 sym-, 또는 com-을 접두어로 가지고 있는데, 이것은 두 개념이 모두 타자의 감정이나 느낌을 함께 공유하는 것을 의미한다. 독일어로 공감은 Mitgefühl, 연민은 Mitleid인데 이 두 개념은 모두 '함께', '더불어'의 의미를 가지고 있는 Mit를 접두어로 가지고 있다. 이것은 두 개념이 대상, 타자와의 관계에서 발생하는 감정임을 나타낸다.[2]

'sympathie'를 동사로 하면 'co-pâtir'와 같은 말로 함께-느끼기(함께-받기)이며 명사로 하면 'pathos-avec'와 같은 말로 함께-느낌(함께-받음)이다. 프랑스 철학자 미셸 앙리(Michel Henry)는 이 'pathos-avec'를 "상상할 수 있는 모든 공동체의 가장 넓은 꼴"[3]이라 했다. 다시 말해 모든 공동체는 이 '함께-느낌'을 기본으로 한다. 모든 공동체는 하나 이상의 사람이 모임으로써 가능하며 그들의 모

---

2   김용환, 「공감과 연민의 감정의 도덕적 함의」, 한국철학회, 『철학』 제76집, 2003, 157쪽.
3   미셸 앙리, 『물질 현상학』, 박영옥 옮김, 자음과모음, 2012, 253쪽.

임을 이루는 것이 곧 '함께-느낌'이다. 박영옥은 'pathos-avec'를 '공-정념'으로 옮겼다. 그러나 이는 그 의미를 전혀 살리지 못한다고 나는 생각한다. 파토스는 수동적 수용으로서 받아 '느낌'을 얘기한다. 나는 미셸 앙리의 『야만』(자음과모음, 2013)을 옮기며 'pathos'를 그냥 소리 나는 대로 '파토스'라 하고 다음과 같은 각주를 달아 그 뜻을 밝혔다.

파토스(pathos)는 '받다'라는 뜻을 지닌 고대 그리스어 'paschein'에서 나온 말이며, '마음의 받은 상태'를 근본에서 뜻한다. 파토스는 흔히 '고통'으로 옮기는 'souffrance', 흔히 '정념'이나 '열정'으로 옮기는 'passion'과 근원에서 같은 의미이다. 지속해서 받음으로써, 그 받음을 견딤으로써, 생기는 게 괴로운 마음으로서 '고'(苦)이고, 나아가 '통'(痛), 아픔이다. 고통은 어쨌거나 서양말의 어원에서 보면 견디는 일이며, 나중에는 더는 견딜 수 없을 정도의 지경에 이르러, 거기서 벗어나고 싶은 욕망을 지니게 되는 일을 말한다. 앙리는 이 세 가지 말 'pathos', 'passion', 'souffrance'를 서로 같은 것으로 혼용한다.

그런데 재밌는 건 같은 걸 함께 느낄수록 두 사람 사이 호감의 정도 또한 커진다는 사실이다. 그래서 'sympathie'는 흔히 '호감', '호의', '친근감'을 나타내는 말로 쓰인다. 그러나 그 어원적 뜻은 'co-pâtir', 'pâtos-avec', 함께-느끼기(함께-받기), 함께-느낌(함께-받음)이다. 물론 그때 느끼는 건 같은 것이다. 그런데 같은 걸 함께 느낀다 함은 무엇인가? 어떻게 그것은 가능한가? 독일 철학자 막스 셸러(Max Scheler)는 그의 책 『동감의 본질과 형태들』에서 'symphatie'에 관한 철학적이고 현상학적인 물음을 체계적으로 진행한다. 조정옥은 막스 셸러의 'symphatie'를 '공감'이 아닌 '동감'으로 옮긴다. 그의 변(辯)을 들어 보자.

> Sympathie 또는 Mitgefühl은 우리말로 공감 또는 동감으로 번역할 수 있다. 그러나 막스 셸러의 사상으로 볼 때 동감이 더 적합한 번역어라고 판단했다. 그것은 공감은 타인의 고통을 타인과 함께 느끼는 작용에 중심을 둔 것인 반면에 동감은 타인과 같은 고통 내용을 함께 느낀다는 의미로서 작용이 아닌 고통 내용에 중심을 두기 때문이다. [4]

그러나 우리말의 공감과 동감이 그러한 구분을 실제 가능하게 해주는지 의심스럽고 셸러의 'symphatie'에서 중요한 건 같은 걸 느끼는 게 아닌 그 같은 걸 '~와 함께' 느낀다는 점이라고 나는 생각한다. 감정전염이나 모방도 같은 걸 느끼는 일이지만 '~와 함께' 느끼는 일은 아니다. 오직 공감만이 타인을 지향하고 있으며 '그와 함께' 느끼는 일이다. '~와 함께'는 이처럼 공감에서 **구조적**이다. 독일어에서든, 프랑스어에서든 'symphatie'는 'symphatie'다. 영어

---

4 막스 셸러, 『동감의 본질과 형태들』, 조정옥 옮김, 아카넷, 2006, 7쪽(역자서문).

에서는 뒤 모음 표기만 달라 'sympathy'로 쓸 뿐이지 사실상 같다고 볼 수 있을 것이다. 그런데 이것을 우리말로 어떻게 옮기느냐가 문제다. '공감', '동감', '동정' 등 글쓴이에 따라 그 용어와 의미가 달라진다. 김용환은 「막스 셸러의 공감론」을 쓴 "금교영이 sympathy를 동정으로, 독일어 Mitgefühl을 공감으로 구분하여 사용하고 있는데 이는 잘못"이라 지적하며 sympathy를 공감으로 제시한다(김용환, 「공감과 연민의 감정의 도덕적 함의」). 박인철은 "광범위하게 '타인에 대한 느낌에 기반한 일체의 타인을 이해하고자 하는 활동'을 모두 총칭해 공감이라고 규정"하겠노라고 자신의 생각을 밝힌다.[5] 이처럼 광의의 뜻으로 정의된 공감은 이제 후설의 Einfülung, 셸러의 Sympathie, Mitgefühl을 포함한다. 나는 이 글에서 'sympathie'를 그 어원을 생각해 '공감'으로 옮겼다. 공감으로서 이해한 'sympathie'는 'pathos-avec'와 그 본디 뜻에서 다르지 않다. 함께 느끼는 일이 그 둘 모두에 관계한다.

남에 대한 참된 이해로서 공감

서로 나뉘고 떨어진 두 개체가 서로 낯선 무엇으로 바라보기를 멈

---

5 박인철, 「공감의 현상학」, 철학연구회, 『철학연구』 제99권, 2012.

추고 서로서로 다른 이의 삶 '속으로' 들어가는 신비스러운 체험을 가능하게 해주는 게 바로 '공감'이다. 어째서 신비스러운가? 그 체험의 가능조건으로서 그 철학적 또는 현상학적 바탕이 밝혀지지 않는 한 공감은 우리한테 그처럼 남아 있을 것이다. 다른 사람과 관계에서 공감은, 그렇지만 우리에게 매우 흔한 현상이다. 공감은 자기아닌 자기 밖의 다른 사람 곧 남에 대한 참된 경험으로 우리를 이끌어 주며 이로써 공감은 남을 이해하는 능력으로 얘기될 수 있다. 참된 의미에서 또는 강한 의미에서 남에 대한 이해는 공감을 통해 일어난다고 할 수 있다. 서로 독립적인 두 개체가 그들을 갈라 놓던 강을 건너고 그들 사이를 가로막던 벽을 허물게 되는 사건이 바로 공감이다. 서로 다른 두 개체가 '같은 것'을 나눠 갖게 되는 사건이 바로 공감인 것이다. 그 '같은 것'으로 다름과 나눔을 넘어 우리가 우리일 수 있다면 우리가 우리일 수 있는 건 결국 우리가 지닌 공감능력 덕분이 아닐까? 그러한 공감 능력이 없다면 우리 또한 있을 수없을 것이다. 미셸 앙리는 아래와 같이 타자 경험의 현상학적 가능성을 기술한다.

어떻게 …… 공동체의 모든 성원은 세계 속에서 타자와 관계하기에 앞서 삶 속에서 타자와 관계하는가? 모든 생각을 벗어나기에 가까스로 생각해 볼 수 있는 이 최초의 경험에서 살아 있는 이는 그 자신에 대해서도 타자에 대해서도 있지 않다. 그는 주체도, 지평도, 의미도, 대상도 없는 순수 깨달음(느낌)일 뿐이다. 그가 깨닫는(느끼는) 것은 똑같이 그 자신이자, 삶의 바탕이자, 또한 삶의 이 바탕으로서 타자이다. 그는 결국 바탕 속에서 타자를 깨닫지(느끼지) 타자로서 타자를 깨닫지(느끼지) 않는다. 타자가 바탕에 대해 하는 고유한 깨달음(느낌)으로서 타자를 말이다. 하지만 자아도 타자도 그것을 상상하지 못한다. 이게 왜 나나 그가 같음 속에 잠겨 있는가에 대한 이유이다. 공동체는 땅 속의 감정 층이다. 모두는 그곳에서 그 자신인 원천과 우물에서 같은 물을 마신다. 그것을 알지 못한 채, 그 자신에서, 타자에서, 바탕에서 자신을 나누지 않은 채 말이다. (『물질 현상학』, 250~251쪽)

미셸 앙리에게 타자 경험의 현상학적 가능성은 그가 삶이라 부르는 것에 있다. 이 삶의 본질이 미셸 앙리를 따르면 자기-촉발(auto-affection) 또는 자기-일으킴이다. 삶은 끊임없이 일으켜 느끼는 속에서 자기 자신을 느끼고 다른 모든 것을 느낀다. 이 삶을 본질로 하는 내가 하나의 삶이듯 타자도 하나의 삶이다. 타자, 곧 타자의 삶이 내게 주어지는 방식은 내 삶이 내게 주어지는 방식과 같다. 그 방식은 지향성[6]이 아닌 느낌, 함께-느낌이다. 이 느낌이라 하는 것은 미셸 앙리가 위의 인용문에서 '삶의 바탕'이라 부른 것으로, 삶을 이루는 삶의 구체적·실질적 내용이 된다. 지향성은 타자의 삶을 내게 주지 못한다. 타자의 삶은 지향성을 통해 비실재적인 표상으로 주

---

6 의식은 늘 무언가에 대한 의식이다. 다시 말해 의식은 언제나 무엇을 향하고 있다. 의식의 이러한 특성을 현상학의 창시자 에드문트 후설은 지향성이라 하였다.

어질 뿐이다. 참된 의미에서 타자를 경험하는 것은 오직 함께-느낌, 공감을 통해서다. 타자 경험으로서 공감을 강조한 막스 셸러의 공로가 여기 있다. 이 느낌, 함께 느낌이 삶의 바탕을 이루며 그 속에서 나와 타자, 나와 타자가 뒤섞이는 이 바탕은 구분되지 않는다. 나는 타자를 내 안에서 타자와 함께 느낌으로써 이 '느낌'을 겪는다. 이 경험 속에서 그러나 타자는 없어지지 않고 그 자체로서 지향된다. 이것이 막스 셸러를 따르면 동일시와 공감을 구분해야 하는 이유이다. 동일시뿐 아니라 우리가 공감과 자주 혼동하는 다른 많은 감정을 그는 공감과 구분하는데 예를 들어 모방이나 감정전염은 공감이 아니다.

『공감의 진화』(에이도스, 2012)에서는 우리의 공감 능력이 나중에 얻어진 게 아닌, 본디 타고난 것임을 잘 보여 주는 사례로 심리학자 앤드루 멜조프의 실험을 인용한다. 그는 태어난 지 44분밖에 되지 않은 갓난아이를 대상으로 해서, 그토록 어린 갓난아이도 보호자의 표정을 모방할 수 있다는 걸 알아냈다. 우리는 그를 통해 혀를 내미는 보호자의 모습을 그대로 따라 하는 갓난아이의 모습을 사진으로 볼 수 있다. 44분이라는 시간은 갓난아이가 태어나서 관찰할 수 있을 정도의 상태가 되기까지 걸리는 최소한의 시간이라고 한다. 이 실험에 근거하여, 저자는 다음과 같이 결론 내린다. "인간은 직접적으로 접촉하는 타인에게 반응하고 그 사람의 내면에서 어떤 일이 일어나고 있는지 알 수 있는 선천적인 능력을 가지고 태어나는 것이 분명하다."(『공감의 진화』, 30쪽)

그렇지만 모방은, 셸러를 따르면 공감이 될 수 없다. "우리가 타인의 표정 동작을 모방하는 것은 그가 그의 인생을 어떻게 **이해**하는지를 우리에게 조금도 설명해 줄 수 없다. 타인의 표정 동작이 나타내는 체험과 **유사한** 우리 자신의 체험 모방과 체험의 재생산이 설명할 수 있는 것은, 내가 표정을 모방하고 있는 타인과 유사하며 객관적으로 **실제적인** 체험이 내 안에서 일어난다는 것이다. …… 내 안에서 타인과 **유사한** 체험이 일어나는 것은 이해와 전혀 무관한 것"이다(『동감의 본질과 형태들』, 47쪽). 타인에 대한 이해가 아니기에 결국 모방은 공감과 다르며 공감이 될 수 없다. 모방이 공감과 다른 건 결국 그것이 타인 체험의 이해가 아니기 때문이다. 타인 체험의 이해는 모방뿐 아니라, 공감과 비슷하지만, 공감이 아닌 다른 감정을 공감에서 갈라내는 중요한 기준이 된다. 다른 예를 들어 보자.

갓난아이를 집에 둔 적이 있는 사람은 알 것이다. 이제 채 백일이 안 된 잠든 아이 곁에서 아이의 할머니가 갑자기 장난기가 돌았는지 난데없이 흐느끼는 시늉을 한다. 할머니의 흐느끼는 소리에 아이는 잠에서 깨어나지도 않은 채 눈을 감고는 저도 덩달아 흐느끼기 시작한다. 이를 보고 참 신기해한 적이 있다. 아이는 그저 감정이 동하여 저도 모르게, 아무 영문도 없이, 그저 흐느낄 따름이었다. 채 백 일도 살지 않은 아이가 슬픔이라는 게 뭔지, 또 그와 다른 것으로 기쁨이라는 게 뭔지 알 턱이 없지 않은가. 그럼에도 아이는 세상 그 누구보다도 서럽게 운다. 마치 한 삶이 다른 삶에 회답하듯, 두 개의 삶이 서로 비쳐 같은 빛깔을 띠듯, 하나의 울림이 안에서 또 다른 울림을 만들어 내는 거다. 그러나 이는 또한 셸러를 따르면, 감정전염으로 얘기될 수 있을 성질의 것이지, 공감이 아니다. 감정전염이라 말해지는 현상은 모방과 마찬가지로 공감과 많이 혼동된다. 그러나 셸러는 이 둘을 구분한다. "여기에서는 타인의 기쁨과 고통을 느끼려는 **의도**가 전혀 없고 타인의 체험에 참여하는 것도 아니다. 감정전염의 특징은 그것이 감정 **상태들** 사이에서 일어난다는 점이고 타인의 기쁨에 대한 지식을 전혀 전제로 하지 않는다는 점이다."(『동감의 본질과 형태들』, 54쪽) 이처럼 아이의 슬픔은 온전히 아이의 것이고, 또 그처럼 남는다. 아이는 그 슬픔을 자신의 슬픔이 아닌 다른 이의 슬픔이라 조금도 생각하지 않는다. 아이는 자신의 슬픔 속에서 오직 자신의 슬픔만을 껴안을 뿐이다. 자기 아닌 남에 대한 생각도, 남이 지금 겪는 슬픔이란 생각도 아이한테는 아무 의미를 지니지 못한다. 슬픈 영화를 보고 막연한 슬픔에 젖는 일, 흥겨운 분위기의 술집이나 어떤 잔칫집에 들어오면서 즐거움에 빠지는 일 따위 모두 감정전염에 해당한다. 감정전염은 모방과 마찬가지로 타인에 대한 참된 이해가 아니라는 점에서 공감과 다르며 그와 구분된다.

모방, 감정전염 따위와 마찬가지로 공감과 구분해야 할 동일시는 감정전염의 한 극단으로 소개된다. 동일시는 감정전염에서 더 나아가 감정합일을 이룬다. "이른바 감정전염의 극단, 즉 상승된 경우는 타인의 개인적 자아와 자신의 것 간의 진정한 합일 감정(또는 합일화)이다. 여기서 타인의 분리된 감정 과정을 무의식적으로 자신의 것으로 간주할 뿐만 아니라 바로 타인의 자아가 (그의 모든 근본적

대도에서) 나의 자아와 동일시되는 한에서 감정합일은 극단을 이룬다."(『동감의 본질과 형태들』, 60쪽)

감정합일은 자아와 타자의 동일시란 결과를 낳는다. 서로 다른 두 자아가 감정합일을 통해 같아지는 일이 바로 동일시이다. 결국 이 지점에서 우리한테 중요한 건 공감만이 남에 대한 참된 이해를 가능하게 한다는 점이다. 공감은 앞서도 얘기했듯 함께 느끼는 일이다. 여기서 '함께'는 공감에서 구조적이다. 다시 말해 현상학적 본질에 속한다. 최근 거울뉴런의 발견과 함께 심리학에서 얘기하는 이른바 공명 현상이나 거울 현상은 공감이 지닌 이러한 구조, 본질을 조금도 헤아리거나 설명하지 못한다. 거울뉴런은 다른 사람의 행동이나 감정을 관찰자에게 일으킬뿐더러 직접 관찰되지 않은 행동이나 감정 또한 직감이나 상상을 통해 일으킬 수 있는 것으로 밝혀졌다.[7]

여러 실험을 통해 많은 과학자들은 우리가 지닌 공감 능력이 거울뉴런 덕분이라고 믿는다. 하지만 미셸 앙리의 몸 철학[8]을 따르면 대상-몸(corps-objet)에 속하는 거울뉴런 그 자체에는 그러한 능력이 없다. 거울뉴런이 그러한 능력을 수행하는 것처럼 보이는 것은 그 안에 내재하는 근원적 몸(corps originaire), 주관-몸(corps-sujet)

---

7 요아힘 바우어, 『공감의 심리학』, 이미옥 옮김, 에코리브르, 2012, 23~25, 30~31쪽 참조.

8 Michel Henry, *Philosophie et phénoménologie du corps,* Paris: PUF, 2003 참조. 이보다 뒤에 발표한 *Incarnation une philosophie de la chair*가 『육화, 살의 철학』이란 제목으로 우리말로 출간되었다. 여기서도 우리는 미셸 앙리의 몸 철학을 볼 수 있다. 이곳에서는 그가 이전에 '주관-몸'이라고 불렀던 것을 '살'이라는 이름 아래 다룬다.

덕분이다. 이 주관-몸만이 자기 자신을 느끼고 또 이로부터 다른 모든 것을 느낄 수 있다. 데카르트가 말했듯 우리 눈(대상-몸)은 보지 못한다. 보는 능력, 힘을 지닌 것은 오로지 우리 마음(영혼)이다. 우리의 다른 신체 기관에서도 상황은 마찬가지이다. 우리 손(대상-몸)은 또 다른 예를 들면 그처럼 만지지 못한다. 오직 우리 마음만이 자기 자신을 움직이고 또 무엇이 되었든 만질 수 있다. 데카르트가 연장의 속성을 지닌 몸(대상-몸)과 구분한 이 마음(âme)이 바로 미셸 앙리가 주관-몸이라 부르는 것이다. 이 주관-몸은 살아 있는 몸이며 내재적 몸이다. 과학자들은 이 주관-몸을 전혀 알지 못하며 그들이 아는 유일한 몸은 대상-몸, 대상으로서 몸이다.

내가 남과 함께 같은 걸 느낄 때 나는 이 느낌을 나의 것이 아닌 그의 것으로서 경험한다. 여기서는 나의 삶이 문제가 아니라 그의 삶이 문제이다. 동일시에서 자아와 타자, 나와 남의 구분은 동일시를 이루는 지점에서 아주 사라지고 남아 있지 않지만 공감에서 이러한 구분은 본질적이다. 동일시에서 나는 남이 되거나 남은 내가 되지만 나와 남은 이처럼 완벽하게 융합하지만 공감에서 나와 남의 구분, 남을 '남으로서' 뚜렷이 의식하는 일은 공감의 전제 조건이다. 공감은 나로 된 남이 아닌 '남으로서' 남이 겪는 아픔을 아파하는 일이다. 그와 함께 겪음으로써 그의 삶에 동참하는 일이다. 그러면 정확히 셸러가 공감을 어떻게 정의하는지를 보자.

모든 공감은 타인의 체험에서 고통이나 기쁨을 느끼려는 의향을 내포

한다. 공감은 타인이 고통을 느낀다는 판단이나 표상을 통해서 간접적으로가 아니라 그 자체가 느낌으로서 타인의 고통으로 [직접적으로—옮긴이] 지향되어 있다. 공감은 타인의 고통에 직면해서 출현할 뿐만 아니라, 타인의 고통도 사유하고 느낌 기능 자체로서 고통에 대해서도 사유한다. (『동감의 본질과 형태들』, 51쪽)[9]

여기서 눈여겨보아야 할 점은 첫째, 공감에는 타인의 감정을 '직접' 느끼는 일이 관계한다는 점이다. 이성의 작용으로서 판단이나 표상을 매개로 하지 않는다는 점이다. 이 점에서 공감은 자아의 감정을 타인에 투사함으로써 타인의 감정을 유추해 내는 감정이입이나 이와 비슷한 것으로서 우리가 흔히 얘기하는 역지사지(易地思之)와는 다르다. 처지를 바꿔 놓고 생각함으로써 남을 이해하게 되는 게 아니다. '내가 만일 그와 같은 처지라면……'과 같은 가정을 통한 생각의 작용 결과가 아닌 직접 느낌을 통해 타인의 감정을 바로 아는 일이다. 그의 경험으로 들어가 그의 경험을 나눠 갖는 일이다. 둘째, 타인이 느끼는 것으로서 타인의 감정 예를 들면 고통을 느낀다는 점을 또한 눈여겨보아야 한다. 고통 그 자체만이 아니라 타인의 고통으로서 그것을 느낀다는 점이 여기서는 중요하다. 공감은 이처럼 막스 셸러가 강조하듯 타인을 타인으로서 의식함을 전제로

---

9   옮긴이가 '동감'으로 옮긴 것을 나는 앞에서 밝힌 이유에서 '공감'으로 바꿔 썼다.

한다. 공감은 '타인으로서' 타인이 겪는 고통을 고통스러워하는 것이다. 여기서 '타인으로서'라는 것은 현상학적 사실에 속한다.[10] 타인은 공감에 앞서 이미 주어진다. 따라서 공감이 타인을 주는 것은 아니다. "타인 자아의 존재 그리고 타인의 고통은 공감 이전에 주어진다."(『동감의 본질과 형태들』, 40쪽) 공감은 타인의 이러한 주어짐을 미리 전제하지, 타인의 주어짐, 타인 현상이 공감 속에서 가능해진 것은 아니다. 공감에 앞서 나는 타인을 타인으로서 인식한다. 그리고 그와 함께 그의 고통을 인식한다. 타인과 타인의 고통 그 자체는 공감에 앞서는 인식이며 공감 속에서 타인과 타인의 고통은 그대로 지향된다. 나 자신과 나의 고통에 그 자리를 내주거나 사라지지 않는다. 공감은 "타인으로서 타인을 지향한다"(『동감의 본질과 형태들』, 105쪽). 그리고 이것이 공감의 가장 큰 다름이다.

정리하면 공감의 특징은 첫째 타인의 감정에 직접 참여한다는 것이고, 둘째 타인을 향해 있다는 것이다. 박인철은 막스 셸러가 "공감 자체만으로는 윤리성을 표방하는 데 한계가 있다"고 했음에도 "셸러의 공감은 나와 타인 간의 구분을 전제로 타인을 나와 같은 하나의 독립된 주체로서 그 자체로 받아들인다는 점에서", 곧 "공감의 초점이 내가 아닌 타인이라는 점"에서 "공감이 윤리성을 지닌다는 것의 실마리"를 찾고자 한다(박인철, 「공감의 현상학」). 그러나 나는 박

---

[10] 본문에서는 사실 동정심이 문제가 된다. 그러나 동정심은 넓은 의미의 공감에 들어가며, 따라서 나는 글의 맥락에 맞춰 공감으로 바꿔 이해했다.

인철이 생각하듯 타인을 나와 다른 하나의 인격체로서 존중하게 되는 가능성 내지 토대를 공감에서 찾기보다 더 근원적으로 나와 그를 '같음'으로 이어 주는 삶 속에서 궁극에는 찾아야 한다고 생각한다. 마찬가지로 공감이 아닌 삶, 삶의 사랑 속에서 윤리성을 찾아야 한다고 생각한다. 이제 공감의 세 번째 특징을 말하면 그것이 경험을 통해 얻어지는 게 아니라 타고날 때부터 우리에게 주어진다는 점이다. 이러한 셸러의 주장은 "공감능력이 경험적으로 사회적 상호작용을 통해 형성, 발전해 나간다는 발달심리학의 주장을 정면으로 반박하는 것"으로 평가된다(박인철, 앞의 글).

앞서 얘기했던 『공감의 심리학』의 저자는 발달심리학의 주장을 뒷받침이라도 하듯 '용불용설'의 주장을 펼친다. 곧 유아의 거울 뉴런은 사용하지 않으면 퇴화하는 것으로 나타난다는 것이다. 거울 뉴런은 공감을 가능하게 하는 신경생리학적 장치로서 이해된다. 이 장치가 제대로 작동하려면 적당한 환경, 조건이 갖춰져야 하는데 그 조건이란 유아가 자신에게 적합한 관계를 맺어야 한다는 것이다. 여기서 적합한 관계란 아이에게 사랑과 관심을 갖는 사람과 관계를 말한다. "유전적인 기본 장비란 유아가 훗날 성장했을 때 실제로 이 장비가 제대로 작동할 것임을 보장해 줄 따름이다. 태어날 때 이미 갖추게 되는 거울 시스템은 유아가 자신에게 적합한 관계를 맺을 경우에만 계속 발달할 수 있다."(『공감의 심리학』, 57~58쪽) 이렇게 봤을 때 공감의 가능성은 제한적이며 경험과 경험의 유형에 종속적이다. 어떤 적절한 조건이 충족되었을 때에만 공감은 비로소 가능하다. 이와 달리 셸러는 공감을 "정신의 궁극적인 근원적 기능"으로 규정한다. 공감은 "느낌 있는 모든 존재 일반의 구조에 속한다"는 점에서 보편적이며 본질적이다. 느끼는 모든 존재는 느끼는 다른 모든 존재와 마주하여 공감할 수 있고 공감한다. 공감은 공감하고자 다른 어떤 조건, 특히 경험적인 어떤 조건도 필요로 하지 않으며 느끼는 모든 존재에 일반적 내용을 이룬다.

공감은 공감하고자 다른 어떤 조건도 필요로 하지 않는다. 공감에게 그렇다고 아무 조건이 없는 것은 아니다. 공감이 필요로 하는 조건은 공감에 외재적인 조건이 아닌 공감에 내재적인 조건, 공감의 가능 조건이다. 공감, 다시 말해 함께 느끼는 일은 느끼는 능력을 전제로 한다. 함께 느낄 줄 알려면 그에 앞서 먼저 무엇이든 느낄 줄 알아야 한다. 우리 몸은 이 느낄 줄 아는 능력, 힘을 본디 지닌다. 그런데 나와 나 아닌 다른 이가 같은 걸 함께 느끼려면 그 힘을 저마다 제 안에 지니는 것만으로 충분하지 않다. 느끼되 그 느끼는 **방식**이 같아야 한다. 그 느끼는 방식이 다르다면 공감, 곧 같은 걸 함께 느끼는 일은 일어날 수 없다. 공감을 통한 상호이해는 일어날 수 없으며 생각조차 할 수 없을 것이다. 같은 방식으로 느끼기에 또 오직 그러하기에만 서로 다른 동떨어진 삶을 살면서도, 다른 사람의 삶에 전혀 발을 담그지 않고서도 또 그러할 수도 없으면서 같은 걸 함께 느끼는 일은 일어날 수 있다. 그리고 그러한 일이 일어날 때 서로 같은 걸 느낌을 알 수 있다. 나 아닌 다른 이를 이해할 수 있다. 다른 이가 그 안에서 느끼는 걸 나도 내 안에서 직접 느낌으로써 또 이를 토대로 그와 참된 의미에서 교감하고 소통할 수 있다.

본디 느낄 줄 아는 힘을 지니는 일과 같은 방식으로 느끼는 일, 이 두 가지가 결국 공감의 가능 조건이라고 얘기할 수 있을 것이다. 이제 어떻게 우리 몸은 그와 같은 힘을 지니는지를 묻는다면, 어디에 그 힘은 바탕을 두는지를 묻는다면 이에 대한 철학적 또는 현상학적 답변을 나는 미셸 앙리와 함께 '촉발성'(affectivité)에서 찾게 될 것이다. 촉발성은 말 그대로 일으키는 성질을 말한다. 근원에서 일으킴은 스스로 자기 자신을 일으키는 일, 자기에 대한 자기-촉발(auto-affection de soi)이다. 여기서 일으키는 것과 일으킨 것은 일치한다. 스스로 자기 자신을 일으키는 속에서 자기 자신을 느끼고 깨닫는 일이 생긴다. 이는 곧 자신에 대한 순수 느낌이며 그 구체적 내용은 괴로움이나 즐거움, 불안이나 욕망 따위가 될 것이다. 미셸 앙리는 이 촉발성, 자기-촉발을 본질로 하는 것을 '삶'이라 하였으며 우리는 이를 그의 책 어디에서나 일관되게 만날 수 있다.

우리가 지닌 그 모든 힘, 능력, 곧 우리의 경험을 어떤 경험이든 가능하게 하는 그 힘은 삶에, 촉발성에 그 바탕을 둔다. 스스로 끊임없이 자기를 일으키고 또 그처럼 끊임없이 자기를 느끼고 깨닫는 일에 다른 것을 무엇이든 느끼고 깨닫는 일, 다른 것을 무엇이든 경험하는 일은 바탕을 둔다. 이 바탕은 또한 그 다른 것을 느끼고 깨닫는 일, 다른 것을 경험하는 일의 가능 조건이자 그것을 이루는 그것의 내적 실재성이다. 내 밖의 다른 무엇을 느끼고 경험하는 일은 먼저 내가 내 안에서 나 자신을 느끼고 나 자신을 경험하는 일에서 그리고 오직 그러한 일에서 그러한 일을 통해서만 가능하다.

이 글의 주제인 공감과 관련해서는 아무러한 다른 것이 아닌 나와 다른 주체, 자아로서 타자의 경험이 관계한다. 이 경험은 셸러를 따르면 표상이나 판단과 같은 것을 매개로 한 간접 경험이 아닌 직접 경험이다. 그리고 이것을 가능하게 해주는 게 바로 공감이다. 공감을 통해 나는 다른 사람을 어떤 것을 매개로 하지 않고 바로 경험할 수 있다. 그 공감의 가능 조건이 바로 자기-촉발을 본질로 하는 삶임을 나는 이제 막 얘기한 터다. 같은 걸 함께 느끼려면 먼저 같은 방식으로 느껴야 한다고 얘기했는데 그 방식이 바로 삶이 자기 자신에 오는 방식, 자기-촉발이다. 촉발에는 두 가지 차원이 있다. 스스로 일으키는 일 곧 자기-촉발이 있고 다른 것을 통해 일으키는 일이 있다. 공감에서 아픔이나 기쁨은 타자의 아픔이나 기쁨과 마주하여 스스로 일어나는 자기-일으킴이다. 내 안에 느끼는 힘은 이 자기-촉발에 또한 바탕을 둔다.

본질에서, 본바탕에서 나와 같은 삶으로 되어 있기에 타자는 타자일 수 있다. 곧 나와 다른 사람이다. 나와 똑같은 자격에서 나와 마찬가지로 그는 '자아' 또는 '주체'이다. 나와 근원에서 같기에, 나와 같은 삶에 뿌리를 내렸기에 그가 그 안에서 겪고 온전히 그의 것인 그의 삶, 느낌, 감정, 인상을 나는 내 안에서 그와 함께 같은 방식으로 느낄 수 있다. 그러한 공감은 세계 속에서는 일어나지 않는다. 이 세계에 공감 같은 것은 존재하지 않는다. 그것은 오직 삶 속에서만 가능하다. 자아와 타자, 나와 남이 서로 같은 삶으로 묶였기에,

그와 내가 모두 같은 삶에 바탕을 두기에만 그와 함께 나는 아파할 수 있다. 그와 함께 나는 기뻐할 수 있다. 그와 함께 나는 슬퍼할 수 있다. "우리는 느끼는(받아내는) 모든 것과 함께 느낄(받아낼) 수 있다. 생각할 수 있는 공동체의 가장 넓은 꼴인 함께-느낌(함께-받음)이 있다."(『물질 현상학』, 250~251쪽) 내가 여기서 '느끼다(받아내다)'로 옮긴 프랑스어는 'souffrir'이다. 여기서 나는 '받아내다'를 괄호 속에 넣었지만 『야만』에서 나는 이 용어를 괄호 없이 '받아내다'로 옮겼다. 이처럼 옮긴 데 대해 나는 아래와 같이 그 이유를 밝혔다.

주로 '고통'이나 '괴로움'의 뜻으로 쓰이고, 또 그처럼 옮기는 'souf-france'의 동사형으로서, 'souffrir'는 '고통스럽다', '괴로워하다'라는 뜻으로 흔히 쓰이고, 또 그처럼 옮기는 게 통례다. 하지만 그 어원에서 'souffrir'는 '밑에서 받치다', '견디다'를 뜻하는 'supporter'와 같은 말이다. 앞서 얘기한 'pathos'와 관련 속에서 또 그 근본적 뜻을 생각해서, 그리고 앙리도 이를 염두에 두고 있기에 이 말을 '받아냄'으로 옮긴다. 'souffrir'는 최초에 받아내는 일(견딤)이다. 그 견딤이 오래되어서야 그 마음은 괴로움이나 고통 같은 특수하고 개별적인 마음이 된다. 최초에 받아내는 일(souffrir)은 고통뿐 아니라 욕망이든 기쁨이든 특수하고 개별적으로 되는 모든 마음의 바탕으로서 이해된다. (『야만』, 12쪽)

자아나 타자가 같은 삶을 본질로 하는 것이라면, 같은 삶이 나나 나 아닌 다른 이의 본바탕을 이루는 것이라면, 나나 나 아닌 다른 이를 나 자신으로, 그 자신으로 있게 하는 것이라면 결국 공감에서 타자를 지향하는 일은 한 삶이 다른 삶을 지향하는 일이 될 것이다. 그런데 이처럼 한 삶이 다른 삶을 지향하는 일은 오직 사랑 속에서만 가능하다. 이때 사랑은 어떤 대상, 특정한 누군가를 향한 사랑을 말하지 않는다. 사랑은 먼저 그리고 궁극에는 자기 외의 다른 원인을 자기 밖에 두지 않는다. 프로이트는 사랑의 시초를 나르시시즘에서 봤으며 나르시시즘은 이후에도 사라지지 않고 지속된다. 사랑은 그를 따르면 "자아와 그 쾌락 원천과 관계"이다. 그 상황에서 "자아는 그 자신만을 사랑하고 세계에 무관심하다".[11] 프로이트는 스스로 자기 자신을 만족시킬 수 있는 상태를 '나르시시즘'이라 부르며 그러한 만족의 가능성을 '자기-에로티시즘'으로 규정한다.

삶이 그 자신을 끊임없이 느끼고 깨닫는 속에서 그 자신과 자신의 커짐을 즐거워하는 일이 생긴다. 본디 사랑은 이 자신에 대한 즐거움(jouissance de soi)에서 나오고 그것에 근거한다. 이때 사랑은 아무 대상이 없기에 순수 사랑이며 오직 자신에 대한 사랑이다. 나중에 다른 사람이 내 안에서 어떤 기쁨이나 즐거움을 만들 때 그 사람을 또한 나는 이 기쁨이나 즐거움을 이유로 사랑할 수 있다. 그러나 그 사람을 사랑하는 속에서도 나는 내 안에서 생성되는 기분 좋

11 Sigmund Freud et al., *Métapsychologie*, Paris: Gallimard, 1996, pp. 96~97.

은 인상이나 느낌을, 곧 나 자신을 사랑하기를 멈추지 않는다. 그러한 인상이나 느낌은 내 안에서 나를 이루며, 나는 그러한 인상이나 느낌과 함께 내 안에서 끊임없이 생성된다. 나는 곧 삶이며 삶을 이루는 수많은 인상과 느낌이다. 이 인상과 느낌이 내 안에서 사랑을 만든다. 막스 셸러의 공감 이론이 흥미로운 건 바로 이 대목에서다. 막스 셸러는 특이하게도 사랑을 공감의 가능 조건으로 놓는다.

> 가장 중요한 것은 모든 공감 일반이 사랑에 토대를 두고 있다는 것과 공감은 사랑이 없으면 멈춘다는 것이며 거꾸로는 결코 될 수 없다는 것이다[사랑이 공감에 토대를 두고 있는 것이 아니며, 공감이 없다고 해서 사랑이 멈추는 것은 아니다―옮긴이]. (『동감의 본질과 형태들』, 302쪽)

나는 막스 셸러와 함께 얘기할 수 있을 것이다. 사랑 없이 공감은 일어날 수 없다고. 그러나 그 반대는 아니라고. 그리고 "공감하는 만큼 사랑하는 게 아니라 사랑하는 만큼 공감한다"라고. 왜냐하면 공감은 한 삶이 다른 삶을 지향하는 일인 까닭이다. 마치 자신인 듯 자신과 다르지 않은 것으로 다른 삶을 바라보고 그것에 귀 기울이는 까닭이다. 내 일인 듯 웃고 우는 일은 나와 다르지 않은 삶인 까닭이다. 본질에서 같은 삶이어서다. 끊임없이 스스로 자신을 일으키고 자신을 느끼고 깨닫는 바로 그것인 까닭이다. 쉴 새 없이 내 안에서 나를 나 자신으로 만드는 바로 그것인 까닭이다. 다른 삶을 지향하는 일은 미움 속에서는 일어날 수 없다. 사랑이 관심(關心)을 만든다면, 어떤 것에 마음을 끌리게 한다면 미움은 다른 쪽, 저편으로 끌려 나가려는 마음을 끊고 되돌려 고립된 섬을 만든다. 그런데 공감만이 아니다. 동일시가 일어나려면 또한 사랑을 전제로 해야 한다.

동일시, 공감 그리고 사랑이라는 대전제

술주정뱅이에다 폭력을 일삼는 아버지 밑에서 자란 두 아들이 있다. 이들 가운데 하나는 아버지처럼 술주정뱅이에다 폭력을 일삼는 사람으로 성장했고, 다른 하나는 훌륭한 목사가 되었다. "어떻게 당신은 그와 같은 사람이 되었소?" 두 아들한테 물었다. 놀랍게도 두 아들의 대답은 일치했다. "그런 아버지 밑에서 자라 보시오. 그러면 당신도 나처럼 될 수밖에 없다는 걸 알게 될 거요."

두 아이에게 모두 아버지란 존재는 두려움과 미움의 대상이었을 게다. 두 아이 모두 아버지에게서 벗어나고 싶었을 것이며 아버지란 존재 자체를 부정하고 싶었을 것이다. 그 아버지가 특히 그들이 사랑하는 어머니에게 폭력을 행사했다면 그때 그 미움은 극에 달했을 것이다. 그런데 어떻게 자신이 그토록 혐오하고 제거하고 싶어 했던 괴물의 모습을 그 자신이 거꾸로 닮는 일이 일어날 수 있을까? 무찔러 없애고 싶었던 괴물에서 스스로 그 괴물이 되기까지 도대체 무슨 일이 일어난 것일까? 그에 관한 자각은 또 얼마나 큰 자괴와 좌절로 이어지게 될까?

이를 만약 동일시(같아짐)로 얘기할 수 있다면 두 아이 가운데 한 아이만이 그들의 아버지와 동일시를 이뤘다. 그런데 동일시는 보통 그 대상이 되는 이와 "애정 관계"를 드러낸다. "정신분석학은 동일시에서 다른 사람과 애정 관계가 처음 나타남을 본다"[12]라고 프로이트는 말한다. 또 "동일시는 다른 이와 관계를 드러내는 매우 중요한 한 모습이며 어쩌면 가장 최초의 모습이다"라고 말한다.[13] 다시 말해 우리는 누군가를 좋아하면 그 감정을 동일시로 나타내곤 한다. 그 사람을 닮고 싶어하고 그 사람이 하고 느끼는 걸 그대로 하고 느끼고 싶어한다. 우리가 흔히 얘기하는 '모범적인' 아버지는 아니지만, 더 나아가 가족에 폭력을 휘두르는 '나쁜' 아버지이지만 아이는 그런 아버지였을망정 사랑했을 수 있다. 그러나 이 사랑이 이미 성장한 아이의 동일시를 설명하지는 못한다. 어른이 된 아이가 아버지를 사랑해 아버지의 폭력적이고 혐오스러운 모습을 닮고 싶어했을 리 없다. 그렇다면 무엇이 동일시를 가능하게 했을까? 두 아이 모두 아버지에 대해 고개를 설레설레 젓는다. 아버지의 모습은 끔찍하고 기억하기 싫은 괴물의 모습이었다. 애초에 두 아이의 조건이 같다면, 둘 다 아버지를 미워했으며 아버지로부터 달아나고 싶어했으며 아버지와 같은 사람이 되고 싶어하지 않았다면, 어떻게 같은

12　지그문트 프로이트, 「집단 심리학과 자아 분석」, 『문명 속의 불만』, 김석희 옮김, 열린책들, 1997, 120쪽.
13　지그문트 프로이트, 「새로운 정신분석 강의」, 김숙진 옮김, 문예출판사, 2004, 117~118쪽.

조건에서 출발하면서 한 아이만이 아버지처럼 되지 않는 데 성공할 수 있었던 것일까? 무엇이 한 아이는 아버지와 같아지게 하고 다른 한 아이는 전혀 다른 모습으로 성장하게 했을까?

프로이트 이론을 따르면 동일시는 자아 형성의 중요한 기제이며 가족은 흔히 그러한 동일시가 최초로 일어나는 곳으로 얘기된다. 최초의 동일시는 주로 어머니나 아버지 또는 그러한 구실을 하는 이들에 대해 일어나고 또 형제나 자매에 대해서도 일어난다. "나는 많은 부분에서 동일시로 이뤄진다"[14]라고 프로이트는 말한다. 자아는 동일시를 통해 자신을 이뤄 나가기를 계속한다. 가족 밖에서, 학교나 그 밖의 다른 사회에서 동일시를 통한 자아 형성은 꾸준히 일어나지만 가족만큼 큰 비중을 차지하는 곳도 없을 것이다. 가족은 개인의 삶에 매우 크고도 지속적인 영향력을 행사한다. 자아 형성의 중요한 기제로서 동일시는 이처럼 자연스럽고 긍정적인 현상이라 할 수 있다. 그러나 모든 동일시가 그렇지만은 않다. 어떤 동일시는 병적이거나 부정적인 의미를 띠기도 한다. 부정적인 의미에서 동일시는 부정적인 감정합일을 나타낸다. 예를 들어 우리가 자주 보는 현상으로 가정 폭력이나 학교 폭력의 피해자가 거꾸로 가해자가 될 때이다. 이런 부정적인 감정합일에서 문제가 되는 부정적인 감정은 바로 미움 또는 증오의 감정이다. 결국 동일시는 애정 관계에서만

---

14 프로이트, 「자아와 이드」, 『정신분석학의 근본개념』, 윤희기·박찬부 옮김, 열린책들, 2006, 392쪽.

그 모습을 드러내지 않는다. 프로이트는 동일시가 일어나는 세 국면을 제시한다.

첫째, 동일시는 대상과 애정 관계를 드러내는 가장 최초의 모습이다. 둘째, 퇴행을 통해 동일시는 대상과 리비도적 관계를 대신한다. 이는 내 안에 대상을 들이는 방식으로 이뤄진다. 셋째, 동일시는 성적 충동의 대상이 아닌 한 사람과 어떤 공통성을 다시 감지할 때마다 나타날 수 있다. (「집단 심리학과 자아 분석」, 123~124쪽)

첫째와 둘째 국면에서는 사랑하는 사람이 관계한다. 그러나 셋째 국면에서는 두 사람 사이 일치하는 부분에 대해 동일시가 일어나는 것으로 동일시의 대상이 되는 사람을 향한 감정 상태는 전혀 문제가 되지 않는다. 나와 전혀 무관하거나 사랑하지 않는 사람에 대해서도 어떤 공통성이 발견되면 동일시가 일어날 수 있다. 이러한 형태의 동일시로 프로이트가 제시하는 사례를 들어 보자.

기숙사의 한 젊은 여학생이 은밀히 사랑하던 이한테서 편지를 받는다. 그 편지는 그의 질투를 일깨우고 그는 히스테리 발작을 일으킴으로써 그 편지에 반응한다. 그 사실을 안 그의 몇몇 친구는 흔히 말하듯 정신적 전염을 통해 히스테리 발작에 걸리게 된다.

편지를 받은 문제의 여학생과 마찬가지로 그의 몇몇 친구는 비밀스러운 사랑을 욕망했으며 이것이 그들의 동일시를 설명한다. 이들은 마치 그들 자신이 비밀스러운 사랑을 했듯, 또 이로 인해 괴로움을 겪듯 히스테리 발작을 일으킨다. 그들은 그들의 친구인 문제의 여학생과 마찬가지로 질투하고 이를 견딜 수 없어 하지만 그들 친구의 고통을 이해하고 그와 함께 아파하는 일 따위는 거기 관계하지 않는다. 여기서 우리는 동일시가 공감과 다르다는 걸 확연히 알 수 있다.

앞서 술주정뱅이에다 폭력적인 아버지와 같은 어른으로 성장한 아이의 얘기에서 문제가 된 동일시는 이러한 유형의 동일시에 해당한다고 생각해 볼 수 있을 것이다. 그들을 묶는 같은 충동과 감정이 있었을 것이며 이는 아마도 파괴적인 충동이나 증오심이었을 것이다. 동일시의 원리는 우리가 보았듯 '공통성'에 있다. 같은 충동이나 욕망, 같은 감정 상태를 동일시는 전제한다. 거울뉴런 이론은 동일시의 이러한 원리를 전혀 알지 못한다. 『공감의 심리학』의 저자는 다음과 같이 지적한다. "거울뉴런은 어떤 행동을 관찰함으로써 자극받지만, 우리는 거울뉴런에게 어떤 행동을 강요할 수는 없다. 그럼에도 불구하고 행동을 관찰함으로써, 특히 자주 관찰함으로써 관찰자가 이 행동을 스스로 실행할 개연성이 더 커지지 않을까 하는 의문을 가져 볼 수 있다. 이를 연구한 결과, 그럴 가능성이 많은 것으로 나타났다."(『공감의 심리학』, 39쪽) 이 연구 결과는 폭력적인 아버지 밑에서 자란 아이가 폭력적인 아이가 될 가능성이 큼을 시사한다. 그러나 그러한 환경에 노출된 모든 아이가 그처럼 되는 것은 아니다. 무엇이 다름을 만드는가? 거울뉴런 이론은 이 부분을 전혀 설명해 주지 못한다.

공감이 사랑을 전제로 한다면 배타적 감정으로서 미움이나 증오는 공감을 배제한다. 셸러는 이 둘을 양립 불가능하다고 보았다.

> 하나의 전체 작용에서 동시에 미워하고 공감하는 것은 본질에서 불가능하다. 미워한다면 우리는 고통과 해로움에 대한 기쁨을 느끼며 시기, 해를 입힘을 즐김 등 한 무리의 부정적 가치의 타자 지향적인 감정이 생겨난다. (『동감의 본질과 형태들』, 303쪽)

미움은 타자를 대상화한다. 그렇기에 대상화한 타자, '그것'으로 환원한 타자와는 어떤 공감도 생길 수 없다. 공감은 느끼는 두 주체, 두 삶 사이에서 일어난다. 공감은 느끼는 주체, 삶으로서 타자를 전제한다. 그리고 "타인으로서 타인의 동가치적인 실재성을 파악할 수 있게 하는 것"이야말로 셸러를 따르면 공감의 참된 의미이다. 공감은 이처럼 나와 동등한 존재로서 타자, 남에 대한 이해를 넘어 그에 대한 존중과 배려를 함축한다. 반대로 '그것'으로 환원한 타자에게 우리는 무엇이든 할 수 있을 것이다. 때리고 부리고 심지어 죽이는 일까지.

나와 다른 남은 아주 다른 남이 아니다. 이 '남'이란 말은 본디 자기 이외의 다른 사람을 가리키는 말이지만 가족 성원 또는 친구 사이에는 흔히 '내가 (또는 네가) 남이냐?'라는 말을 자주 주고받는다. 결국 같은 공동체 안에서 남은 이미 완전한 남이 아니다. 공감을 통해 그의 삶에 나는 직접 참여할 뿐 아니라, 타자를 느끼려는 의도를 공감은 함축하므로 또한 '적극적으로' 참여한다. 이로써 나는 그의 삶의 한 부분을 나눠 갖는다. 이처럼 같은 느낌, 감정, 인상을 공유함으로써 공동체 성원은 서로 떼려야 뗄 수 없는 관계, 그야말로 친밀한 관계가 된다. 서로 관계없는, 서로 교감도 소통도 없는 창 없는 모나드로서 나나 네가 아닌 '우리'가 된다. 나, 너는 거기서 사라지지 않고 우리 안에서 새롭게 파악된다. 그러할 때 존중과 배려 또는 관용이 미움을, 폭력을 이기고 이길 수 있다. 반대로 타자를 극단적으로 타자화 또는 이와 같은 말로 대상화하였을 때 폭력은 장애를 알지 못하며 정당화된다. 가정 폭력이나 학교 폭력의 피해자가 가해자가 되는 상황에서 사실 대물림되는 것은 폭력만이 아니다. 그보다 앞서 더 근본적인 것으로 미움이나 증오의 감정이다. 여기서 그 둘은 만나고 같아진다.

앞서 동일시는 감정전염의 한 극단이라 했다. 감정전염에서 더 나아가 감정합일을 이루는 것이라 했다. 그런데 셸러는 감정전염을 멈추게 해줄 수 있는 것, 감정전염에서 벗어날 수 있게 해줄 수 있는 것이 바로 공감이라고 말한다. "심지어 고통을 통한 전염이 있을 때에도 전염을 정지시킬 수 있는 것은 바로 타인의 것인 타인의 고통에 관한 공감이다." 감정전염에서 자아는 온통 자신의 감정에만 쏠려 있다. 타인에 대한 의식이나 관심은 이미 사라지고 없는 터다. 이는 감정전염의 극단적 모습으로 얘기한 동일시에서도 마찬가지로 얘기될 수 있을 것이다. 공감은 자신에 향해 있던 의식이나 마음 씀을 타인에게 돌림으로써 전염을 막고 타인에 대한 의식이나 관심을 회복시킬 수 있다. 이러한 공감의 가능성으로부터 나는 탈-동일시의 해법으로서 공감을 제시하려 한다. 구체적으로 어떻게 이뤄지는지를 보자.

부정적 의미의 동일시일 때 문제는 여기에 있다. 감정합일의 내용이 여기서는 미움이나 증오라는 점이다. 그런데 미움과 공감은 서로 함께할 수 없다고 하였다. 그렇다면 동일시에서 공감으로 오려면 중간 단계를 거쳐야 할 것이다. 뭔가 하면 다름 아닌 사랑이다. 이를 잘 보여 주는 것이 내가 생각하기엔 양익준 감독의 영화 「똥파리」다.

「똥파리」는 가족의 상처, 아픔, 치유를 다룬 영화이다. 주인공 상훈은 욕과 폭력을 밥 먹듯 하며 자기 내키는 대로 살아온 용역 깡패다. 그런 그에게 사실은 어린 시절 씻을 수 없는 상처가 자리한다. 아버지 폭력의 결과 어린 상훈은 어머니와 여동생을 한꺼번에 잃는다. 어머니를 겨냥한 칼에 여동생이 찔리고 피 흘리는 여동생을 업고 달리던 상훈을 뒤쫓던 어머니는 골목을 빠져나오면서 승용차에 치여 그 자리에서 목숨을 잃는다. 여동생은 병원으로 옮겨졌으나 그 또한 곧 사망한다.

여기서 우리는 하나의 역설 또는 역설로 얘기할 수 있는 것 앞에 있다. 폭력이 사랑하는 사람을 앗아갔다면 그 폭력을 미워하고 멀리해야 하는 게 맞지 않을까? 상훈의 욕설과 폭력은 대상이 없다. 아니 그것은 은밀하게 아버지를 향해 있다. 아버지를 향한 끝 모를 증오는 욕설과 폭력으로 배출된다. 그러나 욕설과 폭력은 상훈의 증오를 없애 주지 못한다. 그것이 다른 감정에, 예컨대 사랑에 자리를 내주었을 때만 그것은 비로소 없어질 수 있다. 그러나 엄밀히 말해 여기서 하나의 감정, 이를테면 증오는 없어지는 게 아니라 다른 감정으로 바뀔 뿐이다. 상훈은 아버지에게서 폭력을 아니 좀 더 정확히 말해 미움과 증오를 물려받았다. 여기서 그 둘은 합일, 동일시를 이룬다. 폭력을 멀리하려면, 또는 미움을 물리치려면 좀 더 큰 사랑이 있어야 할 것이다. 상훈에게 빠져 있는 게 바로 이 부분이다. 그의 마음은 온통 증오로만 채워져 있다. 적어도 그가 조카 형인과 여고생 연희를 만나기 전까지는.

조카 형인은 배다른 누이의 아들이다. 그리고 연희는 배짱 좋은 여고생이다. 정신병을 앓고 있는 아버지의 폭력과 가난에도 꿋꿋하게 세상을 헤쳐나간다. 그러나 연희의 남동생은 상훈의 전철을 밟는다. 어린 조카 형인과 연희를 통해 상훈은 다시 사랑하는 법을 배운다. 그의 마음에 사랑이 차차 미움을 몰아내기 시작한다. 그리고 상훈은 그들과 공감하기 시작한다. 그들과 함께 웃고 함께 기뻐한다. 그들을 이해하고 제 안에 조금씩 보듬을뿐더러 자신의 감정에 솔직해지고 위로받고자 한다. 상훈의 지배적인 감정은 슬픔이다. 상훈의 슬픔은 오직 어머니와 여동생에만 한정되지 않는다. 그것은 또한 아버지를 향해 있다. 15년의 형을 살고 출소했지만 영원히 자신을 죄인으로밖에 여길 수 없고 뼈저린 후회와 자책으로 남은 생을 살 수밖에 없는 아버지는 사실 가여운 존재가 아니던가! 하지만 상훈의 증오심은 아버지의 슬픔과 마주하는 걸 방해한다. 자신의 팔목을 긋고 자살을 시도한 아버지를 병원으로 이송해 헌혈을 해주고 온 뒤 상훈은 연희의 다리를 베고 누워 눈을 가리고는 울음을 터뜨린다. 비로소 상훈은 아버지의 슬픔을 만나고 이를 이해할 수 있게 된 것일까? 이에 앞서 상훈은 어린 형인의 시선 앞에서 자신의 폭력과 대면했다. 그리고 처음으로 자신의 폭력 앞에서 주춤했다. 어린 형인이 자신의 폭력에서 느꼈을 것을 그 자신도 느끼게 된 것이다. 그가 어린 시절 아버지의 폭력에서 느꼈을 그것과 똑같은 것을. 이는 그의 폭력을 무력화한다.

결국 양익준 감독이 제시하는 치유의 해법은 사랑이 아닐까? 또는 사랑을 토대로 한 공감이 아닐까? 앞서 우리 얘기에서 폭력적인 아버지 밑에서 성장한 두 아들에게도 또한 치유의 해법은 사랑이 아니었을까? 사랑을 바탕에 둔 공감이 아니었을까? 목사 아들이 아버지와 같은 사람이 되지 않는 데 성공할 수 있었던 건 사랑을, 아마도 기독교가 가르치는 하나님과 형제에 대한 사랑을 큰 밑천으로 삼았던 덕분이 아니었을까? 그 사랑이 어쩌면 아버지의 폭력 뒤에 감춰진 좌절과 불안을 이해하도록 이끌었던 건 아닐까? 그러하지 못한 다른 아들의 발목을 잡은 건 아버지를 향한 증오만이 아니었는지도 모른다. 삶이 그에게 그의 아버지가 이미 그에 앞서 겪었을 좌절과 실패를 더 많이 가르쳤는지도 모른다. 그리고 뒤늦게 아버지의 유령이 그의 덜미를 붙잡았는지도 모를 일이다.

더 크게 사랑하고 공감하라

가정폭력에서 생태계 파괴까지 여러 종류의 폭력이 난무하는 현대 사회에서 '공감의 부재'를 걱정하는 목소리에 우리는 귀 기울여야 할 것이다. 공감의 부재는 소통과 교감의 부재로 이어지고 '우리'가 될 수 없는 나와 별개인 남에 대한 폭력을 정당화한다. 반대로 공감의 생성은 나 아닌 남을, 나 아닌 다른 이를 '우리'라는 공동체 안에 끌어안을 수 있으며 나아가 폭력을 무력화할 수 있다. 만일 어떤 공동체도 공감 없이 이루어질 수 없고 모든 공동체가 공감에 그 토대를 두는 것이라면, 공감의 부재는 결국 공동체의 와해로 이어질 수밖에 없을 것이다. 그러한 공동체의 가장 기초적인 모습을 우리는 가족에서 찾아볼 수 있다. 가족은 공감에 바탕을 둔 공동체의 가장 기초적인 모습이자 우리가 놓이게 되는 최초의 공동체이다. 그 기본 내용은 사랑이다. 사랑은 가족 성원을 묶는 공감의 기본 내용이자 또한 공동체의 기본 내용이기도 하다. 가족을 생성하고 유지하는 게 사랑이라면 가족에는 그렇지만 사랑만이 있지 않다. 크고 작은 상처로 얼룩지게 되는 가족 안에는 미움 또한 자리한다. 기쁨과 아픔이 공존한다. 정서적으로 매우 중요한 구실을 하기에, 가족에게서 받은 상처는 보통 더 크고 더 오래가는 법이다. 골이 깊은 상처는 때로 가족 성원을 서로 멀어지게 하고 심할 때는 가족의 붕괴로 이어진다.

공감에 관한 막스 셸러의 섬세한 분석은 모방, 감정전염, 동일시와 같은 공감과 비슷한 다른 현상에서 공감을 구분하게 해주었다.

중요한 기준이 되었던 것은 타인에 대한 참다운 이해를 함축하느냐, 그렇지 못하느냐에 있었다. 우리는 공감에서 타인이 타인으로서 지향된다는 걸 봤다. 그리고 공감은 타인의 체험에 참여하고자 하는 적극적인 의지를 담는다는 걸 봤다. 이러한 공감은 다른 사람과 극단적인 감정합일의 형태로 이해한 동일시를 작용 밖에 두는 효과를 지닐 수 있을 것이라는 게 나의 가정이었다. 물론 모든 동일시가 극복하여야 할 것은 아니다. 앞서도 얘기했든 모든 동일시가 부정적인 의미를 띠지는 않는다. 그러나 부정적인 의미를 띠는 동일시에서 우리가 벗어나고자 할 때 우리에게 필요한 것은 공감이며 그보다 앞서 더 중요하게는 사랑이다.

마지막으로 공감 능력을 키우려면 어떻게 해야 하느냐고 누군가 묻는다면 나의 대답은 셸러의 대답과 같을 것이다. 많이 사랑하라고. 사랑할수록 더 많이 느끼는 법이라고. 그리고 미움은 내려놓으라고. 미움은 주변의 모든 걸 파괴할뿐더러 무엇보다도 먼저 자기 자신을 파괴한다. 너무 현자(賢者)와 같은 대답이 될까? 그렇지만 나는 지금으로선 다른 대답을 보지 못하겠다.

김용환은 아담 스미스를 인용하며 공감에서 상상력의 중요성을 강조한다. "공감은 당신(타자)의 문제를 내가 절감함으로써, 즉 나자신을 당신(타자)의 처지에 놓고 그러고 나서 내가 그 유사한 상황에서 무엇을 느끼게 될 것인지를 상상하는 데서 생겨"난다고 아담 스미스는 말한다. 이에 김용환은 "입장 바꿔 생각하는 역지사지의 원리라고 불러도 괜찮을 듯싶은 이 진술은 공감이 상상력을 가정

(전제)할 때 가능하다는 점을 말해 주고 있다"고 전한다. 이렇게 봤을 때 상상력의 확장은 공감 능력의 확장으로 이어질 수 있다. 김용환은 "공감력과 상상력이 훈련과 교육을 통해 배가될 수 있다"라고 주장한다(「공감과 연민의 감정의 도덕적 함의」, 162, 168쪽). 그러나 김용환이 이해하는 공감은 막스 셸러가 이해하는 공감과 다르다. 우리는 앞서 막스 셸러가 감정이입이나 역지사지와 같은 현상과 공감을 구분한다는 걸 보았다.

* * *

아이를 낳으면 세상이 달라 보인다는 말이 있다. 세상이 과연 어떻게 달라져 보인다는 것일까? 경험해 보지 않은 이는 아마도 알기 어려울 것이다. 그러나 아이를 낳은 뒤 세상은 정말 달라 보였다. 엄마의 마음으로 세상을 느끼는 일, 그 마음으로 함께 슬퍼하고 아파하는 일, 이는 이전에 알던 것과는 다른 차원의 것이었으며 어떤 의미에선 전혀 새로운 일이었다. 무엇이 이러한 다름을 만들었을까? 나는 여기서 개인적 경험이 공감을 더 크게 할 수 있다고 결론 내리려 했다. 그러나 아니었다. 더해진 건 아이를 향한 사랑이었다. 느끼는 일, 함께 느끼는 일을 더 크게 한 데는 아이를 향한 사랑이 밑에 있었다. 이러한 깨달음은 사랑할수록 더 많이 느낀다는 말이 결코 틀리지 않는다는 걸 실감하게 해주었다.

09 가족과 법:
사랑과 연대의 제도화

우리 헌법은 제36조 제1항에서 개인의 존엄과 양성의 평등을 기초로 한 근대 자유주의적 가족법원리를 천명하고 있다. 이에 따라 가족법의 영역에서 양성의 평등을 목표로 많은 변화가 성공적으로 이루어졌다. 그러나 과연 이러한 근대의 자유주의적 가족법원리는 충분한 것인가? 여기에서는 새로운 다양한 가족법의 현상에 대한 고찰을 통해 현대 가족법의 새로운 기본원칙으로서 '상호 인격적 결합에 기초한 사랑과 연대의 원리'가 요구되고 있음을 강조한다.

서윤호

고려대학교 법학과를 졸업하고, 독일 함부르크대학교에서 『법존재론과 헤겔의 법개념』으로 법학박사학위를 받았다. 현재 건국대학교에서 학술연구교수로 재직하면서, '다문화 및 이주 법제'에 관한 연구를 하고 있다. 또한 인문학자들과 함께 몸과 관련된 문화 현상을 탐구하는 몸문화연구소 연구원으로도 부지런히 활동 중이다. 저서로는 『사물의 본성과 법사유』, 논문으로는 「현대 법철학에서 법개념의 문제」, 「다문화주의와 문화다양성」 등이 있다.

사회, 가족, 법의 변화

우리 사회는 엄청난 변화를 겪고 있다. 좀처럼 변할 것 같지 않은 영역인 가족도 많은 변화를 겪었고, 그와 함께 가족과 관련된 법도 상당한 변화를 경험하고 있다. 현재 우리 사회는 빈부의 격차, 청년 및 여성실업 문제, 불안정한 고용상황, 사회안전망 부재 등으로 가족구조와 가족관계, 가정생활의 형태도 전면적이고 직접적인 영향을 받고 있다. 혼인율 및 출산율의 저하, 이혼율의 급증, 아동과 노인의 빈곤과 청소년 문제의 악화, 가족의식과 가족관계의 해체 등으로 기본적인 사회구조와 단위가 바뀌고 있다. 1960년 이후 혼인과 가족의 변화는 세계적인 현상으로 나타났다. 유럽에서는 혼인감소, 동거 증가, 혼인 및 출산연령의 상승, 혼인 성 출산 간의 연관성 상실 등 가족의 변화가 전 지역에 걸쳐 나타났으며, 기존의 전형적인 가족과는 다른 형태의 가족이 꾸준히 증가했다. 우리나라도 산업화 이후 혼인연령의 상승, 혼인율 및 출산율 감소, 이혼율 증가, 한부모가족

확산, 결혼·이혼·재혼의 반복에 따른 복합가족의 증가, 비혼동거와 결혼이민자 가족 확산 등의 변화양상을 보이고 있으며, 결혼을 하지 않고 남성과의 성관계도 없이 정자 은행을 통해 정자를 공급받아 출산한 아이를 키우는 미스맘이나 동성애가족도 서서히 그 모습을 드러내고 있는 상황이다.

이 글은 가족과 관련된 법의 변화를 고찰하면서, 우리 사회에서 가족이 어떠한 의미를 가지며, 가족과 관련된 법의 기본원칙이 무엇인가 하는 문제를 다루고자 한다. 가족과 관련된 법은 헌법, 민법, 사회복지법 등 다양한 법 영역에 걸쳐 있다. 여기에서는 주로 헌법에서 규정하고 있는 가족제도에 대한 내용을 고찰하면서 민법에서의 가족과 관련된 내용 및 그 개정과정들을 검토할 것이다. 가족편과 상속편으로 구성된 민법상의 가족법규정이 차지하는 비중이 크다 보니 이를 중심으로 가족과 법의 관계와 변화를 살펴보게 될 것이고, 다른 법 영역에서의 변화는 부분적으로 다루게 될 것이다. 이를 통해 지금까지 가족법의 영역에서 변화를 주도한 기본원칙이 개인의 존엄과 양성의 평등을 기초로 한 근대의 자유주의적 가족법원리라는 점을 분명히 알 수 있을 것이다. 그러나 과연 이러한 근대의 자유주의적 가족법원리로 충분한가? 아니면 앞으로 변화하는 가족제도를 위하여 새로운 기본원칙이 필요한 것은 아닌가?

여기에서는 사실혼, 동성혼, 다문화가족 등 다양한 가족유형의 출현이라는 최근의 새로운 가족 현상들에 대한 고찰을 통해 근대의 자유주의적 가족법원리가 가지는 한계를 직시하고, 오늘날 우리 앞에 제기되는 가족과 법의 문제를 해결하기 위해서는 사회의 변화에 따른 새로운 가족법의 기본원칙으로서 무엇보다도 '상호 인격적 결합에 기초한 사랑과 연대의 원리'가 요구되고 있음을 살펴보고자 한다.

가족에 대한 헌법의 규정과 가족법의 개정과정

우리 헌법은 제정 당시부터 혼인의 남녀동권을 헌법적 혼인질서의 기초로 선언함으로써 우리 사회 전래의 가부장적인 봉건적 혼인질서를 더 이상 용인하지 않겠다는 헌법적 결단을 내리고 있다. 제헌헌법 제20조는 다음과 같이 규정하고 있다. "혼인은 남녀동권을 기준으로 하며, 혼인의 순결과 가족의 건강은 국가의 특별한 보호를 받는다." 그렇지만 구민법의 가족법규범에 관한 다양한 규정들에서 쉽게 알 수 있듯이 실제 하위의 법규범에서 이러한 법원칙에 충실한 가족법의 형태를 갖추지는 못했다. 이로써 이후의 가족법 개정운동은 필연적으로 이러한 헌법의 규정과 가족법의 규정 사이에 존재하는 내용의 불일치를 제거하는 방향에서 진행될 수밖에 없게 됐다.

가족과 관련하여 우리의 현행 헌법은 제36조 제1항에서 다음과 같이 규정하고 있다. "혼인과 가족생활은 개인의 존엄과 양성의 평등을 기초로 성립되고 유지되어야 하며, 국가는 이를 보장한다." 현행 헌법은 개인의 존엄과 양성평등이 혼인과 가족제도에 관한 최고의 가치규범을 이루고 있음을 분명히 하고 있다. 이 점에서 우리 헌법의 규정이 취하고 있는 가족에 대한 기본원칙은 근대의 자유주의적 가족법원리 위에 서 있다고 할 수 있을 것이다.

바로 이 헌법의 규정으로부터 출발하여 지속적으로 지금까지 가족법 개정작업이 이루어지고 있다. 그리고 이러한 개정작업은 적어도 양성평등에 기초한 근대의 자유주의적 가족법원리의 구현이라는 측면에서는 매우 성공적이라 할 수 있다. 그 밖에 우리 헌법은 전문과 제9조에서 '전통'과 '전통문화'를 언급하고 있는데, 혹자는 이를 기초로 전통적인 가부장적 가족제도의 유지를 주장하기도 한다. 그러나 가족제도에 관한 전통 및 전통문화도 헌법해석상 그것이 가족제도에 관한 기본이념인 개인의 존엄과 양성의 평등에 반하는 것이어서는 안 된다. 헌법의 전문과 제9조를 근거로 삼더라도 전래의 가족제도가 헌법 제36조 제1항이 요구하는 개인의 존엄과 양성의 평등에 반한다면 그 헌법적 정당성을 주장할 수 없다.

이에 따라 헌법재판소는 동성동본금혼규정과 관련하여 이는 개인의 존엄과 양성의 평등을 기초로 한 혼인과 가족생활의 성립 유지라는 헌법규정에 정면으로 배치된다고 판시한 바 있으며(헌재 1997.7.16. 95헌가6), 호주제도에 대해서도 혼인과 가족생활에서 개인의 존엄을 존중하라는 헌법 제36조 제1항의 요구에 부합하지 않는다고 위헌으로 판시한 바 있다(헌재 2005.2.3. 2001헌가9). 가족법의 영역에서 어떠한 변화가 일어났는지 구체적으로 살펴보면, 우리 사회에서 개인의 존엄과 양성의 평등이라는 가족제도에 관한 헌법적 원칙이 가족법의 기본원칙으로 철저히 관철되고 있음을 확인할 수 있다. 그러나 과연 이러한 가족제도에 관한 헌법적 원칙이 가족법의 기본원칙으로 부족함이 없는지 살펴봐야 한다.

우리 민법은 1958년 2월 22일 법률 제471호로 제정, 공포되어 1960년 1월 1일부터 시행되었다. 민법 제정 당시 가족법을 둘러싸고 극심한 견해의 대립이 있었다. 국회는 심의과정에서 상당한 진통을 겪은 끝에 결국 가부장제를 근간으로 하면서 이를 헌법과 새로운 시대사상에 맞추어 부분적으로 수정하는 점진적 개혁론의 입장에 서서 가족법의 제정을 마무리했다. 이른바 관습존중론과 헌법존중론 사이의 타협입법이라고 할 수 있는데, 구습인 종법제도의 기본원리를 골격으로 삼음으로써 헌법의 이념과 상치되는 규정을 많이 포함하게 되었다. 민법 제정 당시의 가족법은 일제 강점기에 적용되던 일본민법과 전통적인 관습법에서 크게 벗어나지 못한 상태에 있었다. 헌법에서 혼인에서의 남녀평등을 규정하고 있음에도 불구하고 가족법의 내용은 이러한 규범적 요청과는 거리가 있었다. 민법 친족편과 상속편을 제정함에 있어 근대적인 가족법의 내용을 담아야 한다는 주장과 입법안이 제시되었지만, 여러 사정으로 인하여 반영되지 못했다. 그리하여 민법이 시행된 직후부터 가족법이 갖고 있는 가부장적 요소를 제거하여 양성평등에 기초한 가족법으로 개정해야 한다는 요구가 끊임없이 제기되었다.

가족법에 대한 대폭적인 개정은 1977년에 이루어진다. 이 개정에서 성년자의 혼인에는 부모의 동의를 필요로 하지 않게 되었으며,

부부간에 누구의 것인지 분명하지 않은 재산은 부부 공유로 추정하였으며, 협의이혼의 경우에는 가정법원의 확인을 얻도록 하고, 친권을 부모가 공동으로 행사하게 했으며, 법정상속분에 있어서 딸의 지위를 향상시켰고, 유류분제도(유언자의 의사만으로 재산을 자유롭게 처분할 경우 남은 가족의 생활의 안정을 해칠 우려가 있기 때문에 법으로 최소한의 상속분을 보장하도록 한 제도)를 신설하였다. 1990년 개정에서는 남녀평등의 이념에 비추어 친족의 범위를 정했으며, 호주제도를 개편하여 호주의 권한을 약화시켰고, 호주상속제도를 호주승계제도로 변경했으며, 적모서자관계와 계모자관계를 혈족에서 인척으로 변경했고, 약혼해제사유, 부부 공동생활비용에 관한 규정을 개정하고, 이혼시 자녀양육을 수정하면서 면접교섭에 관한 규정과 재산분할청구권을 신설했고, 입양제도를 조절하고 부모의 친권행사순위 및 기혼자의 후견인에 관한 규정과 상속제도를 일부 수정했다. 2005년 개정에서는 호주제를 폐지하고, 가족의 범위를 새롭게 규정했으며, 자녀의 성과 본에 관한 규정을 개정했고, 헌법재판소의 위헌결정에 따라 동성동본금혼제도를 폐지하고, 여성의 재혼금지기간을 삭제했으며, 친생부인의 소(친자관계를 부인하는 소송)에 관한 규정을 개정하고 친권행사의 원칙에 관한 규정을 신설했고, 친양자제도를 신설함으로써 새로운 양자제도를 도입했고, 상속에서 기여분제도를 개선하고 상속채무가 상속재산보다 많다는 사실을 모르고 상속을 단순승인했다가 뒤늦게 그 사실을 알게 되어 한정승인하는 '특별한정승인'으로 인한 절차적인 문제를 해결하기 위한 규정을 신설했다.

2007년의 개정에서는 약혼연령과 혼인연령을 남녀 모두 18세로 통일하고, 협의이혼을 위한 숙려기간을 도입하면서 이혼절차에서 자녀들을 보호하기 위한 규정을 신설했고, 부부 일방이 다른 일방의 재산분할청구권 행사를 해함을 알면서도 부동산을 처분하는 등 재산권을 목적으로 하는 사해행위를 한 경우 다른 한쪽 배우자가 그 사해행위를 취소할 수 있도록 재산분할청구권 보전을 위한 사해행위취소권을 신설함으로써 이혼에서 경제적 약자를 실질적으로 보호하고자 했다. 가장 최근의 개정은 2011년에 이루어졌다. 이하에서는 수차례에 걸친 가족법 개정의 내용을 주요 항목을 중심으로 개괄적으로 살펴보겠다.

가족법 개정의 주요내용

① 호주제와 종중원의 지위, 친족의 범위

구민법은 호적을 기준으로 하여 가족의 범위를 정하고 가족 중에서 호주를 정하도록 하고 있었는데, 호주가 될 수 있는 순서에서 남자를 우선하는 것으로 규정하고 있었기 때문에, 호주제는 남녀평등에 반하는 대표적인 제도로 인식되었다. 헌법재판소는 호주제가 개인의 존엄과 양성의 평등에 반하는 것이라는 이유로 헌법에 위반된다는 판단을 내렸으며(헌재 2005.2.3. 2001헌가9), 국회도 2005년 3월 31일 호주제 폐지를 주요내용으로 하는 민법개정안을 통과시켰다.

호주제가 폐지되면서 호적법이 가족관계의 등록 등에 관한 법률로 대체되었다. 가족관계의 등록 등에 관한 법률에서는 본인을 기준으로 하여 부모와 자녀 및 배우자만을 가족관계등록부에 등록하도록 하고 있다.

한편 호주제와는 별개로 남성 중심의 혈족제도를 대표하는 것으로 종중 또는 문중이라는 제도가 인정되고 있는데, 이는 공동의 선조를 모시기 위하여 후손들이 조직한 단체로, 오래전부터 성년의 남자만이 종중의 구성원이 된다고 인정되었다. 그렇지만 선조를 모심에 있어서 남녀의 차별이 있을 수 없으며, 또한 제사를 지내기 위해서는 제사를 준비하는 여성의 노력을 부정할 수 없기 때문에, 여성도 종중원의 지위를 가질 수 있는가 하는 문제가 제기되었다. 최근의 판례는 종중규약에 여성을 종중원으로 한다는 내용을 포함시킴으로써 여성도 종중원이 될 수 있다는 결론을 내렸다.

친족은 피로 맺어진 관계인 혈족과 혼인에 의하여 맺어진 인척관계를 통틀어서 부르는 말이다. 민법은 일정한 범위에 속하는 사람에게 친족으로서의 지위를 부여함으로써 친족간의 법률관계에 관여할 수 있는 법적 지위를 부여하였다. 그런데 친족의 범위에 관한 구민법의 규정은 남계에 유리하게 규정되어, 본인을 기준으로 부계혈족은 8촌까지 친족에 포함되나 모계혈족은 4촌까지만 친족에 포함되고, 처의 경우에는 부(夫)의 8촌 이내의 부계혈족과 4촌 이내의 모계혈족이 친족에 포함된 반면 처가에 대해서는 처의 부모만을 친족에 포함시킴으로써 친족의 범위에 현격한 차이를 보였다. 이 규정은 1990년 민법개정을 통해 부부간의 차이를 두지 않고 8촌 이내의 혈족, 4촌 이내의 인척으로 변경되었다.

그리고 금혼범위와 관련하여 구민법은 동성동본의 혼인을 금지하고 동성동본간의 혼인을 취소할 수 있는 것으로 정하고 있었다. 그럼에도 동성동본간 혼인을 하는 경우가 많았는데 이로 인한 문제를 해소하기 위해 세 차례에 걸쳐 혼인에 관한 특례법을 제정하여 시행한 바 있다. 헌법재판소는 동성동본인 사람 사이의 혼인을 금지한 민법의 규정이 헌법에 반한다고 결정했다(1997.7.16. 95헌가6). 그 밖에 구민법이 규정하던 금혼범위에 해당하는 "남계혈족의 배우자, 부(夫)의 혈족 및 기타 8촌 이내의 인척이거나 이러한 인척이었던 자"의 범위도 남녀평등에 반하는 것이어서 2005년 민법개정에서 변경되었다. 이러한 금혼범위는 외국의 규정에 비추어 볼 때 매우 넓은 것이다. 유럽의 경우에는 대체로 4촌까지를 금혼범위로 하고 있다.

② 자녀의 성과 본, 부모의 친권

호주제가 시행되었던 구민법에서는 "자는 부의 성과 본을 따르고 부가에 입적한다"고 규정하고 있었으며, 예외적으로 입부혼인을 한 경우에만 자는 모의 성을 따르고 모가에 입적하게 된다. 이러한 민법의 규정에 대하여 헌법재판소는 '자는 부의 성과 본을 따르고'라는 부분이 헌법에 위반한다고 판단하였다(헌재 2005.12.22. 2003헌가5). 2005년 민법개정에서는 자는 부의 성과 본을 따른다는 원칙을 취하면서도 부모가 혼인신고 시 모의 성과 본을 따르기로 협의한 경우에는 모의 성과 본을 따른다고 규정함으로써 부모의 협의에 의하여 자녀가 모의 성을 따를 수 있게 했을 뿐만 아니라, "자의 복리를 위하여 자의 성과 본을 변경할 필요가 있을 때에는 부, 모 또는 자의 청구에 의하여 법원의 허가를 받아 이를 변경할 수 있다"고 규정함으로써 자가 부의 성과 본을 따른 경우에도 모가 재혼한 경우 계부의 성과 본을 따를 수 있게 함으로써 이혼과 재혼으로 인하여 발생하는 문제를 해결할 수 있도록 했다.

성과 본이 다른 자를 입양하는 경우에도 입양을 이유로 양자의 성을 변경할 수 없었던 문제점을 해결하기 위해 친양자입양을 함으로써 양자의 성을 양부 또는 양모의 성과 동일하게 변경함과 동시에 양자로 입양되었다는 사실이 가족관계를 나타내는 공적인 문서에 원칙적으로 표시되지 않도록 함으로써 양자를 입양하고서도 친생자로 출생신고를 했던 과거의 관행을 탈피하고자 하였다. 입양촉진 및 절차에 관한 특례법에서는 "이 법에 의하여 양자로 되는 자는 양친이 원하는 때에는 양친의 성과 본을 따른다"고 규정함으로써 입양을 함에 있어서 성을 변경할 수 있는 가능성을 열어 두고 있다.

부모의 친권에 관한 민법규정의 변천은 가족 내에서의 양성평등의 변천과정을 잘 보여 주고 있다. 구민법에서는 "미성년인 자는 그 가에 있는 부의 친권에 복종한다. 부가 없거나 기타 친권을 행사할 수 없는 때에는 그 가에 있는 모가 친권을 행사한다"고 규정하고 있었는데, 1977년 개정에서는 "미성년인 자에 대한 친권은 부모가 공동으로 행사한다. 다만, 부모의 의견이 일치하지 아니하는 경우에는 부가 행사한다"는 것으로 변경되었다. 그렇지만 구민법에서와 마찬가지로 부모의 의견이 일치하지 않는 경우에는 부가 친권을 행사하도록 하는 것이 양성평등에 반하므로, 1990년 개정에서는 "친권은 부모가 혼인중인 때에는 부모가 공동으로 이를 행사한다. 그러나 부모의 의견이 일치하지 아니하는 경우에는 당사자의 청구에 의하여 가정법원이 이를 정한다"고 변경되었다. 친권과 관련하여 최근에 문제가 된 사항으로는 영화배우 최진실의 사망으로 인하여 생긴 문제인, 이혼 후 단독친권자가 사망한 경우에 생존한 부모가 친권자가 되는가 하는 것이다. 이 문제에 대해서는 생존친이 재혼하거나 기타 다른 사정으로 인하여 친권자로서의 역할을 충실히 할 수 없음에도 불구하고 자동으로 친권자가 되도록 하는 것은 자녀의 복리에 반하는 것이라는 이유로 생존친이 자동으로 친권자가 되는 것을 방지할 필요가 있다는 논의가 전개되고, 2011년 개정에서 입법적으로 비로소 해결되었다.

③ 혼인, 이혼, 상속에서의 여성의 지위

구민법에서는 조혼을 방지하기 위하여 남자는 18세, 여자는 16세가 되어야 부모의 동의를 얻어 혼인할 수 있었고, 또 남자는 27세, 여자는 23세가 되기 이전에는 부모의 동의를 얻어야 혼인할 수 있었는데, 이제는 남녀 모두 18세가 되어야 혼인할 수 있고 또 성년이 되면 부모의 동의 없이 당사자가 자유로이 혼인할 수 있다. 이혼의 경우에는 혼인으로 말미암아 이미 성인이 되었으므로 당사자의 합의 또는 법원의 판결에 의하여 자유로이 이혼할 수 있다. 다만 협의이혼의 경우에는 가정법원이 이혼의사를 확인하는 절차를 추가함으로써 축출혼을 방지할 수 있도록 하였다. 현재는 협의이혼절차에서 가정법원이 이혼의사를 확인함과 동시에 숙려기간을 두어 부부가 이혼에 대하여 심사숙고할 기회를 갖도록 하며, 또한 자녀의 양육에 관하여 협의할 수 있도록 하였다.

혼인 후 경제활동을 할 기회가 없는 전업주부의 경우에는 이혼으로 인하여 경제적 능력을 완전히 상실하는 결과가 생기므로 1990년 개정으로 재산분할청구제도를 신설했다. 이는 혼인중 공동의 노력으로 취득한 재산에 대한 분할을 청구할 수 있도록 한 것으로 전업주부의 가사노동에 대하여 경제적 가치를 인정한 것으로 평가되고 있다. 다만 구체적인 분할방법이나 비율이 규정되어 있지 않았기 때문에 법원의 재량에 의해 분할비율이 결정되었으며, 분할의 대상이 되는 재산의 범위에 대해서도 논란이 있었다. 현재는 혼인중 공동의 노력으로 취득한 재산, 일방의 특유재산이지만 상대방이 그 재산의 유지나 증가에 기여한 경우에는 분할을 청구할 수 있으며, 연금이나 퇴직금의 경우와 그 밖의 특수한 경우에는 사정에 따라 분할의 대상에 포함시키거나 기타 사정으로 참작하도록 하고 있다. 재산분할에 대한 권리를 보호하기 위해 재산분할의 대상이 되는 재산을 미리 처분한 경우에는 그 처분행위를 취소함으로써 분할의 대상이 되는 재산을 회복할 수 있는 길을 열어 놓고 있으며, 가사소송

법의 개정을 통해 분할의 대상이 되는 재산을 직권으로 조사할 수 있도록 하고 있다. 그렇지만 아직 재산분할의 비율이나 재산분할과 상속에 있어서의 배우자의 지위에 관한 부분이 명확하지 않기 때문에 이러한 문제를 해결하기 위한 입법적 노력이 계속되고 있다.

구민법에서는 여자의 상속분을 남자의 상속분의 2분의 1로 정하고, 동일가적 내에 없는 여자의 상속분은 남자 상속분의 4분의 1로 정함으로써 혼인으로 말미암아 남녀불평등의 정도가 심화되는 결과를 낳았다. 1977년 개정에서 여자의 상속분이 남자의 상속분과 동일하도록 변경되었고, 1990년 개정에서는 동일가적 내에 없는 여자의 상속분도 남자와 동일한 것으로 변경되었다. 한편 구민법에서는 재산상속인이 호주상속을 하는 경우에는 같은 순위 상속인의 상속분에 5할을 가산하여 상속하도록 했는데, 1990년 개정으로 호주상속제도를 호주승계제도로 변경하면서 호주승계인도 다른 상속인과 동일한 상속분에 따라 상속하도록 하였다. 또한 구민법에서는 피상속인의 처의 상속분은 직계비속과 공동으로 상속하는 때에는 남자의 상속분의 2분의 1로 하고 직계존속과 공동으로 상속하는 때에는 남자의 상속분과 균분으로 한다고 규정함으로써, 부(夫)가 사망했을 때 처의 상속분을 처가 사망했을 때 부의 상속분보다 불리하게 규정하고 있었다. 1990년 개정으로 부와 처 모두 상속에서 동일한 법적 지위를 누릴 수 있게 되었다. 1990년 개정에서는 또한 상속인 간의 상속분을 균등하게 변경하면서 피상속인의 부양 등과 관련한 문제에 대한 보완책으로 기여분제도를 신설했다. 그리하여 피

상속인을 상당한 기간 동안 특별히 부양하거나 피상속인의 재산의
유지 또는 증가에 특별히 기여한 경우에는 상속재산의 일부를 기여
분으로서 특별히 분배하는 것으로 정했다. 이러한 기여분제도는 현
실에 있어서 제한적으로 운영되는 경향이 있어 성년인 자녀가 장기
간 부모와 동거하면서 생계유지의 수준을 넘는 부양을 한 경우에는
기여분을 받을 자격이 있지만 부부간의 부양에 있어서는 특별한 기
여에 해당한다고 볼 수 없다고 하는 경우가 있었다(대법원 1996.7.10.
95스30). 2005년 개정에서는 "공동상속인 중에 상당한 기간 동거 간
호 그 밖의 방법으로 피상속인을 특별히 부양하거나 피상속인의 재
산의 유지 또는 증가에 특별히 기여한 자가 있을 때"로 규정함으로
써 이런 문제를 입법적으로 해결했다.

④ 이혼절차에서의 자녀의 지위
구민법에서는 이혼과 자의 양육책임에 관하여 당사자가 자녀의 양
육에 관한 사항을 협정하지 않은 때에는 그 양육의 책임은 부에게
있다고 규정하면서 협정이 되지 않거나 협정할 수 없는 때에는 가
정법원이 당사자의 청구에 의하여 양육에 필요한 사항을 결정할 수
있도록 하였다. 1990년의 개정으로 자녀의 양육에 관한 사항을 당
사자의 협의에 의하도록 하고, 협의가 되지 않거나 협의할 수 없는
때에는 당사자의 청구 또는 직권으로 양육에 관한 사항을 정할 수
있도록 하였다.

　　그렇지만 이러한 민법의 규정은 가정법원으로 하여금 양육에

관한 사항을 정할 수 있는 권한만 부여했을 뿐이고 당사자 또는 가정법원에 의하여 정해진 사항이 실제로 이행되는지 여부를 확인하거나 이를 강제할 수 있는 제도적 뒷받침이 없어 자녀를 양육하지 않는 부모가 양육비를 지급하지 않는 경우가 많았다. 그리하여 2007년 개정에서는 협의이혼을 하고자 하는 경우 자녀의 양육에 관한 사항을 반드시 협의에 의하여 정하도록 했다. 여기에는 양육자의 결정과 양육비용의 부담에 관한 사항이 포함되는데, 양육비용의 부담에 관한 협의에 대해서는 2009년에 다시 민법을 개정하여 협의의 내용을 조서로 작성하도록 함으로써 쉽게 강제집행을 할 수 있도록 하였다. 부모가 자녀의 양육에 관하여 협의한다고 하더라도 지켜지지 않으면 의미가 없기 때문에 이를 강제할 수 있도록 가사소송법에 양육비를 지급할 의무자의 재산상태를 확인할 수 있는 강제조치를 도입하고, 양육비를 지급하지 않는 경우 월급에서 강제로 지급하도록 하거나 담보를 제공하도록 하였다. 이러한 조치를 통해 자녀의 양육비를 확보하는 문제는 어느 정도 해결된 것으로 보이지만, 외국의 경우와 같이 이혼 시 자녀양육비를 결정하기 위한 기준이 마련되어야 하며, 강제집행을 쉽게 할 수 있도록 하는 제도적 장치의 마련과 아동의 양육에 대한 사회적 책임을 제도화하는 노력이 계속되어야 한다.

⑤ 가족 관련 법개정의 새로운 경향

2011년에는 가족법과 관련된 세 가지 법률이 국회에서 통과되었다.

4월 29일에 친권법 개정안이, 이어서 6월 29일에는 입양특례법 개정안과 아동복지법 개정안이 국회를 통과하였다. 입양특례법과 아동복지법이 개정되면서 이 법률들에 각각 포함되어 있던 친권 및 후견에 관한 규정도 큰 폭으로 개정되었다. 그 결과 주목할 만한 새로운 변화의 흐름을 발견할 수 있는데, 그것은 한마디로 요약하면, 과거에 '부모 중심'으로 구성되어 있었던 법이 '자녀의 복리를 우선적으로 고려하는 방향'으로 변화하고 있다는 점이다.

이러한 변화의 배경에는 국제인권규범인 아동권리협약의 영향이 크다고 할 수 있다. 아동권리위원회(CRC:Committee on the Rights of the Child)는 수차례에 걸쳐 우리 정부에 아동권리협약에 따른 '아동의 최선의 이익'이라는 원칙과 아동의 관점 존중이라는 원칙 등을 따를 것을 권고하고 있다. 국제사회에서 인권이사국으로서 지위에 걸맞은 입법과 법률의 개정을 피할 수 없게 되었다. 이러한 변화의 내용을 구체적으로 살펴보면 다음과 같다. 종전에는 이혼 시 단독친권자로 정해진 부모의 일방이 사망한 경우에 친권자동부활론에 따라 생존친이 자동으로 친권자가 된다는 태도를 취하고 있어서 자녀의 복리를 침해하는 여러 가지 문제를 야기했는데, 최진실법으로도 불리는 개정 친권법은 단독친권자로 정해진 부모의 일방이 사망한 경우에는 생존친이 법원의 심판을 거쳐 친권자가 될 수 있게 함으로써 이러한 문제를 해결하였다. 현행 아동복지법은 친권상실선고의 청구권자를 행정기관으로 제한하고 있어서 부모가 자녀를 학대하는 사례가 있어도 실제로 대부분의 경우에 친권상실선고가 청구되지 않는다는 문제가 있다. 개정 아동복지법은 친권상실선고를 청구할 수 있는 청구권자의 범위를 확대하여, 일정한 경우에는 아동보호전문기관의 장, 학교장 등 현장에서 일차적으로 아동학대 사례를 접하게 되는 기관의 장에 대해서도 친권상실선고를 청구할 수 있는 권한을 인정하였다. 이로써 부모가 자녀를 학대하는 사례가 발생하는 경우에 보다 신속하게 학대행위자인 부모의 친권을 상실시키고 자녀를 보호하는 조치를 취할 수 있을 것으로 기대된다.

현행 입양촉진 및 절차에 관한 특례법은 부모가 입양에 동의할 때 친권을 포기하도록 하고, 입양기관의 장이 아동의 후견인이 되어 입양절차를 진행한다는 방식을 취하고 있다. 그러나 친권은 부모가 임의로 포기할 수 있는 성질의 것이 아니므로, 포기의 의사표시에 의해서 친권이 소멸되는 것으로 의제하여 입양기관의 장이 후견인이 되는 것은 우리 법체계와 모순된다는 비판이 있었다. 개정 입양특례법은 '친권행사의 정지'라는 제도를 새로 도입하여, 부모가 입양에 동의하면서 입양기관에 자녀를 인도하는 경우에는 부모의 친권행사가 정지되는 것으로 규정하였다. 그리고 부모가 입양의 동의를 철회하면(개정 입양특례법에 의하면 부모는 법원의 입양허가가 있기 전까지는 입양 동의를 철회할 수 있다), 다시 친권을 행사할 수 있는 것으로 함으로써 현행법의 문제를 해결하였다. 이와 같이 2011년에 국회에서 통과된 가족법 분야의 개정법률은 부모의 권리보호에 지나치게 치우쳐 자녀의 보호라는 측면에서 문제를 야기하고 있는 법률을 개정하는 한편('친권자동부활론'의 폐기, 친권상실선고의 청구에 관한 규

정의 개정), 부모의 권리를 부당하게 침해하는 동시에 자녀의 복리에
도 부정적인 영향을 미치는 제도를 개선('친권의 포기'를 '친권행사의 정
지'로 대체한 입양특례법의 개정)함으로써 부모의 권리와 자녀의 복리를
균형있게 보호하는 방향으로 한 걸음 크게 나아갔다고 평가할 수
있을 것이다.

가족법의 새로운 문제영역들: 다양한 가족유형의 출현

가족법의 규정은 양성의 평등과 여성의 지위향상을 목표로 하여 발
전해 왔다. 민법이 제정된 당시와 비교하면 현행 민법은 많은 부분
에서 양성의 평등과 여성의 지위향상을 이루었다. 그렇지만 사회의
변화에 따라 가족관계도 끊임없이 변화할 수밖에 없으며, 앞으로도
많은 부분 새로운 내용이 수용되지 않으면 안 된다. 특히 이혼과 관
련하여 여성의 경제적 지위를 보장할 수 있는 제도적 장치의 마련
과 다양한 가족형태를 수용할 수 있는 법제도의 마련은 아직도 변
화하는 과정에 있다. 가족관계에서 독신가족, 미혼모가족, 노인가
족, 복합가족 등 새로운 형태의 가족을 보호해야 할 필요성이 절실
해졌다. 또한 새로운 형태의 혼인으로 등장한 동성혼과 법률혼 외의
동서관계를 혼인으로 인정할 것인가도 문제된다. 생명공학의 발달
로 출생하게 된 인공수정자의 친생추정을 비롯한 여러 가지 법률적
문제와 혼외자 보호를 위한 부의 지정문제 등은 친자법에서 새롭게

나타나는 현상이다.

　가족과 관련하여 최근에 문제가 되고 있는 중요한 이슈는 출산율이다. 유럽의 경우에는 저조한 출산율에 직면하여 모성의 보호와 보육을 위한 제도적 장치를 마련함으로써 출산율을 높이고자 부단히 노력하고 있다. 그에 비해 우리나라는 OECD 가입국가 중 최하위를 차지할 정도로 낮은 출산율을 유지하고 있으며, 최근 들어 경제적 상황이 악화되면서 출산율이 더욱 낮아지고 있다. 출산율의 유지나 증가와 같은 문제는 사회정책적인 입법을 통해 해결된다. 1973년에 제정된 모자보건법은 모성을 보호하고 자녀의 출산과 양육을 도모하기 위해 제정된 법이다. 수차례의 개정을 통해 지금은 영유아의 생명과 건강을 보호하는 것을 그 목적으로 하고 있다. 2004년에 제정된 건강가정기본법은 가정의 건강을 도모하는 것을 목적으로 하고 있다. 건강가정이라는 용어는 건강이라는 단어의 의미 때문에 건강하지 않은 가정이 있음을 전제로 한다고 해서 국가인권위원회가 법률명을 변경할 것을 권고하기도 했다. 건강가정기본법은 건강가정을 '가족구성원의 욕구가 충족되고 인간다운 삶이 보장되는 가정'으로 정의하고, 건강가정을 이루기 위한 개인과 국가 및 지방자치단체의 책무에 대하여 규정하고 있다. 이 법의 시행으로 전국에 건강가정지원센터가 설치되었고, 과거에 가정에서 해결되어야 할 일들을 사회가 돌보는 시스템으로 전환하고 있다. 이와 같이 모자보건법이나 건강가정기본법에서 지향하는 모성의 보호는 헌법에 의해 보호되는 이념으로, 이혼 후의 자녀양육의 문제와 함께 더 개선되어야 할 영역이다.

현대에 이르러서는 법률상의 혼인관계 이외에도 다양한 유형의 관계가 형성되고 있다. 혼인신고를 하지 않고 사실상의 혼인관계만을 유지하고 있는 사실혼관계, 사실혼관계만큼 밀접한 관계는 아니지만 공동생활을 영위하고 있는 동서관계, 동성 간에 가족관계를 이루고 사는 동성혼관계가 있으며, 또 혼자 사는 독신가족, 미혼모가족, 노인가족, 조부모와 손자녀로 이루어진 조손가족, 한부모가족과 다문화가족 등 새로운 가족유형이 나타나고 있다. 이와 같이 다양한 혼인 및 가족관계를 어떻게 규율할 것인가 하는 것이 가족법의 새로운 과제라 할 수 있을 것이다.

① 사실혼과 동서관계

사실혼이 법적으로 보호될 수 있는가에 관하여 이론과 판례는 긍정적인 태도를 취하고 있다. 실질적으로 이중결혼에 해당하는 중혼적 사실혼에 대해서는 사실혼으로서의 보호를 부정한다(대법원 2001.4.13. 2000다52942). 사실혼관계에 대해서는 동거의무, 부양의무, 협조의무 등 부부관계로 인한 기본적인 의무가 인정되고, 사실혼관계가 침해된 경우에는 위자료를 청구할 수 있으며, 사실혼관계가 해소된 경우에는 재산분할 등을 인정하고 있다. 또 여러 법률에서 사실혼 배우자에 대해 법률혼에 준하는 보호를 하고 있다. 예컨대 산업재해보상보험법은 사실상의 배우자를 유족에 포함시킴으로써 사실혼의 배우자도 유족연금을 받을 수 있도록 하고 있다. 사실혼에 대해 어떤 법적 보호를 할 것인가는 정책적인 문제이다. 사실혼에 대한 보호가 강화될수록 법률혼을 회피할 가능성이 커진다. 따라서 사실혼관계에 대해 법률혼과 동일한 보호를 부여할 필요가 없다는 비판도 있지만, 어떤 경우에도 사실혼관계에서 출생한 자녀에 대한 보호는 충분히 행해져야 할 것이다.

사실혼 이외에 현대 사회에서 인적 결합의 한 형태로서 문제되는 것은 혼인의사가 없는 비혼적 이성결합체인 '동서관계'다. 혼인관계를 유지할 의사는 없으면서도 필요에 의하여 공동생활을 유지하고 있는 경우가 바로 그에 해당한다. 이러한 연대적 결합체는 친소관계에 따라 사실혼에 유사한 경우와 단순한 동거에 해당하는 경우까지 다양한 형태가 있다. 앞에서 살펴본 바와 같이 현재 우리나라에서 사용되고 있는 사실혼의 개념은, 신고라는 형식적 요건을 전제로 하는 법률혼주의의 채택으로 인해, 현실적인 혼인생활의 실체가 있음에도 불구하고, 혼인관계의 명확성과 법적 안정성을 담보한다는 취지에서 당사자의 관계를 가족관계등록부를 통해 공시할 것을 요구하고 있기 때문에 발생한 개념이라 할 수 있다. 이와 같은 사실혼의 개념을 '전통적 사실혼'이라고 한다면, 소위 연대적 결합체로 지칭되는 새로운 인적 결합은 기존 사실혼의 개념이 확장된 '현대적 사실혼'으로 정의될 수 있을 것이다. 그러니까 동서관계와 같은 연대적 결합체는 기존 사실혼의 개념보다는 좀 더 복잡하게 전개된 개념이라고 할 수 있다. 일반적으로 사실혼은 혼인의사와 실질적인 부부 공동생활의 실체가 존재함에도 불구하고, 혼인신고라는 법규상의 형식적 요건을 충족시키지 않아서 법적 부부관계로 나아가지 못하는 남녀의 결합으로 정의되고, 당사자 사이에 혼인의사의 존재와 가족질서적 측면에서 부부공동생활을 인정할 만한 혼인생활의 실체가 있는 남녀관계를 의미한다. 그러나 동서관계와 같은 비혼적 이성결합체는 남녀가 성적으로 결합된 공동체를 형성하고 있으면서도 혼인의 의사가 없거나, 사회적 정당성을 갖추지 못하여 사실혼 이상으로는 보호받을 수 없는 남녀의 결합으로 정의되고 있다.

1960년경부터 나타나기 시작한 서구사회의 혼인의사 없는 남녀 결합은 1976년 미국의 클라크 교수가 '혼인 없는 동서'라는 용어를 사용하며 개념적 정의가 이루어졌다고 할 수 있다. 혼외동서는 1960년대 이후 유럽과 미국 등에서 보편화되기 시작하였고, 1980년대부터 우리나라에서도 급속한 산업화의 영향으로 진행된 개방적 성의식의 결과로 나타나기 시작했다. 이와 같이 비혼적 이성결합체를 체결하는 원인으로는 사실상의 결합에 대한 법적·윤리적 비난의 감소와 혼인중의 자와 혼외자의 법적 평등의 보장, 혼인법에 대한 관심 결여와 법률혼에 대한 거부 등으로 분석되고 있다. 이러한 의미에서 비혼적 이성결합체인 동서관계는 고의적·선택적 사실혼이며, 자발적인 선택에 의하여 법률혼을 거부하고 나름대로의 생활방식으로 관계를 지속시키는 새로운 방식의 가족생활형태라 할 수 있다. 이러한 동서 또는 동거관계에 대하여 어떤 법적 보호가 가능할 것인가에 대해서는 앞으로 논의를 더 발전시켜 나갈 필요가 있다.

② 동성혼

동성혼을 인정할 것인지에 대해서는 지금도 세계 각국에서 많은 논란이 있다. 2013년 2월 12일 프랑스에서는 '모두를 위한 결혼'이라는 별칭을 가진 동성결혼 및 동성커플의 입양 합법화 법안이 의회를 통과하였다. 2013년 6월 26일 미국 연방대법원은 동성혼 커플에 대하여 제도적 혜택에서 배제하는 것을 내용으로 하는 소위 결혼보호법을, 수정헌법 제5조의 평등권을 침해한다고 하여 5:4로 위헌 결정을 했다. 또한 9월 7일에는 영화감독이자 제작자인 김조광수와 레인보우팩토리 김승환 대표가 청계천 광통교에 설치된 임시무대에서 국내 최초로 첫 동성공개결혼식을 가졌다. 이 두 사람은 "이제는 세상이 변했어요. 행복하게 당당하게 잘살게요"라고 하였다. 동성혼이 우리의 현행법상 법률혼으로 인정되지 않는다는 것은 분명하지만, 사실혼으로 인정될 수 있는지는 논의의 여지가 있다. 우리나라에서 동성혼에 관한 최초의 판결 내용은 다음과 같다(인천지법 2004.7.23. 2003드합292).

사실혼이 성립하기 위해서는, 주관적으로 당사자 사이에 혼인의 의사가 있고, 객관적으로 사회관념상 가족질서적인 면에서 부부공동생활을 인정할 만한 혼인생활의 실체가 있어야 한다. 혼인의 의사라 함은 실질적으로 부부로서의 공동생활을 영위할 의사를 말하고, 당사자 사이에 혼인의 의사가 있다고 함은 쌍방간에 혼인의사의 합치가 있음을 의미한다. 동성간에 사실혼 유사의 동거관계를 유지해 왔다고 하더라도 그 의사를 부부로서의 공동생활을 영위할 의사였다고 보기는 어렵고, 또한 이러한 동거관계는 객관적으로 부부공동생활을 인정할 만한 혼인생활의 실체가 있었다고 보기도 어려울 뿐만 아니라 사회관념상 가족질서적인 면에서도 용인될 수 없는 것이어서, 동성간에 사실혼 유사의 동거관계를 사실혼으로 인정하여 법률혼에 준하는 보호를 할 수는 없다.

그렇지만 동성혼의 관계에 있으면서 자녀를 입양할 수 있고, 혼인관계와 유사한 경제적 생활관계를 유지할 수 있으므로 적어도 자녀에 대한 관계나 당사자 사이의 경제적 생활관계에 관하여는 사실혼에 준하는 보호를 할 필요가 있다. 외국에서는 점차 동성혼을 사회적으로 용인하고 있을 뿐만 아니라 필요한 경우에는 법적 보호를 인정하고 있는 경우도 많아지고 있다. 동성간에 혼인의 개념을 확대시킨 것으로 평가되는 네덜란드의 '등록파트너십'(The Dutch Registered Partnership Act)은 신분등록관이 작성하는 등록파트너십 증서에 의해서 성립하는데, 이러한 등록형식은 혼인과 유사하지만 혼인과 동일한 효력이 인정되는 것은 아니다. 네덜란드에서 혼인은 신분등록에 관여하는 공무원의 입회하에 혼례의식을 올려야 하는 의무가 있으나, 등록파트너십은 그러한 제한 없이 파트너십을 선언하기만 하면 된다. 등록파트너십은 혼인당사자에게 적용되는 동거·성실·상호협력 의무가 있고, 동거기간 동안 부양의무와 재산관계 및 해소에 따른 연금분할은 법률혼과 동일한 취급을 받는다. 당사자의 관계 해소는 종국적으로 일방의 사망으로 해소되며, 당사자의 합의 또는 재판에 의한 해소도 가능하다. 합의에 의한 해소는 당사자의 합의내용에 대하여 변호사 또는 공증인의 서명이 있는 합의서를 신분등록관에게 제출하여야 한다. 등록파트너십의 관계는 당사자 일방이 판사에게 일방적으로 신청하는 것만으로도 해소시킬 수 있지만, 이러한 해소는 형식적 절차에 있어 이혼절차와는 다르다. 이와 같이 네덜란드에서는 비혼적 결합체와 혼인결합체가 동시에 제도적으로 인정되고 있으며, 나아가 등록파트너십으로부터 혼인으로의 전환 또는 혼인으로부터 등록파트너십으로의 전환까지 허용되고 있다.

③ 한부모가족과 다문화가족

한부모가족은 법률상의 혼인관계 또는 사실상의 혼인관계에 있다가 부모 일방이 사망하거나 부모가 이혼한 경우 발생하며, 미혼모의 경우에도 부의 인지를 받기 전에는 한부모가족에 해당하게 된다. 그리고 할아버지나 할머니와 손자녀가 함께 살고 있는 조손가족의 경우는 부모 일방이 자녀를 양육하는 경우와는 다르지만, 한부모가족 지원법에서 규정하는 한부모가족에 해당한다. 한부모가족은 부모 중 일방만 있다는 점을 제외하면 법률상의 가족관계와 달리 취급할 필요가 없다. 그렇지만 이에 대하여 특별한 보호를 하는 까닭은 한부모가족의 경우 자녀를 양육함에 있어서 경제적 어려움이 있거나 자녀를 양육하는 방법을 잘 몰라서 곤란한 경우가 있기 때문이다.

다문화가족은 대한민국 국민과 대한민국 국민이 아닌 자로 이루어진 가족, 즉 결혼이민자 또는 귀화허가를 받은 자와 대한민국 국적자로 이루어진 가족을 말한다. 2008년 3월 21일 법률 제8937호로 다문화가족지원법이 제정되어, 외국인이 대한민국 국적을 가진 자와 혼인한 경우에 겪게 되는 어려움을 지원하기 위해 다양한 제도적 장치를 마련하고 있다. 다문화가족 지원 규정은 대한민국 국민과 사실혼 관계에서 출생한 자녀를 양육하고 있는 다문화가족구성원에 대해서도 적용된다. 다문화가족의 경우에는 언어와 관습이 다른 현실적인 문제로 인해 혼인생활에 적응하지 못하거나 이혼 후 어려움에 처하게 되는 경우가 많다. 다문화가족지원법에서는 이러한 경우를 보호하기 위하여 다문화가족지원센터를 통해 다문화가족에 대한 지원을 하고 있다. 다문화가족은 다문화가족지원센터를 통해 생활에 필요한 정보제공, 교육지원, 가정폭력 피해자에 대한 보호·지원, 의료·건강관리 지원, 아동 보육·교육 지원 및 다국어 서비스를 받을 수 있다.

현재 국내에 거주하는 외국인은 약 145만 명 정도로, 광주광역시의 주민수에 근접하고 있다. 우리나라에 90일 이상 머무르는 장기체류 등록 외국인과 한국 국적 귀화자, 외국인 주민 자녀 등을 포함한 외국인 주민수는 전체 주민등록인구의 약 3%에 달한다. 2013년 통계에 따르면 결혼이민자, 혼인 귀화자 등 다문화가족은 26만 7천여 명을 기록했다. 이는 한국 국적을 취득하지 않은 외국인 배우자 약 15만 명을 포함한 수치다. 결혼한 뒤 한국 국적을 취득한 이들까지 합치면 22만여 명에 이른다. 또 2012년 기준 초·중·고교에 재학 중인 다문화가족 자녀수는 2006년도 9,389명에서 5배 이상 늘어난 46,954명으로, 그 비중을 보면 초등학생이 72%(33,792명), 중학생이 20.5%(9,647명), 고등학생이 7.5%(3,515명)로 초등학생이 다수를 차지하고 있다. 다문화의 범주를 어디까지 보느냐에 따라 통계에서 드러난 수치보다 훨씬 더 많은 다문화가족과 국내거주 외국인이 한국 사회의 구성원을 이루고 있는 것으로 알려져 있다.

우리 사회의 다문화사회 현상과 관련해서는 다양한 입장과 견해가 있다. 다문화 현상을 부정적으로 바라보는 사람들은 국가적 결집력이 약해지며 사회 통합을 저해한다고 지적하고, 제3국 출신 외국인들이 모여 사는 지역에서 일어나는 범죄율을 근거로 내세우며 슬럼화를 우려하기도 한다. 그러나 다문화 현상은 출생인구가 계속 줄어들고 있는 시점에서 제3국에서 지속적인 인구 유입이 노동력 부족 문제를 해결해 줄 수 있으며, 또 다문화를 통해 문화다양성의 수용 등 그동안 서로 다름을 인정하지 않았던 문화가 서서히 바람직한 방향으로 변화하고 있다는 긍정적인 평가도 많다. 현재 진행 중인 다문화가족 지원정책은 혼인-입국-출산·양육-자립 등 가족의 생애과정을 반영하는 정책 프레임을 기초로 '초기 적응지원'에 집중하는 경향을 보이고 있는데, 이에 대해서는 초기적응 지원형 정책에서 정착자들을 대상의 중장기적 생활·자활 지원정책으로 전환할 필요가 있다. 그리고 혼인이주여성들의 출신지역의 분포 변화에 따라 혼인이주여성 및 다문화가정의 다양성이 증가하고 있으며, 국제결혼 여성의 출신지의 변화는 다시 다문화가족 자녀들 분포의 변화로 이어지고 있기 때문에, 혼인이주여성과 다문화가족 및 자녀의 연령 증가 및 다양성 증가를 반영하는 정책 프로그램의 개발이 필요하며, 이주자 2세 문제로 심각한 사회갈등을 겪고 있는 해외 사례에서 볼 수 있듯이 다문화가족 자녀에 대한 지원에서는 사회통합의 문제도 충분히 고려해야 한다.

상호 인격적 결합을 토대로 하는 사랑과 연대의 원리

앞에서 살펴본 바와 같이 여성, 아동, 노인 등 약자보호와 다양한 가족형태의 출현이라는 가족법의 새로운 문제영역들이 양성평등에 기초하고 있는 현행 헌법의 가족규정을 통해 충분히 보장될 수 있는가? 양성평등을 바탕으로 하는 근대의 자유주의적 가족법원리는 연대와 배려의 원리를 요구하고 있는 현재의 문제들을 충분히 포괄하기에는 한계가 있다.

가족을 어떻게 정의하고 어떤 관점에서 바라보는가는 매우 중요한 문제이다. 가족을 어떻게 규정하는가는 정부의 가족정책 및 서비스 범위에 직접적으로 영향을 미치는데, 예컨대 의료보험, 연금, 상속, 주택구입 등은 가족의 정의에 따라 그 내용이 달라진다. 또한 가족을 어떻게 규정하는가는 가족구성원 간에, 가족과 사회 간에 갈등을 초래하기도 한다. 전통적 가족주의 이념에서 강조하는 부계 혈통 및 가문의 영속성은 혈연과 혼인을 통해서 형성된 관계만을 가족의 범주로 파악함으로써 다양한 가족형태를 소외시킨다. 가족형태의 분화는 가족 개념에 대한 사람들의 사고가 바뀐 데에도 기인하지만, 거꾸로 가족형태의 변화가 사고의 전환을 유도하기도 한다. 과거의 전통적인 가족 개념은 현대의 모든 가족형태를 포함하지 못할 뿐 아니라, 일정한 가족형태가 다른 가족형태보다 우월한 것으로 생각하도록 만들고, 가족에 대한 중요한 사회정책에서 제외시키는 문제를 야기한다. 단일한 형태와 고정된 기능을 가지는 가족형태만을 가족으로 개념화하기보다는 가족의 형태와 기능의 다양성을 인정하는 가족에 대한 새로운 이해와 접근이 필요하다.

세계 각국의 헌법은 혼인과 가족의 권리와 평등에 대한 국가의 보호 및 가족형성 아동 모성 등을 사회적 기본권으로 보장하고, 원칙규범으로서 혼인과 가족생활에 관한 헌법규정의 내용이 모든 국가 법질서 내에서 존중되고 실현될 것을 요구하고 있다. 우리 헌법은 제36조를 통해 혼인과 가족생활에 있어서의 개인의 존엄과 양성평등을 보장하고 있다. 그러나 헌법 제36조는 그 규율내용과 형태에 있어 이성애를 근간으로 한 근대가족의 제도적 보장으로서의 성격이 강하기 때문에 다문화가족, 한부모가족, 동성애가족 등 가족의 다양화와 탈제도화를 헌법적으로 승인하고 보장하는 데 한계를 가지고 있다. 혼인과 가족의 변화는 당사자들이 인지하지 못할 정도로 빠르게 진행되고 있고, 혼인과 가족의 범위, 경계, 내용, 성격 등을 고정된 형태로 규정하는 전통적인 혼인과 가족개념은 더 이상 유지되기 어렵다. 다양성에 대한 소극적인 수용이 아니라 다양한 방식을 택한 개인들의 삶을 존중하고 이를 제도적으로 지지하고 지원하는 법 규정이 마련되어야 한다. 그 기준은 가족구성원의 개별적 욕구가 존중되고, 그들의 선택이 반영될 수 있는 다양한 형태의 공동체적 삶이 가족으로 보장되고, 구성원들 간의 평등하고 민주적인 관계 유지가 보장되는 것이 그 내용을 이룰 것이다.

지금까지 우리 사회는 이성 간의 남녀가 혼인한 후 자녀를 출산하여 가족공동체를 구성하는 것을 이상적인 형태로 바라보고, 그 이외의 다양한 가족유형을 문제가 있는 것으로 파악하여 왔지만, 이러한 이분법적 정의는 현대 사회에서 더 이상 타당하지 않다. 가족유형의 변화는 부정적인 입장에서 해체나 붕괴로 판단할 것이 아니라 가족의 재구조화로 파악해야 한다. 이에 따라 가족정책은 부부와 자녀로 구성된 가족형태가 이상적인 형태라는 것을 전제로 이러한 가족형태 유지를 위한 정책보다는 다양한 형태의 가족구성원들이 온전하게 살아갈 수 있도록 지원하는 정책으로 전환되어야 한다.

최근 우리나라도 서구와 마찬가지로 혼인의 감소, 이혼의 증가, 인구의 노령화, 고용의 불안정화 등의 문제가 표면화되고 있으며, 이에 따라 가족이 가족구성원의 복지를 책임질 능력이 약화되고 가족구성원의 개인주의화가 심화되어 도움을 필요로 하는 가족구성원의 복지를 책임질 의사도 약화되는 등 가족의 위기관리 능력이 점점 더 취약해지고 있다. 따라서 한편으로는 자기 충족적으로 부양되는 가족의 안정성을 꾀하는 정책과 다른 한편으로는 이러한 가족을 벗어난 개인들의 복지를 지원하는 정책을 동시에 추구해야 한다.

혼인과 가족을 지원하기 위한 새로운 가족정책의 기본방향은 가족책임주의를 넘어서 가족부양책임을 국가와 공유하는 것이다. 이혼, 실직, 질병, 상해로 인한 위기는 가족 간의 갈등 또는 해체의 원인이 되었고, 그 책임은 전적으로 개별가족에 의해 해결되어 왔으나, 그 부담이 이제는 한계에 도달하게 되어 국가와 사회의 분담이 필요하다. 노인과 미성년 자녀 등 가족구성원에 대한 보살핌이라는 가족의 기능이 현저히 약화된 이때, 가족에서 전담해 오던 부양과 배려의 책임을 사회보장제도를 통해 국가와 공유하는 것이 필요하다. 특히 협의이혼 시 자녀양육에 있어 부모의무의 강조와 함께 국가가 취약한 가족과 아동을 지원할 수 있는 대책을 마련해야 할 것이다. 앞으로 가족정책은 가족 내에 한정하기보다는 가족 밖의 사회문화적 환경과의 관련 속에서 논의되어야 하고, 개인의 삶의 질 향상이라는 측면에서 추구되어야 한다. 다양한 가족형태를 배려하는 방향으로 나아가야 하며, 아동 및 노인 등의 사회적 돌봄, 육아휴직제, 직장 내 모유수유실 설치, 가족 친화적 기업제도 정착 등 사회환경적 맥락 속에서 가족문제를 해결해야 한다. 헌법은 이러한 지향점들을 포괄할 수 있어야 하며, 그 구체적 내용들이 가족관련 법률에 구체적으로 규정되어야 할 것이다. 이제는 개인존엄과 양성평등의 원리를 넘어서 상호인격적인 결합을 토대로 하는 사랑과 연대의 원리가 헌법상 가족의 기본원리로 자리매김 되어야 할 것이다.

10   변화하는
가족

다양성이 시대정신이 된 지금, 다양한 가족의 공통분모
는 형식이 아니라 내용이다. 이 글은 가족이 계속해서
역사적으로 변화하였다는 사실을 강조하면서 현재 거
론되는 가족의 위기도 그러한 변화의 자연스런 한 단
면일 따름임을 밝힌다. 현대 사회에서 가족을 가족으로
만들어 주는 결정적 요인은 단순히 혈연관계가 아니라
정서적 교류와 신뢰, 소통이다.

김종갑

미국 루이지애나주립대학교에서 박사학위를 취득하고
현재 건국대학교에서 영문과 교수로 문학비평과 이론
을 가르치고 있다. 주된 관심은 몸을 화두로 하는 문화
철학에 있으며 2007년에 설립된 몸문화연구소 소장이
다. 행복하지 않으면 삶은 살 가치가 없다고 생각하며
행복하게 살고 있다. 『근대적 몸과 탈근대적 증상』, 『내
몸을 찾습니다』(공저), 『니체: 문학으로서 삶』, 『생각, 의
식의 소음』 등 다수의 책을 쓰고 옮겼다.

가족의 위기?

가족의 해체나 가족의 위기와 같은 말을 접해 보지 못한 독자는 아마 없을 것이다. 1980년대 후반부터 무성했던 위기의 담론들 가운데서 가족만큼 피부에 와 닿는 위기도 없을 것이다. 가족이 삶의 최소 구성단위이기 때문이다. 우리가 먹고 놀고 쉬고 잠을 자는 공간이 집(House)이라면, 이 집을 사람다운 가정(Home)으로 만들어 주는 것이 가족이다. 가족이 위기에 처하면 나도 위기에 처한다. 정을 나누면서 오손도손 사는 가정이 갑자기 낯설고 기괴하며 위협적인 공간(Unhomely)으로 변하는 순간만큼 끔찍한 것도 없을 것이다.

가족의 해체나 위기라는 용어가 신문지상에 처음으로 등장한 것은 1994년, 12월 20일이었다. 한 해를 결산하고 진단하는 기사의 하나가 '가정해체 위기 극복 급하다'라는 제목을 달고 있었다(『조선일보』 12월 20일자). 이후 부친살해나 청소년 범죄와 같은 끔찍한 사건들이 발생할 때마다 단골메뉴처럼 가족의 위기가 거론되었다. 위기가 가족의 유행어가 된 것이다. 낮은 출산율과 높은 이혼율, 독신 가구 증가, 기러기 아빠와 같은 사회적 현상들도 그러한 가족 위기를 심화시키는 데 한몫을 했다.

그러나 가족의 위기가 비단 현대의 문제만은 아니었다. 역사를 돌아보면 해체나 위기와 같은 어휘가 언제나 가족을 그림자처럼 따라다녔다는 사실을 알 수 있다. 세상에 위기가 없는 가족이 어디에 있겠는가? 이미 1895년에 "고전적 의미에서의 가족은 우리 영토에서 소멸하고 있다"는 내용의 기사가 영국의 신문에 실렸다.[1]

19세기 후반은 어떠한 시기였던가? 역사상 유례 없이 가정의 화목과 덕목이 강조되었던 빅토리아조가 아니었던가. 빅토리아여왕은 여왕인 것으로 충분하지 않았다. 완벽한 아내이고 어머니여야 했다. 그런데도 가족의 위기가 거론되었던 것이다. 우리나라도 마찬가지였다. 옛날부터 "말세로다"로 시작하는 대부분의 담론은 가정의 위기를 반영하는 것들이었다. "말세야 말세. 새파란 젊은 놈이 어른에게 말대꾸를 다 하고." 물론 이러한 불안의 목소리의 이면에는 가족의 의미와 가치를 강화하려는 소망이 깔려 있었다.

그런데 가족이란 무엇일까? 가족을 어떻게 정의할 수 있을까? 우리가 너무나 당연하고 자연스럽게 받아들이는 가족을 정의하는 것은 쉬운 일이 아니다.

---

1 앤서니 기든스, 『현대 사회학』, 김용학 외 옮김, 을유문화사, 2011에서 재인용

"혼인이나 혈연 또는 입양의 유대로 맺어지며 단일가구를 형성하는 집단"(『한국민족문화대백과』)

"부부를 중핵으로 그 근친인 혈연자가 주거를 같이하는 생활공동체"(『두산백과』)

"주거를 공히 하고, 경제적 협동과 출산으로 특징되는 집단"(조지 머독)

바라보는 관점의 차이가 다르기는 하지만 이와 같은 정의는 가족의 공통분모로 결혼과 주거를 꼽고 있다. 즉 결혼한 남녀가 자녀와 함께 같은 집에 사는 것이 기본적으로 전제되어 있다. 그러나 결혼과 출산, 주거의 공통요소만으로는 가족의 의미가 충분히 규명되지 않는다. 이것이 가족의 필요충분조건이라면 해체나 위기와 같은 담론이 무성할 이유도 없을 터이다. 사람이 사람다워야 하듯이 가족은 가족답고 가정은 가정다워야 한다. 가족답지 못할 때에 위기의 목소리가 불거지게 마련이다. "마땅히 가족다워야 한다"는 규범적 요구를 명시하지 않고는 가족의 위기를 설명할 수 없을 것이다. 가족이데올로기나 전통적 가족주의, 조상숭배와 같은 개념도 그러한 요구와 맞물려 있다. 가족의 기능도 빼놓을 수 없다. 그것이 경제적 기능인가? 자녀양육과 사회화의 기능인가? 노부모 봉양의 기능인가? 정서적 공동체의 기능인가?

가족의 단위와 기능, 역할은 역사적인 변천을 거듭했다. 천 년 전의 가족과 지금의 가족 사이에는 천양지차가 있다. 가까이 백 년 전의 가족과 지금의 가족 사이에도 무시할 수 없는 괴리가 있다. 낮은 출산율과 높은 이혼율은 30년 전만 하더라도 상상할 수 없었던, 당시로서는 '말세'의 현상이었다. 기러기 아빠라는 신조어, 만혼이나 동거커플 증가, 독신 가구 증가 등을 넣지 않고 가족을 논의할 수 없을 정도로 새로운 형태의 가족이 출현하고 있다. 아예 가족의 존재를 부정하는 무연사회라는 개념도 등장하고 있는 실정이다.

역사적으로 가족의 정의와 의미, 가치가 변화했다는 사실을 염두에 둔다면 가족의 해체라는 용어는 과장된 엄살로 들리며, 위기라는 말도 항시적인 것을 예외로 몰아가는 분위기를 풍긴다. 가족이나 가정을 말하는 순간 우리는 무의식적으로 행복한 가족드라마의 "my sweet home"을 떠올리는 경향이 있다. 가족과 함께 연상되는 이미지를 열거해 보라. 직장이 안정되고 건강한 아빠, 아름다운 엄마, 잘생기고 공부 잘하는 아들, 역시 공부 잘하고 예쁜 딸, 제법 넓은 평수의 아파트, 세련된 자동차…… 여기에 사랑, 화목, 효와 같은 전통적 개념도 포함되어야 할 것이다. 물론 이 모든 조건을 갖춘 가족은 세상 어디도 존재하지 않는다. 현실의 가족과 이상화된 가족의 이미지는 일치하지 않는다. 그리고 현실과 이상이 일치하지 않는다고 해서 위기나 해체 운운하는 것은 자기모순적으로 들린다.

가족은 하나의 개념으로, 진짜 현실의 가족과 일치하지 않는다. 그리고 현실의 가족이 때와 장소에 따라서 달라지듯이 이상형으로서의 가족도 역사적인 변천을 거듭했다. 가령 로마시대의 이상적인 가족과 르네상스 시대의 이상적인 가족, 그리고 19세기 이상적인 가족의 이미지는 동일하지 않았다. 그리고 미국의 이상적 가족과

월터 덴디 새들러, 「홈, 스위트 홈」
직장이 안정되고 건강한 아빠, 아름다운 엄마, 잘생기고 공부 잘하는 아들, 역시 공부
잘하고 예쁜 딸, 제법 넓은 평수의 아파트, 세련된 자동차…… 이 모든 조건을 갖춘 가
족은 세상 어디도 존재하지 않는다.

한국의 이상적 가족도 같지 않다. 시간과 장소에 따라서 편차가 생
기는 것이다. 단수의 이상형이 있는 것이 아니라 복수의 이상형들이
존재하는 것이다. 그렇다면 가족의 위기를 이해하기 위해서는 가족
의 역사적인 변천 과정을 살펴볼 필요가 있다. 사람이 있는 곳에는
어떠한 형태이든 가족이 존재한다. 변화와 다양성을 적극적으로 끌
어안으면서 우리는 가족의 의미와 가치를 재규정해 볼 필요가 있다.

가족에도 역사가 있다

가족이 무엇인지 알기 위한 가장 빠른 길은 역사의 현장으로 거슬러 올라가는 것이다. 이런 질문이 가능하다. '서양인들이 문명의 황금시대로 생각하고 있는 고대 그리스의 가족은 어떠했을까?'

『일리아스』나 『오디세이』와 같은 서사시에는 '가족' 하면 연상되는 사랑하는 부부의 모습이나 아기자기한 가정의 모습이 보이지 않는다. 밥벌이와 침실과 식탁의 가정이 아니라 전쟁과 모험이 전부인 남자들의 세계이기 때문이다. 남자들에게 중요한 것은 사랑방이 아니라 광장이나 전쟁터, 사랑이 아니라 명예, 일상의 행복이 아니라 대의명분이었다. 일상이나 가족은, 국가의 대사를 감당할 능력이 없는 여자들 소관이었다. 우리가 생각하는 가족은 당시에 존재하지 않았다. 이러한 점에서 『세계백과사전』은 현대적인 의미의 가족은 프랑스에서 12세기에 처음으로 등장했다고 말하고 있다.[2]

중매결혼이나 정략결혼이 주류를 이루던 아테네에 우리가 알고 있는 '사랑'은 존재하지 않았다. 사랑이 남편과 아내가 화목한 가정을 이루기 위한 기본적 덕목이나 조건이라는 생각은 지극히 현대적인 것으로, 기원전 5세기의 아테네에서 그것을 기대하는 것은 지극히 시대착오적이다. 사랑을 주제로 하는 문헌의 하나인 플라톤

---

2 조르주 뒤비·필립 아리에스 엮음, 『사생활의 역사2』, 김수연 옮김, 새물결, 2006, 225쪽 참고.

의 『향연』에 묘사되는 사랑은 남녀의 이성적 관계가 아니라 남남의 동성적 관계였다. 향연(symposium)은 일종의 공동체적, 혹은 가정적 모임이며 행사였다. 처음에는 남자들이 모여서 먹고 마시던 향연 —— sym은 '같이', posi는 '먹다'라는 의미를 가지고 있다 —— 의 자리가 나중에는 문화 살롱과 같은 행사로 발전하였다. 이러한 공간에서는 철학자나 문학자들이 철학적인 주제를 놓고 대화를 나누면서 지적인 즐거움을 공유하였다. 여기에 여자의 모습은 그림자도 보이지 않았다. 여자는 그러한 토론을 할 수 있는 지적인 능력이 있다고 생각되지 않았다. 남자들 사이에서만 의견과 사상의 토론이 가능했던 것이다. 여기에 우정이 싹틀 수 있다면 좋은 일이었고, 그것이 사랑으로 발전한다면 더욱 좋은 일이었다. 서로를 배려하고 사랑한다면 그렇지 않은 사람들에 비해서 더욱 많은 영향을 주고받으면서 이성적 사유의 향상도 기할 수가 있기 때문이었다.

남성의 공간이 광장과 정치라는 공적 영역이라면 여성의 공간은 철저하게 가정(oikos)이라는 사적인 영역이었다. 일차적인 의미에서 가정은 인간이 태어나서 먹고 마시며 나이가 들어 죽어 가고, 그러면서 부부의 결합을 통해서 출산과 세대교체가 이루어지는 생물학적 공간이다. 아내의 가장 중요한 책무는 그러한 출산과 양육이었다. 그리고 부차적으로는 가정 경제 —— 경제의 어원이 'oikos'이다 —— 를 챙기고 노예들을 감독하고 관리하는 일이 있었다. 그러나 창녀나 기생이 아닌 양갓집 여자들은 결혼이나 축제와 같은 특별한 기회가 아니면 바깥으로 나갈 수가 없었다. 반면에 남자들은 가정을 떠나서 공적인 공간에서 활동해야 했다. 아내에게서 자식을 얻을 수 있다면 기생이나 창부를 통해서는 쾌락을, 동성의 남자에게서는 사랑을 얻을 수 있었다. 성적 쾌락은 음주처럼 알맞게 즐기면 좋은 취미 활동이었으며, 아내에 충실한 남편이 되어야 한다는 도덕적 규율이 존재하지 않았다.

이러한 고대 그리스의 상황을 염두에 둘 때 우리는 솔론(Solon)의 유명한 행복론을 이해할 수가 있다. 말년에 솔론은 당시 가장 부유하고 강성한 왕국이었던 리디아를 여행하였다. 평소 자신의 부와 권력에 자신이 있던 리디아 왕은 그에게 왕궁을 구경시켜 준 다음에 세상에서 가장 행복한 사람이 누구인지 물었다. 이때 솔론의 대답이 가관이었다. 결혼해서 건강하고 반듯한 아들이 있는 한 남자가 전쟁에서 용감하게 싸우다가 전사했는데, 바로 그 남자가 가장 행복한 사람이라고 대답을 했던 것이다. 솔론이 행복하다고 치켜세웠던 이 남자는 유명하거나 부유하거나 권력이 있는 남자가 아니었다. 그는 무명의 인물, 그것도 살아 있는 사람이 아니라 죽어서 땅 속에 묻힌 사람이었다. 그가 어떻게 행복한 사람인가? 그에게 대를 이어 갈 아들이 집에 있다는 사실 하나가 다행이라면 다행이 아닐까.

솔론의 에피소드를 소개한 이유는 고대 그리스인들이 이상적으로 품고 있었던 가족이나 행복의 한 단면을 살펴보기 위해서였다. 21세기를 살아가는 우리는 절대로 솔론의 말에 동의할 수 없을 것이다. 설사 세상을 다 얻는다고 해도 죽으면 무슨 소용이 있겠는가. 더구나 살아서 국가의 유공자가 된다고 해도 기뻐 뛰며 좋아할 일이 아닌데 죽기까지 한다면 얼마나 불행하겠는가. 만약 그 남자가 국가가 아니라 아내나 아들딸을 구하기 위해서 목숨을 희생했다면 우리는 조금 더 솔론의 판단에 동의하기가 쉬워질지 모른다. 가족이라면 몰라도 국가와 나를 동일시하기에 국가는 전혀 피부에 와 닿지 않는 것이다.

고대 그리스에서는 가정의 행복이 세상의 전부라고 생각하지 않았다. 가정이라는 사적인 공간은 보다 넓고 보다 의미가 있는 폴리스의 일부에 지나지 않았다. 노예가 아닌 자유민이라면 당연히 폴리스의 일원으로서 공적인 일에 참여하고 자기의 몫과 역할을 다해야 했다. 배심원의 일원으로서 소크라테스에게 사형을 선고하는 것을 비롯해서 이웃 나라에 선전포고하는 일도 그가 폴리스의 일원으로서 맡아야 하는 역할의 일부였다. 생업도 무시할 수 없겠지만 그러한 행위를 통해서 자신을 표현하고 자신을 증명하지 않는 자유민은 떳떳하게 고개를 들고서 대로를 활보할 수 없었다. 그는 훌륭한 남편이 아니라 훌륭한 시민이 되어야 했다. 그러나 사적인 공간이 세상의 전부인 여자는 훌륭한 아내나 어머니가 되는 것으로 충분했다. 적어도 남자들에게 폴리스와 가정은 서로 분리할 수 없는 일체를 이루고 있었다. 아니 가정보다 폴리스가 훨씬 더 중요한 것으로 간주되었다. 『국가론』에서 플라톤이 공동양육을 제안했던 이유도 그러한 맥락에서 이해할 수가 있다. 그에게 가족은 부모와 자식의 작은 단위가 아니라 폴리스 전체였던 것이다.

고대 로마시대에도 가족의 단위는 근대나 현대의 직계가족처럼 협소하지 않았다. 권세가 있는 집안에는 가장과 아내, 자녀를 비롯해서 수많은 노예들이 살고 있었다. 노예도 가족구성원으로 포함되었음은 두말할 나위가 없다. 뿐만 아니라 가장인 보호자에게 새벽마다 문안을 드리려 응접실에 줄은 서는 수많은 피보호자(clients)들도 있었다. 권문세가의 가장은 수십 명의 식솔을 거느렸던 것이다. 이것은 고대 중국이나 조선 시대에도 마찬가지였다. 예를 들어『삼국지·마초전』에서 마초가 죽음을 앞두고 유비에게 올린 상소문에 다음과 같은 대목이 있다.

신의 가문 2백여 식솔들이 모두 조조에게 무참히 주살되고 오직 종제 마대만이 기울어 가는 가문의 혈통을 이어 갈 수 있는 사람으로 남았을 따름입니다. 이 사람을 폐하께 부탁드릴 뿐 더는 다시 할 말이 없나이다. [3]

이 기록에서 우리는 마초가 자신의 식솔로 200여 명을 손꼽고 있는 것을 알 수가 있다. 그는 200여 명이나 되는 가족의 가장인 것이다. 가장으로서 그는 어떻게 해서라도 가문의 혈통이 명맥이 끊기지 않도록 이어 가야 하는 책임을 가지고 있다. 그리고 스스로의 힘으로 그러한 역할을 수행할 수 없을 때에는 자신보다 더욱 많은 권

---

3 서전무, 『우리가 정말 알아야 할 삼국지 상식 백 가지』, 정원기 옮김, 현암사, 2005.

력을 가진 사람에게 의존할 수가 있다. 가장의 권력에는 위계가 있는 것이다. 가족을 사랑으로 보살피고 돌봐주어야 한다는 현대 가장의 이미지와는 너무나 거리가 멀다.

가족이 국가가 되다

가족의 개념이 역사적으로 변화하는 모습을 보여 주기 위해 중세의 가족상을 덧붙이기로 하자. 중세에 가족은 직계가족보다 폭이 넓게 혈족과 같은 의미를 가지고 있었다. 지금처럼 중앙집권적으로 국가의 권한이 커지기 이전에 혈족은 국가가 해줄 수 없는 중요한 생존의 보호막 역할을 해주었다. 국가는 멀고 혈족은 가까웠다. 우리에게 친근한 셰익스피어의 『로미오와 줄리엣』을 보면 당시에 혈족이 삶에 얼마나 중요한 위치를 차지하고 있었는지 알 수 있다. 로미오와 줄리엣이 비극적인 죽음을 맞이할 수밖에 없었던 것은 이들이 서로 반목하는 원수 '가문'에 속하기 때문이었다. 만약 좁은 의미의 직계가족만이 원수 관계에 있었다면 마큐시오를 살해한 티벌트에게 복수하기 위해서 로미오가 후자를 살해할 이유도 없었을 것이며, 이것이 계기가 되어 줄리엣과 함께 죽음으로 막을 내려야 할 이유도 없었을 것이다. 사촌이나 팔촌에게 일어난 일도 직계가족에게 일어난 일과 같은 의미를 가지고 있었던 것이다.

중세에는 어떠한 혈족에도 속하지 않는 개인은 생명과 재산을 보호받을 권리를 가지지 못했다. 가족이 없다면 노상에서 살해를 당해도 이 넓은 천지에서 자신을 위해서 울어 주거나 복수할 한 사람이 어디에 있단 말인가. 어디에 속하느냐 하는 소속감의 문제는 생사(生死)가 달린 절박한 문제였던 것이다. 이것은 원시부족에 대해서도 마찬가지이다. 이를테면 호전적인 성향으로 유명한 누에르족은 곤봉이나 창으로 인한 상처가 없는 사람이 없다고 한다. 피해를 호소할 공적 기관이 없기 때문에 피해자나 그 가족이 복수를 하지 않으면 안 되는 것이다. 이때 혈족을 떠나는 것은 생존권을 포기하는 것이나 마찬가지였다. 중세의 법에 따르면 "자기 혈족을 떠나려는 사람은 재판관이나 백부장 앞에 와서 오리나무 가지 세 개를 자기 머리 위에서 부러뜨린 뒤 재판소의 네 귀퉁이에 던져야 한다. 그런 다음 모든 보호를 포기한다는 서약을 하고, 가족의 구성원으로부터 받을 수 있는 모든 재산에 대해서 상속권이나 소유권을 주장하지 않겠다고 맹세해야 한다".(『사생활의 역사 1』, 647쪽)

여기에는 "만일 본인이 죽거나 살해되었을 경우 재산이나 배상금은 친척에게 돌아가지 않고 국고에 귀속된다"는 조항까지 추가되어 있었다. 참으로 끔찍한 맹세였다. "인간은 사회적 동물이다"라는 아리스토텔레스의 인간에 대한 정의를 염두에 둔다면 혈족의 울타리를 떠나는 것은 인간됨을 포기하는 것과 크게 다르지 않았다.

중세 프랑스의 몽타이유 마을 사람들의 생활을 적나라하게 복원한 『몽타이유』에서 라뒤리는 마녀사냥 당시에 가족이라는 개념은 가문이나 집과 뗄 수 없는 관계에 있다는 사실을 잘 보여 주었다.[4] 중세 후기에 코에 걸면 코걸이 귀에 걸면 귀걸이인 마녀사냥보다 더욱 사람들의 간담을 서늘하게 했던 사건도 없을 것이다. 일단 이단이라는 의심을 받게 되면 아무리 죄가 없어도 그러한 혐의에서 벗어나기 어려웠는데 심문관은 혐의자가 혈족의 일원을 밀고하면 방면하겠다고 회유하기도 했다. 그러나 한 치 앞을 못 보는 어리석은 바보가 아니라면 그러한 타협안을 받아들이지 않았다. 혈족을 밀고했다는 사실이 알려지는 순간 그와 그의 가족은 사회에서 완전히 매장되는 운명을 감수해야 했다. 혼자 희생을 당하는 것으로 끝날 수 있는 사안이 가족 전체의 희생으로 확산되는 것이다. 사람들은 혈족을 보호하기 위해 자신의 재산과 목숨을 내놓을 각오가 되어 있었다. 개인의 단위가 아니라 혈족의 단위로 삶이 이루어졌던 것이다. 친족의 일원이 구걸을 하거나 굶주리고 있다는 것은 가문 전체의 명예에 먹칠을 하는 것이나 마찬가지였다.

이와 같이 가족이 아니라 혈족을 중심으로 이루어졌던 중세의 생활양식은 혈족의 일원에게 사회적 심리적 안정감을 보장해 주었다. 만약 자신의 가족이 위기에 처하면, 무장하고 달려와서 가족을 보호해 줄 혈족이라는 안전막이 마련되어 있었다. 그러나 이러한 안정과 보호를 확보하기 위해서는 개인이 치러야 하는 희생도 적지 않았다. 친족의 유대를 강화하고 세습 재산을 유지해야 한다는 명분

---

4 엠마뉘엘 르루아 라뒤리, 『몽타이유』, 유희수 옮김, 길, 2006.

앞에서는 개인적인 이해관계나 감정쯤은 대수롭지 않은 사소한 일이었다. 단지 원수 집안의 일원이라는 이유로 로미오와 줄리엣은 사랑을 포기해야 하지 않았던가. 그리고 가족의 구성원은 무조건적으로 가장의 명령에 복종을 해야 했다. 로마시대에 가장은 자식을 사형시킬 권한을 가지고 있었다.

그러나 그와 같이 막강했던 가장의 권한은 현대로 이행하면서 대폭 축소되기 시작하였다. 권위의 공간이었던 과거의 가정은 현대에는 자유롭고 편안한 공간이 되기 시작하였다. 18세기까지도 사람들은 가정 생활의 즐거움 같은 것을 모르고 살았다고 한다(『사생활의 역사 1』, 553쪽). 가정이 스위트홈은 아니었던 것이다. 당시에 재미있는 일이나 오락거리는 권위적인 집이 아니라 집 밖에서만 찾을 수가 있었다. 근대로 접어들면서 가장 먼저 도전을 받은 것이 가장의 권위였던 이유도 그러한 상황과 무관하지 않다. 이제 개인들은 가장의 권위에 복종하는 대신에 자유를 찾아서 가정의 품을 떠나기 시작하는 것이다. 17세기에 등장한 소설의 공통적인 특징의 하나가 바로 그러한 자식들의 반란이며 반란의 여정이라는 사실은 단순한 우연히 아니다. 『로빈슨 크루소』와 『걸리버 여행기』의 주인공은 자신의 운명을 독립적으로 개척하기 위해서 가장의 집을 떠난다. 혈족이나 가족의 굴레를 벗지 않으면 진정한 의미에서 자기 자신이 될 기회를 갖지 못하는 것이다. 이제 개인은 가문과 가장에 의해서 만들어지는 것이 아니라 스스로 만들어 가야 하는 과업이 되었다.

『걸리버 여행기』와 『로빈슨 크루소』 삽화

17세기에 등장한 소설의 공통적인 특징의 하나가 바로 자식들의 반란이며, 반란의 여정이라는 사실은 단순한 우연이 아니다. 『로빈슨 크루소』와 『걸리버 여행기』의 주인공은 자신의 운명을 독립적으로 개척하기 위해서 가장의 집을 떠난다. 혈족이나 가족의 굴레를 벗지 않으면 진정한 의미에서 자기 자신이 될 기회를 갖지 못하는 것이다.

근대 가족의 탄생

앞에서 전근대 가족의 형태를 살펴보았던 이유는 다음과 같은 사실을 확인하기 위해서였다. 우리가 현재 당연하게 생각하고 있는 가족은 그 규모와 기능, 역할에 있어서 전근대와 많은 차이가 있다는 사실이다. 가족의 역사는 확대가족에서 축소가족으로의 이행의 역사라고 말해도 과언이 아니다. 고대 그리스에서 가족이 폴리스 전체로 확대되었다면 로마시대 이후로 근대의 문턱에 이르기까지 가족은 혈족과 식솔을 포함하는 개념으로 축소되었다. 과거에는 다다익선으로 가문의 구성원이 많으면 많을수록 더 좋았다. 만약에 다른 가문과 마찰이나 충돌이 생기면 그들의 위협으로부터 자신을 보호할 수 있는 힘이 증가하기 때문이었다.

가족의 구성원들이 왜 그러한 혈족의 보호를 필요로 했던가? 생명과 재산을 보호해 주는 힘의 근원인 국가가 혈족이었기 때문이었다. 살인이나 폭행과 같은 사건이 발생하면 관련된 당사자들은 복수법과 배상법에 따라서 행동하였다. 누군가 억울하게 살해당한다면 그의 원통한 죽음을 복수해 줄 혈족이 있어야 했다. 그렇지 않으면 편히 잠들지 못하고 원귀가 되어 지천을 떠돌아야 할 것이었다. 『로미오와 줄리엣』에서 마큐시오는 티볼트의 칼에 쓰러지면서도 로미오가 반드시 복수해 줄 것이라고 믿고 편안하게 눈을 감을 수 있었다. 그가 기대했던 대로 로미오는 마큐시오를 살해함으로써 복수를 완성하였다.

우리는 이런 의문을 가질 수가 있다. 왜 로미오는 마큐시오를 고소하지 않고 직접 자기의 손으로 복수를 해야 했을까? 이 질문에 대답하기 위해서는 대가족이 핵가족으로 대체되고, 국가가 대가족의 역할을 대행하게 되는 과정을 살펴보아야 하지만 여기선 가족이라는 어휘의 의미 변화를 추적하는 것으로 만족하기로 하자. 영어권에서 가족을 뜻하는 'family'는 15세기까지는 혈육과 식솔, 하인이 포함된 가문이나 집의 의미였다. 라틴어 어원 'famulus'가 하인이나 노예를 뜻하는 사실이 그것을 증명해 준다. 가족은 동일한 주거 공간에서 대를 이으면서 살아온 가계였던 것이다. 현대와 같이 가족이 직계가족으로 한정되기 시작한 것은 17세기 이후이며, 19세기가 지나면서 핵가족으로 완전히 의미가 고정되었다. 이른바 부르주아적 가족이 탄생한 것이다.

위의 질문과 관련하여 우리가 놓쳐서는 안 되는 것이 부르주아적 핵가족과 국가의 관계이다. 근대국가의 탄생과 핵가족의 탄생은 동전의 양면처럼 서로 떼놓을 수 없는 관계에 있다. 국가의 공권력이 과거에 가족이 떠맡았던 역할을 대체하면서 생겨난 새로운 형태의 가족이 핵가족이다.

근대국가는 과거의 대가족을 무용지물로 만들어 버렸다. 국가가 대가족의 역할을 떠맡은 순간에 대가족은 불필요하게 몸집이 큰 공룡 신세로 영락한 것이다. 국가란 무엇인가? 국가의 사회발생사를 연구한 노베르트 엘리아스에 따르면 국가는 중앙권력과 통치기구를 등에 업고서 사적으로 집행되었던 폭력과 경제력을 독점하였다.[5] 개인과 가족의 사적 독점이 국가의 소관으로 이관된 것이다. 이러한 폭력과 경제의 독점은 엄청난 사회·경제적 지각변동을 가져왔다. 이제 생명과 재산을 보호하기 위해 가부장을 중심으로 혈족들이 연대할 필요가 사라지게 되었다. 로미오가 손에 쥐었던 피 묻은 칼이 경찰과 사법기관의 손으로 넘어간 것이다. 내가 직접 손에 복수의 피를 묻힐 필요가 없다. 경찰과 법원이 대신해서 복수를 해주기 때문이다. 그렇다면 국가의 경제적 독점이란 무엇을 의미하는 것일까? 그것은 복수나 폭력뿐 아니라 호구지책의 수단도 국가의 권한이 되었다는 것을 뜻한다.

과거에 가정경제에서 가족은 이중적인 의미에서 생산의 기능을 가지고 있었다. 생존을 가능하게 해주는 식량과 재화의 생산이 하나라면, 다른 하나는 가족의 재생산이었다. 과거에 가족은 현대의 공장이며 회사이고 은행이었으며, 자녀는 대학에 진학하거나 기업체에 취업을 하는 것이 아니라 부모의 가업과 재산을 물려받았다. 집이 일터이면서 가정이었다. 집에서 부모가 하는 일을 보고 자란 자식들은 당연히 부모의 직업을 물려받게 마련이었다. 그런데 현대 자본주의 사회에서는 집과 일터, 집과 공장이 분리된 것이다. 집에서 일을 하던 가장은 공장과 회사로 출근을 하게 되었다. 그러면서 가족에게 유일하게 남아 있는 생산의 기능은 결혼을 통한 자녀

---

5 노베르트 엘리아스, 『문명화 과정』(전2권), 박미애 옮김, 한길사, 1996, 1999.

의 출산과 양육이 되었다.

근대적 의미의 국가의 탄생은 가족을 공허한 형식으로 만들어 놓았다. 이 공허한 형식의 이름이 이른바 핵가족이다. 확대가족으로부터 생명과 재산의 보호권, 생산과 생계의 기능이 제거되고 남은 잔해가 핵가족이다. 가장의 권위는 이제 역사의 먼 지평으로 사라진 것이다. 만약 살아 있는 것이 있다면, 그것은 가장의 망령이다. 진정한 가장은 국가이며 회사다. 이제 우리를 먹여 살리는 것은 가족이 아니라 직장이다. 그렇다면 과거에 가장이 구성원들에게 요구했던 유대와 복종, 헌신은 이제 직장의 몫으로 바뀌어야 하지 않는가. 앞서 말했듯이 출산과 양육 이외에 가족에게 남아 있는 기능은 없는 것이다.

이 자칫하면 주저앉을 수 있는 껍데기 가족을 일으켜 세우기 위해 등장한 것이 19세기에 등장한 것이 스위트홈과 사랑의 이념이다. 피가 모자라서 창백한 가족에게 사랑의 이름으로 수혈이 시작되는 것이다. 중매결혼이나 정략결혼보다 연애결혼이 지배적인 이념이 된 것도 19세기였다.[6]

---

6 우리나라는 1960년대까지도 중매결혼이 지배적이었다. 하나의 예로 「문학에 있어서 연애 문제」에서 윤병로는 다음과 같이 말했다. "요새 젊은 남녀들이 누구나 자유연애니 이상적 결혼이니 하는 말을 조금도 거리낌없이 말할 수 있지만…… 아직도 서구식 자유연애가 우리의 생리에는 한 가닥 도색유희로밖에는 느껴지지 않은 탓인지 모른다." 이 글은 1957년에 간행된 『현대문학』 11월호에 실려 있던 것이다(최성실, 「근대, 다중의 나선」, 소명출판, 2005, 176쪽에서 재인용).

1800년대 중반까지만 하더라도, 노동자들은 배우자를 고를 때에도 용모가 아니라 노동 능력을 최우선으로 손꼽았으며, 낭만적인 사랑에 손사래를 치는 사람들이 대부분이었다.[7] 그리고 과도한 성적 욕망이나 열정은 비합리적이며 파괴적인 것으로 간주되었다. 공식결혼에서는 사랑이라는 말은 쓰지 않았다고 한다(『사생활의 역사 1』, 666쪽). 그런데 가족으로부터 경제적 생산의 기능이 분리되고, 또 가장의 권위의 추락과 함께 가장의 허락이 없이도 결혼할 수 있게 되면서 가문이나 재산이 아니라 사랑이 결혼의 주된 동기로 자리를 잡기 시작했다. 18세기는 중매 결혼이 점차 연애 결혼으로 바뀌기 시작하는 세기였다. 만약에 연륜이 많고 나이가 지긋한 가장이 결정권이 있다면 아들의 결혼 상대로 재산이 많고 가문이 좋은 여자를 선택할 것이다. 그러나 젊고 혈기왕성하며 격정적인 아들이라면 재산이나 가문과 무관하게 자기가 좋아하는 여자와 결혼하고 싶을 것이다. 그리고 아내가 생업의 현장에서 남편과 함께 땀을 흘리며 일하지 않아도 된다면 배우자로 건강하지는 않더라도 아름다운 여자를 취하고 싶어할 것이다. 이러한 이유로 19세기에 접어들면서는 낭만적인 여성상, 가녀리고 섬세하며 허약한 여성이 각광을 받게 된다. 사랑이 절대적인 가치가 되고 또 여성은 이상화되기 시작하는 것이다. 예를 들어, 발자크의 『골짜기의 백합』에서 펠릭스가 모르소

---

7 에릭 홉스봄, 「자본의 시대」, 정도영 옮김, 한길사, 1998, 427쪽.

제임스 맥닐 휘슬러, 「살색과 핑크의 심포니」(1871–1873)
아내가 생업의 현장에서 남편과 함께 땀을 흘리며 일하지 않아도 된다면 배우자로 건강
하지는 않더라도 아름다운 여자를 취하고 싶어할 것이다. 이러한 이유로 19세기에 접
어들면서는 낭만적인 여성상, 가녀리고 섬세하며 허약한 여성이 각광을 받게 된다.

프 백작부인에게 보내는 편지의 한 구절을 보기로 하자.

나는 당신과 떨어져 있어야만 당신에게 얘기를 할 수 있는 것입니다.
당신 앞에 있으면 너무도 눈이 부셔서 볼 수도 없고, 너무도 행복해서
자신의 행복을 생각해 볼 수 없으며……

펠릭스는 연인이 마치 신이라도 된다는 듯이 묘사를 한다. 그녀의 광채가 너무나 눈이 부셔서 감히 정면으로 바라볼 수가 없는 것이다. 이와 같이 이것저것 재거나 따지지 않는 감정적 교감과 열정의 사랑이라는 것은 역사적으로 새로운 현상이었다. 이것이 '순수 사랑'이다.[8]

남편과 아내를 결합하는 연결고리가 신분이나 경제력, 가문이 아니라 감정적 유대와 교감이 된 것이다. 이와 같이 이상화된 사랑에 있어서는, 과거에 결혼의 목적이었던 출산이 결혼의 본질은 아니었다. 부부의 사랑이 자녀의 출산과 양육으로 결실을 맺으면 물론 더 바랄 나위가 없었을 것이다. 아무튼 낭만적 사랑에서 경제적 생산과 출산이 탈중심화되기 시작한 것이다. 그리고 부부 관계와 마찬가지로 부모와 자식의 관계도 감정적·정서적 기능이 유례없는 중요성을 갖게 되었다.

---

8 앤서니 기든스, 『현대 사회의 성, 사랑, 에로티시즘』, 배은경·황정미 옮김, 새물결, 2001 참고.

사적 폭력과 가족 경제가 공권력과 시장경계에 의해 대체되면서 이제 개인은 구태여 가족의 울타리가 없더라도 생명의 위험이나 생계의 걱정 없이 충분히 혼자서 살 수 있는 시대가 되었다는 사실을 다시 상기하기로 하자. 이러한 변화와 더불어 순수 사랑과 연애결혼이 시대적 대세가 되었다는 점도 상기하기로 하자. 결혼이 사랑 이외에 다른 목적을 갖지 않는 것이다. 그 결과로 과거에 그러했듯이 자녀를 출산하지 못하는 신부도 집에서 쫓겨날 필요가 없게 되었다. 부모의 신분과 재산을 물려받고 대를 이어 갈 자녀의 출산이 결혼의 목적이었던 시대는 이미 과거의 이야기가 되었기 때문이다. 근대적 가족은 그 구성원으로 반드시 자녀를 포함하지 않아도 되는 것이다. 순수 사랑으로부터 순수 가족이 탄생하였다. 이러한 가족의 중심은 가장의 권위가 아니라 정서적 결속감과 사랑이 된다. 남편과 아내의 관계가 사랑 이외에는 다른 목적을 가지고 있지 않듯이 부모와 자식의 관계도 정서적 결속감 이외에 다른 목적을 가지지 않는다. 가족의 중요한 기능인 양육과 사회화도 그러한 사랑이 전제되지 않으면 불가능하다.

가족은 정서적 유대이다

지금까지, 순수가족의 탄생을 이야기하기 위해서 가족의 역사라는 먼 길을 우회하지 않으면 안 되었다. 계속해서 불거지는 가족의 위기나 해체라는 현상도 순수가족의 맥락에서 접근하지 않으면 안 된다. 가족은 해체되는 것이 아니라 변화하는 과정에 있기 때문이다. 결혼을 하지 않은 동거, 독신자, 미혼모, 편모나 편부 가정 등의 숫자가 기하급수적으로 증가해도 가족은 해체될 수가 없다. 가족의 첫 번째 기능이 사랑과 정서적 결속감, 안정감에 있다면 동거나 동성결혼이 가족 위기의 원인이 될 수 없는 것이다. 만약에 가족에 위기가 있다면, 그것은 가족의 형태가 아니라 정서적 결속의 부재다.

그럼에도 사회의 지배적인 담론은 가족의 위기의 원인으로 미혼모나 동거 커플, 1인가구를 지목한다. 미국의 경우 2011년에 20대 초반 산모의 62%가, 20대 후반 산모의 32%가 미혼이었고(『MK 뉴스』 2013년 5월 2일자) 중국에서도 미혼모의 숫자가 급격하게 늘어나고 있다. 20대 후반 미혼모가 1982년에 5%였던 것이 1995년에는 2배, 2008년에는 3배나 증가했다. 이것은 우리나라도 마찬가지이다. 2000년에 약 12만 3천이었던 미혼모의 숫자가 2010년에는 약 18만 5천으로 증가하였다. 그렇다면 1인가구는 어떠한가. 현재 우리나라에서 네 집 가운데 한 집이 1인가구로, 전체의 약 25%이다. 20여 년 후에는 34.5%로 증가할 것이라는 전망이다(「'표준인생' 시대는 끝났다」, 『조선일보』 2012년 5월 5일자).

앞서 설명했듯이 근대의 핵가족은 국가의 탄생 및 중앙집권화와 떼어놓고 생각을 할 수가 없다. 과거에 가족이 행사했던 사적 폭력이나 사적 경제권을 국가가 독점하면서 가족은 형해화되기 시작하였다. 전화 한 통이면 경찰이 달려오는 사회에서, 가족의 안전을 위해 많으면 많을수록 좋았던 혈족은 더 이상 필요 없게 되었다. 가족구성원이 한 단위가 되어 이루어졌던 경제적 생산도 자본주의적 산업화의 과정을 거치면서 기업의 영역으로 이송되었다. 그리고 공교육이 확대되면서 양육과 사회화의 주체도 가족의 손에서 학교와 교사의 손으로 이관되었다. 이제 가족에게는 정서적 유대의 기능만 남아 있는 것이다. 그렇다면 정서적인 기능을 만족시킬 수 있는 한 동거나 미혼모의 등장이 가족의 위기를 조장하지는 않는다고 말할 수 있다. 한때 "아이 아버지의 이름을 대지 않고 아이를 낳을 권리"가 없었던 적이 있었다(『사생활의 역사 5』, 825쪽). 얼마나 야만적인 법률 조항이었던가.

현대의 가족에서 정서적인 기능이 차지하는 중요성은 과거의 권위적인 가족의 모습과 극히 대조적이다. 가족의 정서적 기능은 부부의 사랑의 연장선에 있다. 그렇지만 그러한 관계가 부부의 형태를 취하지 않아도 무방하다. 만약 자녀가 가족의 중심이라면 반드시 결혼한 부부와 출산이 전제되어야 할 것이다. 그러나 현대에는 출산율이 현격하게 감소하고 있지 않은가. 자녀의 숫자는 과거에 비해서 절반 이상 줄어들고 있는 실정인 데다가 설혹 자녀가 있어야 한다고 해도 그것이 반드시 적자일 필요는 없다. 합의만 한다면 양자라고 해서 문제될 것이 없다. 혈통의 재생산이 아니라 정서적 유대감이 가족의 가장 중요한 요소이기 때문이다. 이것은 동성 부부에 대해서도 마찬가지이다. 과거 로마에서는 부친의 피를 물려받았다고 해서 다 적자가 되는 것은 아니었다. 가장이 신생아를 손으로 들어

올려 직자로 인정한다고 포고를 해야만 적자로서의 효력이 발생했다. 그렇다면 동성 부부도 신생아를 나의 적자로 인정한다고 선언할 수가 있다.

가족의 위기를 말하는 목소리는 무의식적으로 가장 중심적인 가족 제도를 모델로 생각하고 있는 경우가 많다. 그러한 모델과 일치하지 않으면 가족에 위기가 도래한 듯이 느끼는 것이다. 그러나 현대 사회에서 엄격한 의미에서 가장의 역할은 국가가 수행하고 있다. 필요시에 국가는 때와 장소를 가리지 않고 가족의 주거 공간에 공권력을 투입할 수 있다. 자녀를 학대했다는 사실이 알려지면 가장도 유치장 신세를 질 수가 있다. 만약 "내 아들 내 맘대로 하는데"라고 말하면서 항변하는 가장이 있다면, 그는 대단히 시대착오적인 인물이다. 국가가 자녀의 권리를 대변해서, 자녀의 이름으로 가장에게 채찍질을 가할 수가 있는 것이다. 유명무실한 가장은 "아이들을 먹여 살리는 것은 난데 당신네들이……" 하며 경찰에게 항변할 수도 없다. 현대와 같은 복지국가에서는 가장이 자녀를 부양하고 교육시키지 않아도 좋다. 국가가 가장을 대신해 먹여 주고 입혀 주며 교육을 시켜 주기 때문이다. 자녀만이 아니라 국가는 아내의 권리도 대변하고 있다. 부부강간이라는 말은 우리에게 더 이상 낯설지 않다. 아내가 아니라 제3자의 신고만으로도 성적 학대는 처벌을 받게 되었다. 부부의 정서적 유대도 국가의 통제를 받게 된 것이다.

자녀가 있는 가족의 중심은 가장에게서 자녀에게로 이동하였다. 가족의 정서적 기능의 중심을 차지하는 것은 부부의 유대와 자녀의 정서이다. 이제 우리는 자녀가 왕인 시대에 살고 있는 듯이 보인다. 지금도 아이의 권리는 계속해서 증가하고 있는 것이 현실이다. '누가 가정의 왕인가?'에 답하기 위해서는 누가 TV 채널권을 가지고 있는지를 알아보는 것으로 충분하다. 혹은 외식을 할 때 누가 메뉴의 주도권을 가지고 있는가로 가늠할 수도 있겠다. 자녀가 가장을 위해서 사는 것이 아니라 가장이 자녀를 위해서 사는 것이다. 과거 로마시대에 자녀는 부친을 아빠가 아니라 "주인님"이라고 불렀다고 한다. 이제는 반대로 부친이 하인처럼 자녀를 왕자님, 공주님이라고 부르고 있지 않은가.

구성원들이 모두 수평적으로 평등한 가족이 되었다는 사실은 정서적 유대가 가장 중요한 가족의 기능이라는 점을 다시 한번 상기시켜 준다. 가족이란 무엇인가? 같은 집에 함께 살면서 정서적으로 서로 믿고 의지하는 사람들의 관계가 가족이다. 서로 믿고 의지하며 정서적인 만족감을 준다면, 미혼모와 자녀이든, 동성 부부이든, 모자가정이든 부자가정이든 가족의 형태는 중요하지 않다. 이 점에서 부정적 어감을 가진 결손가정이라는 용어는 적절치 못하다. 양부모가 없는 가정이 결손가정이 아니라 정서적 유대가 결여된 가정이 결손가정이라고 말해야 옳다.

서두에서 언급했듯이 가족은 계속해서 변화하는 진행형의 과정에 있다. 근대국가가 탄생하기 이전에는 가족이 생명과 재산을 보호하고 가문을 이어 주는 기능을 수행했다. 그러한 이유로 국가에 위계가 있듯이 가족에도 가장을 정점으로 한 위계질서, 명령과 복종의 관계가 있었다. 그러나 근대국가가 복지국가로 발전하면서 이전에 가장이 수행했던 생명과 재산을 보호해야 하는 의무와 책임이 정부의 손으로 이관되었다. 이러한 변화의 자연스러운 결과가 가족구성원의 평등화와 정서적 유대의 중요성이다. 가족의 보호가 없어도 굶어죽지 않고 살 수 있으며, 의무교육까지도 받을 수 있는 사회에서 가족에게 남은 역할은 사랑이 아니면 무엇이란 말인가? 우리가 상식적으로 알고 있는 화목한 가족 —— 아버지, 어머니, 자녀 —— 의 이미지는 19세기 이후 150년 이상 발달한 과정의 결과였다. 그러나 그러한 가족이 반드시 바람직하고 행복한 것은 아니었다. 엥겔스에게 보낸 편지에서 맑스는 "사람들이 결혼하여 개인적이고 가정적인 생활이라는 자그마한 불행에 스스로 굴복하는 것만큼이나 우둔한 짓은 없습니다"라고 고백했던 적이 있다. 아무튼 그와 같은 형태의 가족도 20세기 후반에 접어들면서 또 다른 모습으로 진화하고 있다. 남녀부모와 자녀라는 하나의 구조로 이상화되었던 가족이 다양한 가족의 형태로 발전하고 있다. 단일성이 아니라 다양성이 시대정신이 된 것이다. 이러한 다양한 가족의 공통분모는 형식이 아니라 내용이다. 사랑과 정서적 유대가 없는 곳에는 가족도 없는 것이다.

우리는 가족일까

각자의 가족, 10가지 이야기

1판 1쇄 인쇄 2014년 2월 25일
1판 1쇄 발행 2014년 3월 4일

엮은이 · 몸문화연구소
펴낸이 · 주연선

책임 편집 · 임유진
편집 · 이진희 백다흠 신소희 강건모 오가진 박나리
디자인 · 김서영 손혜영
마케팅 · 장병수 김한밀 정재은
관리 · 김두만 구진아 유효정

도서출판 은행나무
121-839 서울특별시 마포구 양화로11길 52
전화 · 02)3143-0651~3 | 팩스 · 02)3143-0654
등록번호 · 제 10-1522호(1997. 12. 12)

www.ehbook.co.kr
ehbook@ehbook.co.kr

ISBN 978-89-5660-749-8 (03300)